초등학교 교과 과정에 맞춘

자연학습도감

식물

이창복 감수 (농학박사·서울대학교 명예교수)

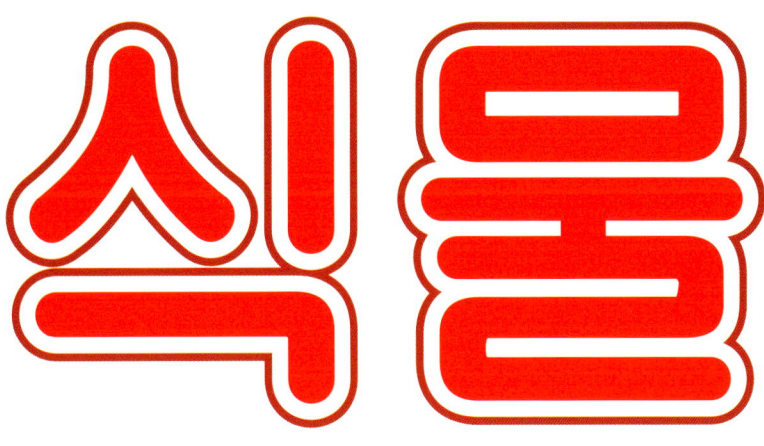

(주)은하수미디어

머리말

식물을 아끼고 가꾸며 잘 보존하는 일은
우리 나라 **금수강산**을 더욱 **아름답게** 만드는 일이 될 것입니다.

우리 주위에는 화분에 심어 가꾸는 꽃, 정원이나 화단에 심는 나무와 식물, 논이나 밭에서 재배하는 곡식과 채소·과일, 산과 들에서 자라는 들꽃과 나무 등 수많은 식물들이 있습니다.

최근에는 도시의 인구가 늘어나면서 많은 아파트가 들어서고 정원이나 화단은 차츰 찾아볼 수 없게 되고 있습니다. 따라서 식물을 직접 대할 수 있는 기회가 적어지고, 이름을 알고 있더라도 산과 들에서 실물을 직접 보면 구별하지 못하는 경우가 많았을 것입니다.

이 도감에서는 여러 사진 작가들이 찍은 정확하고 선명한 사진을 실었으며, 꽃이 자라는 과정, 꽃을 앞에서 또는 옆에서 본 모양 등을 실어 입체적인 편집을 하였으므로 재미있게 공부할 수 있고, 실물을 보는 듯한 훌륭한 학습 자료가 되리라고 확신하는 바입니다.

식물은 산소를 만들어 내어 공기를 맑게 해주고, 환경을 아름답게 해주며, 홍수를 막아 주는 역할을 할 뿐만 아니라 우리 생활에 없어서는 안 될 가구·건축·토목·조각·종이 등의 재료를 제공해 주기도 합니다.

따라서 식물을 아끼고 가꾸며 잘 보존하는 일은 우리 나라 금수강산을 더욱 아름답게 만드는 일이 될 것입니다.

이 도감은 교육부의 새 교육 과정에 따라 교과서에 나오는 식물을 총망라함은 물론 우리가 꼭 알아야 할 한국의 야생화와 자연 학습의 기본이 되는 외국의 귀화 식물, 최근에 새로 개량된 원예 화초 등 약 500여 종을 엄선하여 수록하였습니다.

또한 식물 전분야를 체계적으로 정리하여 쉽고 깊이 있는 설명을 하였으므로 학생 스스로가 과학적으로 생각하고 연구하는 능력과 태도를 키울 수 있는 좋은 시각 교재가 될 것입니다.

제7차 교과 과정에 맞춘 초등학습도감

PLANTS 식물도감

제1장 집 주변의 꽃

해바라기 12	포인세티아 31	풀협죽도 52
코스모스 13	무궁화 32	채송화 52
백일홍 14	접시꽃 33	까마중 53
시네라리아 15	목화 33	담배 53
데이지 15	부용 34	꽈리 54
달리아 16	시클라멘 34	피튜니아 55
국화 17	프리뮬러 35	글라디올러스 55
과꽃 18	불두화 35	프리지어 56
거베라 18	은행나무 36	독일붓꽃 56
기생초 19	장미 37	크로커스 56
천수국 19	매화나무 38	피마자 57
금잔화 20	피라칸타 39	사철나무 57
불로화 20	명자나무 39	느티나무 58
금계국 21	홍매 40	카네이션 59
센토레아 21	팬지 40	안개꽃 59
원추천인국 21	영산홍 41	나팔꽃 60
난초 22	어제일리어 41	능소화 61
석곡 22	안수리움 42	인삼 61
풍란 22	스파티필룸 42	푸크시아 62
나도풍란 23	바이올렛 43	여주 62
보춘화 23	제라늄 43	박 63
심비디움 24	튤립 44	수세미오이 64
온시디움 25	백합 45	분꽃 64
카틀레야 25	아스파라거스 45	양버즘나무 65
덴파라 26	옥잠화 46	벽오동 65
호접란 26	무스카리 46	봉선화 66
목련 27	히아신스 47	베고니아 67
튤립나무 28	알로에 47	잔디 67
개나리 28	물망초 48	맨드라미 68
라일락 29	컴프리 48	뽕나무 68
라넌큘러스 29	수국 49	리시언서스 69
모란 30	실유카 49	종꽃 69
작약 30	수선화 50	탱자나무 70
아네모네 31	군자란 50	측백나무 70
	아마릴리스 51	향나무 71
	꽃잔디 51	회양목 71

홍초	72	비비추	88	덜꿩나무	102
풍접초	72	무릇	88	인동	103
등나무	73	달래	88	백당나무	103
긴강남차	73	박새	89	민들레	104
선인장	74	산부추	89	엉겅퀴	105
깨꽃	76	풀솜대	90	솜다리	105
박하	76	산마늘	90	산국	106
금어초	77	처녀치마	90	개망초	106
담쟁이덩굴	77	애기나리	91	고들빼기	106
파초	77	윤판나물	91	곰취	107
한련	78	노루귀	92	개미취	107
새우풀	78	꿩의다리	92	도꼬마리	107
소철	78	금꿩의다리	93	금불초	108
		개구리자리	93	도깨비바늘	108
		복수초	93	뚱딴지	109

제2장 한국의 들꽃

		할미꽃	94	머위	109
자란	80	투구꽃	94	구절초	110
타래난초	80	바람꽃	95	낙동구절초	110
병아리난초	81	꿩의바람꽃	95	쑥	110
주머니꽃	81	개승마	95	삼잎국화	111
털주머니꽃	81	으아리	96
은대난초	82	큰꽃으아리	96
새우난초	82	매발톱꽃	97
금새우난	83	하늘매발톱	97
해오라비난초	83	종덩굴	98
원추리	84	금매화	98
왕원추리	84	동의나물	98
은방울꽃	85	미나리아재비	99
얼레지	85	젓가락나물	99
참나리	86	달맞이꽃	99
중나리	86	금낭화	100
하늘말나리	86	노랑매미꽃	100
솔나리	87	애기똥풀	100
맥문동	87	양귀비	101
둥굴레	87	개양귀비	101
		병꽃나무	102

뻐꾹채	111	범부채	125	멍석딸기	140
삽주	111	기름나물	126	뱀딸기	140
쑥부쟁이	112	어수리	126	짚신나물	140
솜방망이	112	궁궁이	126	국수나무	141
지칭개	112	물봉선	127	산사나무	141
진득찰	113	보리수나무	127	제비꽃	142
씀바귀	113	상사화	128	진달래	143
누리장나무	114	흰꽃나도사프란	128	철쭉	143
작살나무	114	석산	128	만병초	144
참꽃마리	114	냉이	129	천남성	144
범꼬리	115	꽃다지	129	두루미천남성	144
꽃범의꼬리	115	겨자	129	털쥐손이	145
광대수염	116	유채	130	이질풀	145
꿀풀	116	까치수영	130	동백나무	146
광대나물	117	앵초	131	차나무	146
배초향	117	설앵초	131	질경이	147
꽃향유	117	좁쌀풀	131	고사리	147
석잠풀	118	용담	132	초롱꽃	147
벌깨덩굴	118	구슬붕이	132	섬초롱꽃	148
골무꽃	118	쇠비름	133	금강초롱	148
금창초	119	비름	133	잔대	148
조개나물	119	쇠무릎	133	모싯대	149
긴병꽃풀	119	히어리	134	도라지	149
익모초	120	풍년화	134		
별꽃	120	고추나무	134		
패랭이꽃	121	벚나무	135		
술패랭이꽃	121	찔레나무	136		
동자꽃	122	해당화	136		
장구채	122	황매화	137		
오랑캐장구채	123	양지꽃	137		
환삼덩굴	123	조팝나무	138		
붓꽃	124	꼬리조팝나무	138		
금붓꽃	124	좀조팝나무	138		
등심붓꽃	124	가락지나물	139		
타래붓꽃	125	팥배나무	139		
각시붓꽃	125	오이풀	139		

더덕	150	깽깽이풀	164	수크령	178
산괴불주머니	150	삼지구엽초	164	갈풀	178
현호색	150	쇠뜨기	164	강아지풀	179
칠엽수	151	메꽃	165	뚝새풀	179
백량금	151	유홍초	165	피	179
때죽나무	152	산수유나무	166	대	180
미모사	152	층층나무	166	왕대	180
토끼풀	153	산딸나무	166	오죽	180
아까시나무	153	주목	167	이대	181
자귀나무	154	가죽나무	167	조릿대	181
칡	154	명아주	167	바랭이	181
싸리	154	참나무	168	박주가리	182
자운영	155	개불알풀	169	소나무	182
골담초	155	꽃며느리밥풀	169	백송	183
박태기나무	155	주름잎	169	전나무	183
고욤나무	156	냉초	170	낙엽송	183
괭이밥	156	오동나무	170	가문비나무	184
계수나무	156	개오동나무	170	구상나무	184
치자나무	157	족두리풀	171	잣나무	184
화살나무	157	홀아비꽃대	171	개암나무	185
생강나무	158	쥐똥나무	171	까치박달	185
머루	158	영춘화	172	버섯	186
백선	158	함박꽃나무	172	이끼	188
닭의장풀	159	배롱나무	173		
자주달개비	159	부처꽃	173		
단풍나무	160	갯버들	174		

제3장 과일·곡식·채소

고로쇠나무	160	버드나무	174		
기린초	161	수양버들	174	사과나무	190
꿩의비름	161	미루나무	175	배나무	191
돌나물	161	돌단풍	175	복숭아나무	192
소리쟁이	162	바위취	176	딸기	192
며느리배꼽	162	산수국	176	모과나무	193
수영	162	괭이눈	177	앵두나무	193
고마리	163	숙은노루오줌	177	살구나무	194
여뀌	163	바위말발도리	177	자두나무	194
으름덩굴	163	억새	178	굴나무	195

밤나무	195	시금치	213	물수세미	228
포도나무	196	토란	213	벗풀	229
무화과나무	197	미나리	214	부레옥잠	229
석류나무	197	당근	214	물달개비	230
호두나무	198	파슬리	214	방동사니	230
대추나무	198	아욱	215	우뭇가사리	230
키위	198	당아욱	215	검정말	231
감나무	199	벼	216	나사말	231
바나나	199	보리	217	김	232
토마토	200	밀	217	미역	232
파인애플	200	옥수수	218	다시마	232
수박	201	수수	218	찾아보기	233
참외	201	조	219		
오이	202	기장	219		
멜론	202	율무	219		
호박	203	메밀	220		
가지	204	콩	220		
감자	204	강낭콩	221		
고추	205	녹두	221		
피망	205	동부	221		
참깨	206	완두	222		
들깨	206	땅콩	222		
상추	207	팥	222		
쑥갓	207				
꽃상추	208				
생강	208				

제4장 물가 · 바닷속 식물

무	209		
갓	209	연꽃	224
배추	210	수련	225
양배추	210	갈대	226
고구마	211	노랑꽃창포	226
마늘	211	부들	227
부추	211	마름	227
파	212	가래	227
양파	212	붕어마름	228
근대	212	개구리밥	228

일러두기

♣ 우리 나라의 야생화를 비롯한 산과 들에서 자라는 나무, 화단과 집 주변에서 자라는 식물, 원예 화초, 곡식·과일·채소, 물가·바닷속 식물 등을 네 단원으로 나누어 각 과별로 수록하여 체계적인 자연 학습을 할 수 있다.

♣ 약 500종의 식물을 가장 정확하게 묘사할 수 있는 원색 사진으로 실었으며, 꽃이 피는 순서, 꽃을 앞에서 본 모양, 옆에서 본 모양, 비슷한 꽃, 열매 등을 싣고 입체적인 편집을 하여 한 번만 보아도 쉽게 기억할 수 있도록 하였다.

♣ 초등학생이면 누구나 이해할 수 있는 쉬운 문장으로 풀이되어 있으며 중·고등학생이나 성인들의 교양 도서로도 활용할 수 있도록 깊이 있게 다루었다.

♣ 식물의 설명 아래에는 과명, 꽃 피는 시기, 열매 맺는 시기, 자라는 곳, 쓰임새 등을 표 안에 실어 전체를 읽어 보지 않더라도 일목 요연하게 그 특징을 알아볼 수 있다.

♣ 부록으로 가나다순 찾아보기를 실어 특별히 알아보고 싶은 식물을 쉽게 찾아볼 수 있다.

제1장

해바라기

국화과에 딸린 한해살이풀로, 아메리카가 원산지이며 전국 각지에서 관상용으로 가꾼다.
높이는 2m 정도이며 온몸에 잘고 억센 털이 빽빽하게 모여난다.
잎은 어긋나고 잎자루가 길며 가장자리에 굵은 톱니가 있다.
8~9월에 줄기 끝이나 가지 끝에 지름 10~60cm 크기의 꽃이 피는데, 노란색의 꽃잎이 밖을 향해 길게 뻗은 설상화와, 암술과 수술이 있으며 가운데에 모여 있는 갈색의 관상화로 이루어져 있다.
씨는 식용유의 원료로 쓰이거나 말려서 먹기도 하며, 줄기 속은 한방에서 지혈·이뇨·진해 등에 사용된다.
해바라기라는 이름은 '꽃이 해를 향해 돈다'는 뜻이고 꽃말은 '숭배'이다. 그러나 꽃이 커져서 무거워지면 해를 따라 돌지 않는다.

- 분류 국화과
- 꽃 8~9월
- 열매 10월
- 자라는 곳 집 주변
- 쓰임새 관상용, 식용, 약용

▲ 활짝 핀 해바라기

▶ 해바라기 꽃이 피는 모양

▲ 해바라기의 3분의 1 정도 크기인 애기해바라기

코스모스

국화과에 딸린 한해살이풀로 가을의 대표적인 꽃이다. 멕시코가 원산지이며 꽃이 아름다워 관상용으로 많이 심는다.

높이는 1~2m 정도 자라고 털이 없으며 줄기 위에서 가지를 많이 친다. 잎은 마주나고 깃털 모양으로 갈라지며, 독특한 냄새가 난다.

6~10월에 가지와 줄기 끝에서 지름 6㎝ 정도의 흰색·분홍색·자주색 등의 꽃이 한 송이씩 피는데 꽃잎 끝은 3갈래로 갈라진다. 보통 꽃과는 달리 기온이 내려가 15℃에서 17℃쯤 되면 꽃이 핀다.

많은 원예 품종이 있으며 봄에 씨를 뿌려 번식한다. 꽃말은 '애정·소녀의 순정'이다.

- 분류 국화과
- 꽃 6~10월
- 열매 8~11월
- 자라는 곳 화단, 길가
- 쓰임새 관상용

▲ 일년 내내 꽃이 피는 원예 품종 사계절코스모스

▼ 들에 무리지어 피어 있는 코스모스

▶ 빨간색 코스모스    ▶ 흰색 코스모스    ▶ 분홍색 코스모스

백일홍

국화과에 딸린 한해살이풀로 멕시코가 원산지이며 관상용으로 많이 재배한다.

높이는 50~90㎝ 정도이고 줄기는 원통형으로 곧게 자란다.

잎은 마주나는데 잎자루가 없으며 길쭉한 타원형으로 끝이 뾰족하고 가장자리가 밋밋하다.

꽃은 6~10월까지 피며 긴 꽃줄기 끝에 흰색·자주색·주황색·분홍색 등 다양한 색깔의 꽃이 한 송이씩 달린다.

꽃이 100일 동안 붉게 핀다고 하여 꽃 이름을 백일홍 또는 백일초라고 한다.

씨를 뿌려 번식하며, 꽃말은 '떠나간 벗을 그리다' 이다.

- 분류 국화과
- 꽃 6~10월
- 열매 8~11월
- 자라는 곳 길가
- 쓰임새 관상용

▲ 흰색의 백일홍

▼ 빨간색의 백일홍

▲ 관상용으로 재배되는 백일홍

▲ 노란색의 백일홍

시네라리아

▲ 흰 바탕에 자주색 무늬가 있는 시네라리아 꽃

▶ 보라색 꽃

국화과에 딸린 두해살이 또는 여러해살이풀로 카나리아 군도가 원산지이며 온실용으로 반 그늘에서 잘 자란다. 그러나 꽃이 필 때는 햇빛을 받아야 한다.

높이는 40~60cm 정도이며 곧게 자라고 잎과 줄기는 부드러운 솜털로 덮여 있다.

잎은 크고 어긋나며 가장자리에는 물결 모양의 톱니가 있다.

꽃은 겨울에서 봄철까지 피는데 빨간색·자주색·보라색·흰색의 꽃이 빽빽하게 무리지어 핀다.

품종에 따라 홑꽃과 겹꽃이 있다.

- 분류 국화과
- 꽃 겨울~봄
- 자라는 곳 실내
- 쓰임새 관상용

데이지

국화과에 딸린 여러해살이풀로 유럽이 원산지이며 관상용으로 많이 심고 있다.

수염뿌리가 사방으로 퍼진다.

잎은 뿌리에서 모여나고 잎자루가 길며 주걱 모양이다.

꽃은 봄부터 가을까지 피는데 뿌리에서 6~9cm 정도의 꽃줄기가 나와 그 끝에 흰색·분홍색·붉은색의 꽃이 한 송이씩 달린다.

꽃은 아침에 피었다가 저녁에 오므라든다.

가을이나 봄에 씨를 뿌려 번식한다.

꽃말은 '희망·평화' 이다.

◀ 분홍색의 데이지 꽃

▲ 빨간색의 데이지 꽃

- 분류 국화과
- 꽃 봄~가을
- 열매 봄~가을
- 자라는 곳 화단
- 쓰임새 관상용

달리아

국화과에 딸린 여러해살이풀로 멕시코가 원산지이다. 높이는 1.5~2m이며 가지가 많이 갈라지고 줄기에는 하얀 가루가 덮여 있다.

잎은 마주나며 윗면은 녹색, 뒷면은 약간 흰빛이 난다. 7~9월에 흰색·붉은색·자주색의 큼직하고 아름다운 꽃이 가지마다 탐스럽게 핀다.

뿌리는 추위에 약하므로 가을에 덩이뿌리를 캐어 온실에 잘 보관하였다가 봄에 심는다.

세계 각지에서 화단용으로 재배하고 있으며 원예 품종은 300종류가 넘는다.

- 분류 국화과
- 자라는 곳 화단
- 꽃 7~9월
- 쓰임새 관상용

▲ 노란색의 달리아 꽃

▲ 흰색 무늬가 있는 꽃

◀ 자주색의 달리아 꽃

▶ 주황색 꽃

◀ 빨간색 꽃

국화

국화과에 딸린 여러해살이풀로 오랜 옛날부터 관상용으로 널리 가꾸어 왔으며 코스모스와 더불어 가을의 대표적인 꽃이라 할 수 있다.

높이는 보통 1m쯤 자란다. 잎은 어긋나고 잎자루가 있으며 깃꼴 겹잎의 달걀형으로 중앙부까지 깊게 갈라져 있다.

많은 원예 품종이 있으며 꽃의 빛깔이나 모양도 여러 가지이다.

꽃의 크기에 따라 18㎝ 이상의 대륜국, 9㎝이상의 중륜국, 9㎝ 이하의 소륜국으로 나누며, 꽃이 피는 시기에 따라 추국(秋菊)·하국(夏菊)·동국(冬菊)으로 나누기도 한다.

불로장생 및 성스러운 꽃으로 숭상되어 왔으며 매화·난초·대나무와 함께 사군자로 불린다.

- 분류 국화과
- 꽃 9~10월
- 열매 10~11월
- 자라는 곳 화단, 집 주변
- 쓰임새 관상용

▲ 소륜국

▲ 중륜국

▲ 대륜국

▲ 대륜국 '부흥'

과꽃

국화과에 딸린 한해살이풀로 우리 나라·중국·만주가 원산지이며 화단에 관상용으로 많이 가꾼다.

높이는 30~100cm 정도 자라고, 줄기는 자줏빛을 띠며 흰색 털이 많이 나 있다. 잎은 어긋나는데 타원 모양으로 밑부분이 좁고 가장자리에 불규칙한 톱니가 있으며 양면에 털이 있다.

꽃은 7~9월에 피는데, 꽃대 끝에 흰색·자주색·붉은색·분홍색 등의 꽃이 한 송이씩 달린다.

원종은 홑꽃이고 개량종은 겹꽃이며 여러 가지 형태와 색깔의 꽃이 있다.

- 분류 국화과
- 꽃 7~9월
- 열매 10~11월
- 자라는 곳 화단
- 쓰임새 관상용

◀ 자주색의 과꽃

▲ 무리지어 피어 있는 과꽃

거베라

국화과에 딸린 여러해살이풀로 남아프리카 트란스발이 원산지이다.

들꽃을 개량한 품종으로 꽃꽂이용이나 화환 등에 많이 쓰인다.

잎은 뿌리에서 모여나고, 곧게 자라며 15~28cm 정도이다. 줄기와 잎에는 잔털이 빽빽하게 난다.

꽃은 5~11월까지 계속해서 피는데 잎 사이에서 꽃대가 길게 나와 그 끝에서 흰색·붉은색·노란색·주황색 등의 아름다운 꽃이 한 송이씩 핀다.

섭씨 10℃ 이상이면 온실에서 1년 내내 꽃을 피울 수 있다.

- 분류 국화과
- 꽃 5~11월
- 자라는 곳 실내
- 쓰임새 관상용

▲ 여러 가지 색깔의 거베라 꽃

기생초

국화과에 딸린 한해 또는 두해살이풀로 미국 미네소타 주, 아리조나 주가 원산지이며 화단에 심어 가꾼다.

높이는 30~100cm이고, 전체에 털이 없으며 가지를 친다.

잎은 마주나는데 밑부분의 잎은 잎자루가 있으며 깃 모양으로 갈라지고, 윗부분의 잎은 잎자루가 없으며 갈라지지 않는다.

봄에 씨를 뿌리면 여름부터 가을까지 코스모스와 비슷한 꽃이 많이 핀다.

꽃잎은 6~8장으로 붉은 갈색이며 밖으로 노란 무늬가 돌려 있어 매우 아름답다. 화려한 색의 꽃이 피기 때문에 기생초라고 한다.

- 분류 국화과
- 열매 9~11월
- 쓰임새 관상용
- 꽃 7~10월
- 자라는 곳 화단, 공원

▲ 미국 미네소타 주와 아리조나 주가 원산지인 기생초

천수국

국화과에 딸린 한해살이풀로 아프리칸메리골드라고도 한다. 관상용으로 재배하며 멕시코가 원산지이다.

높이는 45~60cm이고 전체에 털이 없으며 가지가 많이 갈라진다. 잎은 여러 개로 갈라지고 가장자리에 잔 톱니가 있다.

6~9월에 가지 끝에 노란색이나 주황색의 꽃이 피며 화단이나 화분에 많이 심는다. 이와 비슷한 종으로 만수국이 있는데, 홍황초 또는 프렌치메리골드라고도 부른다.

▶ 꽃을 위에서 본 모양

▼ 노란 꽃이 피는 천수국

▲ 만수국(홍황초·프렌치메리골드)

- 분류 국화과
- 자라는 곳 화단, 화분
- 꽃 6~9월
- 쓰임새 관상용
- 열매 8~11월

금잔화

국화과에 딸린 한해 또는 두해살이풀로 지중해 연안 및 유럽 남부 지방이 원산지이며 관상용으로 많이 심는다.

높이는 30~50cm 정도 자라고 가지가 갈라진다. 잎은 어긋나고 길쭉한 주걱 모양으로 부드러우며 잎의 가장자리에 톱니가 있다.

꽃은 7~8월에 피고 붉은빛이 도는 노란색으로 줄기와 가지 끝에 한 송이씩 달린다. 꽃 피는 기간이 길고 독특한 냄새가 난다.

꽃색깔이 금색이고 꽃의 모양이 술잔 같기 때문에 금잔화라고 한다.

잎과 줄기는 이뇨 및 발한, 통경에 사용하며 잎은 즙을 내어 상처에 바른다.

- 분류 국화과
- 열매 8~9월
- 쓰임새 관상용, 약용
- 꽃 7~8월
- 자라는 곳 화단

▲ 술잔 모양의 금잔화

◀ 불로화의 꽃

▲ 항상 싱싱한 꽃이 피는 불로화

불로화

국화과에 딸린 한해살이풀로 멕시코가 원산지이며 관상용으로 재배한다.

높이는 40~60cm이며 줄기와 잎 전체에 털이 많다. 잎은 마주나거나 어긋나며, 잎자루가 길고 심장형 또는 달걀형이다. 대개 끝이 둔하고, 잎 가장자리에는 톱니가 있다.

꽃은 8~9월에 자주색·흰색·분홍색을 띠며 빽빽하게 무리지어 핀다. 꽃 모양이 엉겅퀴와 비슷하여 멕시코엉겅퀴라고 부르기도 한다.

항상 싱싱한 꽃이 계속해서 피기 때문에 불로화라고 하며 길가의 화분에 많이 심어 기른다. 원산지인 멕시코에서는 잡초로 취급한다.

- 분류 국화과
- 열매 9~11월
- 쓰임새 관상용
- 꽃 8~9월
- 자라는 곳 화단, 화분

금계국

국화과에 딸린 한해 또는 두해살이풀로 북아메리카가 원산지이며 관상용으로 화단 등에 심는다.
높이는 30~60cm 정도 자라며 위에서 가지가 갈라지고 잔털이 약간 있거나 없다.
잎은 마주나고 깃꼴겹잎이며 밑부분의 잎은 잎자루가 있으나 윗부분의 잎은 잎자루가 없다.
6~8월에 줄기 끝과 가지 끝에서 노란 꽃이 한 송이씩 핀다. 설상화의 꽃잎은 8개로서 황금색이며 가장자리가 불규칙하게 5갈래로 갈라진다. 가운데의 관상화는 황갈색이다.

- 분류 국화과
- 꽃 6~8월
- 열매 7~9월
- 자라는 곳 공원, 화단
- 쓰임새 관상용

◀ 금계국의 꽃

▲ 꽃 모양이 코스모스와 비슷한 금계국

▶ 센토레아 꽃

센토레아

국화과에 딸린 한해살이풀로 유럽의 동부와 남부가 원산지이다.
높이는 60~80cm 정도 자라고, 잎은 깃 모양으로 갈라지며 잎 가장자리에는 톱니가 있다.
6~7월에 긴 꽃대 끝에서 바늘 모양의 많은 꽃이 한데 모여피어 한 송이의 꽃으로 보인다.
위에서 보면 수레바퀴처럼 보이고 옆에서 보면 사발 모양으로 보인다.
꽃색깔은 노란색이며 향기가 매우 좋아 꽃꽂이용으로 널리 쓰인다.

- 분류 국화과
- 꽃 6~7월
- 열매 7~8월
- 자라는 곳 실내
- 쓰임새 관상용

원추천인국

국화과에 딸린 한해살이풀로 루드베키아라고도 하며 북아메리카가 원산지이다.
높이는 30~50cm 정도 자라며, 전체에 거친 털이 있다.
잎은 어긋나며 주걱 모양이고 잎 가장자리가 밋밋하다.
7~8월에 긴 꽃대 끝에서 윗부분이 노란색, 밑부분이 갈색인 꽃이 한 송이씩 달린다.
원추천인국이란 꽃부리가 원뿔 모양으로 자라는 천인국이란 뜻이다.

- 분류 국화과
- 꽃 7~8월
- 열매 9~10월
- 자라는 곳 길가
- 쓰임새 관상용

▲ 꽃부리가 원뿔 모양인 원추천인국

난초

난초과에 딸린 여러해살이풀로 온대에 걸쳐 약 1만 5천여 종이 분포하며, 우리 나라에도 약 60여 종이 자라고 있다.

뿌리는 굵고 잎은 홑잎이며 긴 칼 모양으로 뒤로 젖혀진다. 꽃은 대체로 좌우로 밖을 향해 피는데 짙은 향기가 있고 매우 아름답다.

산이나 들에 저절로 나기도 하고 온실에서 재배하기도 한다. 금난초 · 은난초 · 새우난초 · 병아리난초 · 나리난초 · 약난초 · 으름난초 · 자란 등을 통틀어 난초라고 한다.

▲ 대표적인 동양란의 하나인 철골소심

▶ 석곡

석곡

난초과에 딸린 늘푸른여러해살이풀로 남부 지방의 바위 위나 죽은 나무에 붙어서 자란다.

높이는 20~30㎝ 정도 곧게 자라며 오래된 것은 잎이 없고 마디만 있으며 갈색이다.

잎은 2~3년생이며 칼 모양으로 끝이 둔하고 밑부분이 잎깍지와 연결된다.

5~6월에 줄기 끝에서 흰색 또는 분홍색의 꽃이 1~2송이씩 피며 밑부분에 비늘 같은 것이 달린다. 줄기와 잎은 한방에서 건위 · 강장제로 쓰인다.

- 분류 난초과
- 꽃 5~6월
- 자라는 곳 산지
- 쓰임새 약용, 관상용

▼ 하얀 꽃이 피는 풍란

풍란

난초과에 딸린 늘푸른여러해살이풀로 우리 나라 남해안 및 일본 등 따뜻한 해안 지방에 분포하며, 오래된 나무나 바위에 붙어서 자란다.

뿌리는 굵은 실 모양으로 윤기가 난다.

잎은 뿌리에서 모여나며 넓은 선형이고 아래쪽으로 휘어진다.

6~7월에 잎겨드랑이에서 꽃대가 나오고 그 꽃대에서 다시 가지가 나와 흰색 꽃이 3~5송이씩 피는데 향기가 매우 짙다.

꽃말은 '신념' 이다.

- 분류 난초과
- 꽃 6~7월
- 자라는 곳 나무, 바위
- 쓰임새 관상용

나도풍란

난초과에 딸린 늘푸른여러해살이풀로 대엽풍란이라고도 한다.
우리 나라 남해안 및 일본이 원산지이며 나무 위나 습기가 있는 바위에 붙어서 자란다.
줄기는 비스듬히 서며 밑에서 굵은 뿌리가 뻗는다. 잎은 4~5개가 2줄로 달리는데 긴 타원형이고 끝이 둥글며 길이는 8~15cm이다. 잎의 앞면은 진녹색으로 광택이 난다.
6~8월에 꽃대 끝에서 녹색빛이 도는 흰색 꽃이 4~10송이씩 밑에서부터 위로 피어 올라간다. 향기가 많이 나며 꽃지름은 1~2cm 정도로 꽃받침은 긴 타원형이고 밑부분에 자주색의 줄무늬가 있다.
입술꽃잎은 3갈래로 가장자리는 물결 모양이고 자주색의 반점이 있으며 밑동이 부풀어 구부러져 있다.

- 분류 난초과
- 꽃 6~8월
- 자라는 곳 나무, 바위
- 쓰임새 관상용

▲ 나도풍란의 잎과 꽃

◀ 꽃을 앞에서 본 모양

보춘화

난초과에 딸린 늘푸른여러해살이풀로 춘란이라고도 한다. 우리 나라 제주도·경상도·전라도 및 일본·중국 등지에 분포하며 건조한 숲 속에서 자란다.
뿌리는 굵게 사방으로 퍼지고 흰 수염뿌리를 내린다. 줄기는 비늘 조각으로 싸여 있고, 잎은 가늘고 길며 가장자리에 작은 톱니가 있다.
3~4월경에 뿌리에서 10~25cm 정도의 푸르스름한 꽃대가 나와 5~6월경에 황록색의 꽃이 세 갈래로 나온다.
입술꽃잎은 꽃받침보다 약간 짧고 흰색이며 자주색의 얼룩무늬가 있다.

- 분류 난초과
- 자라는 곳 산과 들
- 꽃 5~6월
- 쓰임새 관상용

▲ 활짝 핀 보춘화 꽃

심비디움

난초과에 딸린 늘푸른여러해살이풀로, 우리 나라·일본·중국·미얀마·동인도·오스트레일리아가 원산지이다.

잎은 긴 칼모양으로 뿌리에서 모여나고 활처럼 휘어진다.

잎 사이에서 20~25cm 정도의 꽃대가 나와 10여 송이의 꽃봉오리가 달린다.

꽃 피는 시기는 4~6월이지만 온실이나 집 안·사무실 등에서는 겨울에도 핀다. 빛깔은 분홍·노랑·흰색·자주 등 여러 가지가 있다.

- 분류 난초과
- 열매 7월
- 쓰임새 관상용
- 꽃 4~6월
- 자라는 곳 실내

▲ 노란색의 심비디움 꽃

▼ 분홍색 꽃

▲ 연분홍색의 심비디움 꽃

▲ 흰색 꽃

온시디움

난초과에 딸린 여러해살이풀로 멕시코·서인도·브라질 등이 원산지이다.
잎은 긴 타원형으로 15cm 정도이며 두껍고 빳빳하다.
꽃줄기의 길이는 1m 정도이고 끝부분에서 가지를 치며 많은 꽃이 핀다.
4~5월에 가지 끝에서 노란꽃이 피는데 지름이 2~3cm이며 꽃 가운데에 붉은갈색의 무늬가 있다.
우리 나라에서는 주로 온실에서 재배하며 꽃꽂이용으로 사용한다.
번식은 포기나누기로 한다.

- 분류 난초과
- 꽃 4~5월
- 자라는 곳 실내
- 쓰임새 관상용

▲ 노란꽃이 아래로 늘어져 피는 온시디움 꽃

카틀레야

난초과에 딸린 여러해살이풀로 브라질이 원산지이다.
높이는 30~60cm 정도이며, 잎은 넓은 칼 모양 또는 길둥근 모양이다.
잎 사이로부터 나온 긴 꽃대 위에서 5~20송이의 꽃이 빽빽하게 핀다. 큰 꽃의 지름은 15cm 정도이고 작은 꽃의 지름은 7cm 정도이다. 꽃은 가을에서부터 겨울에 걸쳐 피는데 빨강·분홍·녹색·흰색·노랑 등 여러 가지이다.
온실·사무실·집 안 등에서 주로 가꾼다.

▲ 흰색의 카틀레야 꽃

- 분류 난초과
- 꽃 가을~겨울
- 자라는 곳 실내
- 쓰임새 관상용

◀ 미니카틀레야

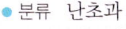

◀ 빨간색 꽃

덴파라

난초과에 딸린 여러해살이풀로 우리 나라에서는 주로 온실에서 재배한다.

잎은 두껍고 넓은 칼 모양이며 잎 사이에서 15㎝ 정도의 꽃줄기가 나와 1~2송이의 작고 예쁜 꽃이 핀다.

꽃은 10월에서부터 다음해 2월까지 오랜 기간 동안 피고, 노랑·분홍·빨강·흰색 등의 여러 가지 색깔이 있다.

계절에 관계없이 사무실이나 집 안에서 화분에 가꾼다.

요즘에는 입학식이나 졸업식의 축하용으로도 많이 쓰인다.

- 분류 난초과
- 꽃 10~2월
- 자라는 곳 실내
- 쓰임새 관상용

▶ 흰색의 덴파라 꽃

▲ 분홍색의 덴파라 꽃

호접란

난초과에 딸린 여러해살이풀로 열대 아메리카가 원산지이며 우리 나라에서는 온실에서 재배한다.

잎은 마주나며 길쭉한 타원형이다.

잎 사이에서 40~60㎝의 꽃대가 나와 12월부터 다음해 2월까지 나비 모양처럼 생긴 예쁜 꽃이 핀다.

꽃색깔은 분홍·빨강·흰색 등 여러 가지이며, 꽃의 지름은 8~10㎝ 정도이다.

사무실이나 집 안 등에서 화분에 심으며 꽃꽂이용으로 많이 쓰인다.

▲ 분홍색의 호접란

◀ 흰색의 호접란

- 분류 난초과
- 꽃 12~2월
- 자라는 곳 실내
- 쓰임새 관상용

목련

목련과에 딸린 갈잎큰키나무로 중국이 원산지이다. 우리 나라 제주도·일본 등지에 야생종이 있고 전국 각지에서 관상용으로 심는다.

높이는 7~10m 정도이며, 가지는 굵고 털이 없으며 꺾으면 향기가 난다. 잎은 넓은 달걀형 또는 타원형으로 끝이 뾰족하고, 앞면에는 털이 없으며 뒷면은 털이 없거나 잔털이 약간 있다.

꽃은 4월에 잎이 피기 전에 피는데, 지름 10㎝ 정도이고 향기가 있다. 흰꽃이 피는 것을 백목련, 자주색 꽃이 피는 것을 자목련이라고 한다.

열매는 5~7㎝로 곧거나 구부러지며 씨는 타원형으로 붉은색이다.

나무는 가구나 건축재로 사용하고, 꽃은 향수의 원료로 쓰이며 꽃망울과 나무껍질은 약재로 쓰인다. 꽃말은 '연정'이다.

- 분류 목련과
- 꽃 4월
- 열매 10~11월
- 자라는 곳 정원
- 쓰임새 관상용, 약용, 가구재

◀ 자목련의 꽃

▲ 자주색 꽃이 피는 자목련

▲ 백목련의 꽃

▲ 목련의 잎

▲ 흰색 꽃이 피는 백목련

튤립나무

목련과에 딸린 갈잎큰키나무로 백합나무라고도 한다.
북아메리카가 원산지이며 높이는 13m 정도 자란다.
잎은 어긋나며 넓은 달걀형으로 끝이 5~7개로 갈라지고 길이는 15cm 정도이다.
잎은 가을에 황금색으로 변하며 잎자루 아래쪽에 큰 턱잎을 가진다.
5~6월에 지름 6cm 정도의 튤립 같은 흰색 꽃이 가지 끝에 한 송이씩 핀다. 꽃받침은 3개이며 꽃잎은 6개로 긴 타원형이다.
열매가 익으면 세로선을 따라 갈라져서 터진다.
정원수나 가로수로 많이 심는다.

- 분류 목련과
- 열매 10~11월
- 쓰임새 관상용
- 꽃 5~6월
- 자라는 곳 정원, 길가

◀ 튤립나무의 꽃

▲ 정원수나 가로수로 많이 심는 튤립나무

개나리

물푸레나뭇과에 딸린 갈잎떨기나무로 함경도를 제외한 전국에서 나며 울타리용이나 정원수로 가꾼다.
높이는 3m 정도이며 줄기는 비스듬히 위로 퍼진다.
잎은 마주나고, 꽃은 이른 봄 잎이 나기 전에 노랗게 피며 잎겨드랑이에 1~3개가 붙는다.
한방에서는 말린 개나리 열매를 '연교'라 하여 옴의 치료 약재로 쓰기도 한다.

◀ 개나리 꽃을 확대하여 본 모양

▲ 이른 봄에 노란꽃이 피는 개나리

- 분류 물푸레나뭇과
- 열매 9~10월
- 쓰임새 관상용, 울타리용, 약용
- 꽃 3~4월
- 자라는 곳 집 주변

▲ 꽃이 피고 난 다음에 잎이 나는 개나리

라일락

물푸레나뭇과에 딸린 갈잎떨기나무로 유럽이 원산지이며 꽃 향기가 좋아 관상용으로 많이 심고 있다.
높이는 5~7m로 가지에는 털이 없다.
잎은 마주나며 긴 잎자루가 달린 심장 모양 또는 달걀 모양으로 앞면은 녹색, 뒷면은 회녹색이고 끝은 뾰족하다.
4~5월에 꽃잎이 4개로 갈라진 대롱 모양의 흰색 또는 보라색 꽃이 원뿔꽃차례로 모여 핀다.
열매는 9월에 익으며 대개 꺾꽂이로 번식한다.
꽃말은 '청춘·젊은 날의 회상' 이다.

◀ 경복궁에 피어 있는 라일락

- 분류 물푸레나뭇과
- 꽃 4~5월
- 열매 9월
- 자라는 곳 정원
- 쓰임새 관상용

◀ 보라색 꽃   ◀ 흰색 꽃

라넌큘러스

미나리아재빗과에 딸린 여러해살이 풀로 유럽 남동부 및 아시아 서남부가 원산지이며 많은 원예 품종이 있다.
높이는 30~40cm 정도이며 덩이뿌리를 가지고 있다.
줄기는 속이 비어 있고 잔털이 빽빽하게 나 있다.
잎은 몇 가닥으로 갈라진 깃 모양이며 잎자루가 있다.
꽃은 4~5월에 피는데 흰색·노란색·분홍색·붉은색의 큰 꽃이 한 대에 1~4송이씩 핀다.

- 분류 미나리아재빗과
- 꽃 4~5월
- 자라는 곳 정원
- 쓰임새 관상용

▲ 여러 가지 라넌큘러스 꽃

▶ 빨간색 꽃

모란

미나리아재빗과에 딸린 갈잎떨기나무로 목단이라고도 한다. 중국이 원산지로 전국 각지에서 관상용으로 많이 가꾼다. 높이는 1~2m이고 가지는 굵다.
잎은 깃꼴겹잎이며 낱잎은 2~3갈래로 갈라진다. 잎 표면은 털이 없고 뒷면은 흰빛이 도는 잔털이 있다.
꽃은 5월에 피는데, 지름 15~30㎝ 정도로 크고, 붉은색·흰색·분홍색·노란색 등 여러 가지 색이 있다.
더위에 약하여 평균 15℃ 이상의 따뜻한 지방에서는 잘 자라지 못한다.
뿌리나 껍질을 말린 목단피는 한방에서 소염·진통·고혈압 등에 쓰고 있다.

- 분류 미나리아재빗과
- 열매 7~8월
- 쓰임새 관상용, 약용
- 꽃 5월
- 자라는 곳 정원

▲ 분홍색의 모란 꽃

▲ 붉은색의 모란 꽃

작약

미나리아재빗과에 딸린 여러해살이풀로 중국이 원산지이며 꽃이 아름다워 관상용으로 정원에 심어 가꾼다.
높이는 50~80㎝ 정도이며 잎과 줄기에 털이 없다. 뿌리에서 나는 잎은 1~2회 깃모양으로 갈라지며 윗부분의 잎은 3개로 갈라진다. 작은 잎은 끝이 뾰족한 타원형 또는 달걀형으로 가장자리가 밋밋하다.
5~6월에 줄기 끝에서 빨강·분홍·흰색의 크고 아름다운 꽃이 한 송이씩 핀다.
뿌리의 색이 붉은 것을 적작약, 흰 것을 백작약이라고 하는데 중요한 한약재로서 보혈·보양·진정제로 쓰인다.

▼ 붉은색과 흰색의 작약 꽃

◀ 옆에서 본 모양

◀ 위에서 본 모양

- 분류 미나리아재빗과
- 열매 7~8월
- 쓰임새 관상용, 약용
- 꽃 5~6월
- 자라는 곳 정원

아네모네

미나리아재빗과에 딸린 여러해살이풀로 지중해 연안이 원산지이다. 높이는 20~40㎝ 정도이며 뿌리에서 잎이 모여난다.
잎은 손바닥 모양으로 깊게 갈라져 있고 작은 잎은 가늘며 끝이 뾰족하다.
4~5월에 줄기 끝에서 지름 5㎝ 정도의 꽃이 한 송이씩 핀다. 꽃 색깔은 빨강·자주·보라·파랑·흰색 등이 있으며 가운데에는 흰색 또는 붉은색의 둥근 무늬가 있다.
화단이나 화분에 심어 가꾸며 번식은 알뿌리로 한다.

- 분류 미나리아재빗과
- 자라는 곳 화단
- 꽃 4~5월
- 쓰임새 관상용

◀ 자주색의 아네모네 꽃

▲ 빨간색의 아네모네 꽃

◀ 포인세티아의 꽃

▲ 크리스마스 장식용으로 많이 쓰이는 포인세티아

포인세티아

대극과에 딸린 갈잎떨기나무로 멕시코 남부가 원산지이다.
높이는 60~70㎝ 정도이고, 고무진 같은 액체가 줄기·잎·뿌리에서 나온다.
잎은 긴 타원형으로 끝이 뾰족하고 뒷면에는 부드러운 털이 있다.
꽃잎처럼 붉게 보이는 것은 실제로 화려한 잎인 포엽이고, 꽃은 작은 꽃송이를 이루며 가운데에 노랗게 모여 핀다.
추위를 잘 견디지 못하고 햇빛을 좋아하며 20~25℃에서 잘 자란다.
꽃말은 '희생·축복'이다.
크리스마스 때 장식용으로 많이 쓰였으나 포엽이 아름다워 요즘에는 봄·여름에도 화분에 심어 가꾼다.

- 분류 대극과
- 자라는 곳 실내, 화분
- 꽃 12~1월
- 쓰임새 관상용

무궁화

아욱과에 딸린 갈잎떨기나무로 우리 나라 중부 이남 및 소아시아 지방에 널리 분포되어 있다.
높이는 3m쯤이고 가지를 많이 치며 어린가지에는 털이 많이 나 있다.
잎은 어긋나며 끝이 뾰족한 달걀 모양이고 가장자리에는 굵은 톱니가 있다.
8~10월에 잎겨드랑이에서 지름 6~10㎝쯤 되는 종 모양의 꽃이 한 송이씩 핀다. 꽃은 품종에 따라 흰색·붉은색·보라색 등이 있다.
추위에 강하고 줄기를 꺾어 꽂아도 잘 자란다. 열매는 10~11월에 익고 한방에서는 흰무궁화의 뿌리와 꽃을 위장병 등의 약재로 쓴다.
무궁화는 우리 나라꽃으로 광복 이후 많은 품종이 개발되어 아사달·화랑·백단심 등의 이름으로 약 100여 종이 나와 있다.

▲ 흰무궁화

▲ 겹꽃 홍순

▲ 흰무궁화(겹꽃)

▲ 개량 품종 아사달

◀ 무궁화의 꽃과 꽃봉오리

- 분류 아욱과
- 꽃 8~10월
- 열매 10~11월
- 자라는 곳 집 주변
- 쓰임새 관상용, 약용

▲ 하와이무궁화

▲ 우리 나라꽃 무궁화

접시꽃

◀ 흰색의 접시꽃

아욱과에 딸린 두해살이풀로 원산지는 중국과 시리아이다.
높이는 2m 가량이다.
잎은 심장 모양이며 5~7개로 깊게 갈라지고 가장자리에 톱니가 있다.
여름철에 잎겨드랑이에서 접시 모양의 크고 납작한 꽃이 밑에서 위로 올라가며 차례로 핀다.
꽃색깔은 붉은색·흰색·자주색 등이 있으며 겹꽃도 있다.
한방에서 뿌리는 촉규라 하고 꽃은 촉류화라 하여 약재로 사용한다.

- 분류 아욱과
- 꽃 6~7월
- 열매 9월
- 자라는 곳 집 주변
- 쓰임새 관상용, 약용

▲ 빨간색의 접시꽃

목화

아욱과에 딸린 한해살이풀로 동아시아가 원산지이다.
높이는 60~90cm이고 잔털이 많으며 곧게 자라면서 가지가 갈라진다.
잎은 어긋나며 잎자루가 길고 손바닥 모양으로 3~5개로 갈라진다.
꽃은 8~9월에 피는데, 연한 노란색으로 잎겨드랑이에 한 송이씩 달린다.
열매는 익으면 갈라지고 씨는 검정색이며 겉껍질 세포가 흰색의 털 모양 섬유로 변해 목화솜이 된다.
우리 나라에는 고려 시대 공민왕 때 원나라에 사신으로 갔던 문익점이 처음으로 가져왔다.

◀ 연노랑색의 꽃

▶ 열매

▲ 목화의 잎과 꽃

◀ 목화솜

- 분류 아욱과
- 꽃 8~9월
- 열매 10~11월
- 자라는 곳 집 주변
- 쓰임새 관상용, 섬유용, 제지용, 제유용

부용

아욱과에 딸린 갈잎떨기나무로 중국 남부·타이완이 원산지이다.

높이는 1~3m 정도이고 줄기는 곧게 서며, 가지는 털로 덮여 있다.

잎은 어긋나고 3~7개로 깊게 갈라지며 가장자리에 둔한 톱니가 있다.

8~10월에 윗부분의 잎겨드랑이에서 분홍색 또는 흰색의 꽃이 한 송이씩 핀다.

열매는 둥글고 씨에는 흰색 털이 있다.

화단이나 정원에 관상용으로 심으며 씨를 뿌리거나 포기나누기로 번식한다.

꽃말은 '섬세한 아름다움' 이다.

- 분류 아욱과
- 꽃 8~10월
- 열매 10~11월
- 자라는 곳 집 주변
- 쓰임새 관상용

▲ 연분홍색의 부용 꽃

◀ 분홍색의 시클라멘 꽃

시클라멘

앵초과에 딸린 여러해살이풀로 그리스·시리아·지중해 연안이 원산지이다.

높이는 15cm 정도이고 땅 속에 있는 덩이줄기에서 잎과 꽃줄기가 나온다.

잎은 둥근 심장 모양이며 끝이 뾰족하고 가장자리에 잔톱니가 있다. 잎의 앞면은 진녹색이고 흰 무늬가 있다.

12~4월에 덩이줄기에서 나온 여러 개의 꽃줄기 끝에 빨강·분홍·흰색의 꽃이 한 송이씩 핀다.

반그늘에서 잘 자라고 5℃에서 겨울을 난다.

- 분류 앵초과
- 꽃 12~4월
- 자라는 곳 실내
- 쓰임새 관상용

▲ 빨간색의 시클라멘 꽃

프리뮬러

앵초과에 딸린 한해 또는 두해살이풀로 네팔이 원산지이다.
전세계에 400여 종이 있으며 우리 나라에도 9종이 있다.
높이는 10~15cm 정도이고 잎은 뿌리에서 모여나며 긴 타원형으로 불규칙한 톱니가 있다. 잎의 앞면은 녹색이고 뒷면은 회녹색이며 털이 있다.
잎 사이에서 여러 개의 꽃대가 나와 그 끝에서 꽃이 한 송이씩 핀다.
꽃은 1~2월에 피며, 빨강·노랑·분홍·흰색 등이 있다.
꽃말은 '청춘의 희망' 이다.

- 분류 앵초과
- 꽃 1~2월
- 자라는 곳 화단
- 쓰임새 관상용

▼ 자주색 꽃   ▼ 노란색 꽃   ▼ 빨간색 꽃

▲ 연분홍색의 프리뮬러 꽃

불두화

인동과에 딸린 갈잎떨기나무로 북아프리카가 원산지이며, 우리 나라 중부 이남에 분포하고 특히 절 부근에서 관상용으로 많이 심는다.
높이는 2~3m 정도 자란다. 잎은 마주나며 손바닥 모양이고 끝이 3개로 갈라진다. 가장자리에 거친 톱니가 있고 끝이 뾰족하다.
꽃은 무성화로 5~6월에 피며 처음 필 때는 언녹색이지만 활짝 피면 흰색으로 변한다.
열매는 둥글며 9월에 붉게 익는다.

- 분류 인동과
- 꽃 5~6월
- 열매 9월
- 자라는 곳 정원
- 쓰임새 관상용

◀ 불두화의 꽃

▲ 절에서 많이 가꾸는 불두화

은행나무

은행나뭇과에 딸린 갈잎큰키나무로 중국이 원산지이며 우리 나라 각지 및 일본·중국 등지에 분포되어 있다. 높이는 5~6m이고 오래된 고목은 60m에 이르는 것도 있다.

잎은 한 군데에서 여러 개가 모여나며, 부채 모양으로 가운데가 갈라지고 평행맥이 있다.

암수딴그루로 꽃은 5월에 잎과 같이 핀다. 수꽃은 연한 노란색이고 암꽃은 녹색이다.

열매는 10월에 노랗게 익는데 '은행'이라고 하며 겉껍질에서 악취가 난다.

공원수와 가로수로 많이 심으며 나무는 가구재로 쓰인다. 은행잎은 혈액 순환제의 약재로 쓰인다.

- 분류 은행나뭇과
- 꽃 4~5월
- 열매 9~10월
- 자라는 곳 공원, 길가
- 쓰임새 관상용, 약용

▲ 잎이 노랗게 물든 은행나무

▶ 여름철의 은행나무 잎

▼ 은행나무의 열매

▲ 노랗게 익은 은행

▲ 잎이 무성하게 자란 은행나무

장미

장미과에 딸린 갈잎떨기나무로 아프리카·유럽·이란 등이 원산지이다.
높이는 2~3m 정도이며 가지에는 날카로운 가시가 많다. 잎은 어긋나며 끝이 뾰족한 타원형이다. 5~6월에 빨강·흰색·분홍·노란색 등의 꽃이 아름답고 탐스럽게 핀다.
현재 재배되고 있는 장미는 오랜 기간 동안 개량되어 이루어진 것으로 1만 5천 종에 이르며 우리 나라에도 5백여 종이 넘는 장미가 있다. 우리 나라에서는 대부분 관상용으로 정원이나 울밑에 심으며 꽃꽂이용으로 많이 사용한다.
개량종은 대부분 찔레나무에 접목하여 키우며 꺾꽂이 또는 씨를 심어 번식한다.
꽃말은 '불타는 사랑·아름다움' 이다.

▲ 골든라프체라

- 분류 장미과
- 꽃 5~6월
- 열매 8~10월
- 자라는 곳 정원
- 쓰임새 관상용

▼ 슈퍼스타   ▼ 프린세스마가렛

▲ 가지가 길게 뻗어나가는 덩굴장미

▲ 이스크라

▲ 리틀마블

매화나무

장미과에 딸린 갈잎중키나무로 매실나무라고도 한다. 중국이 원산지이며 우리 나라에서는 서울 이남 지방에서 잘 자란다.
높이는 4~5m 가량이다.
잎은 어긋나고 달걀 모양이며 길이 4~10㎝이다. 가장자리에 가는 톱니가 있고 양면에 잔털이 있다.
꽃은 이른 봄 잎보다 먼저 피고 잎겨드랑이에 1~3 송이가 달리며 꽃자루는 거의 없다. 꽃색깔은 흰색·분홍색 등이 있다.
열매는 복숭아처럼 단단한 씨가 들어 있으며 6~7월 경에 익는데 매실이라고 하며 신맛이 난다.
한방에서는 열매를 약재로 사용한다.

- 분류 장미과
- 자라는 곳 집 주변
- 꽃 2~4월
- 쓰임새 관상용, 식용, 약용
- 열매 6~7월

▲ 분홍색의 매화 꽃

▼ 흰색의 매화 꽃

▲ 원예 품종인 호주매화

◀ 매화나무의 열매인 매실

▶ 원예 품종인 장수매화

피라칸타

장미과에 딸린 늘푸른떨기나무로 타이완이 원산지이다.
높이는 4m 정도 자라고 가지에는 장미와 같은 가시가 있다.
잎은 어긋나며 긴 타원형이고, 뒷면에 짧은 털이 있다.
5~6월에 작은 흰 꽃이 무리지어 핀다.
열매는 주황색으로 작은 공 모양이며 한 가지에 50~80개 정도 달린다.
열매가 화려하여 관상용으로 재배되며, 울타리를 치거나 과수를 받치는 지주로 쓰이기도 한다.
원예 품종은 화분에 심어 가꾼다.

- 분류 장미과
- 꽃 5~6월
- 열매 9~12월
- 자라는 곳 집 주변
- 쓰임새 관상용

▲ 피라칸타의 열매

▼붉은색의 명자 꽃   ▼흰색의 명자 꽃

명자나무

장미과에 딸린 갈잎떨기나무로 중국이 원산지이다. 경상도·황해도의 인가 주변에서 많이 심는 나무이다.
높이는 2~3m 정도 자라고 가지에는 가시가 있으며 가지 끝이 가시로 변한 것도 있다.
잎은 어긋나며 타원형 또는 긴 타원형이고 끝이 뾰족하며 가장자리에 잔톱니가 있다.
꽃은 잎보다 먼저 피는데, 한 송이 또는 여러 송이가 흰색·붉은색으로 핀다.
열매는 9월에 노랗게 익으며 길이는 10㎝ 가량이다.
꽃이 아름다워 오랫동안 관상용으로 심어 왔다.

- 분류 장미과
- 꽃 4~6월
- 열매 9월
- 자라는 곳 정원, 공원
- 쓰임새 관상용

▲ 공원이나 고궁에서 흔히 볼 수 있는 명자나무

홍매

장미과에 딸린 갈잎떨기나무로 우리 나라·중국이 원산지이며 습기가 충분한 땅에서 잘 자란다.
높이는 1.5m 정도이고 줄기는 뭉쳐나며 가지가 갈라지고 줄기와 가지는 가늘다.
잎은 어긋나고 좁고 긴 타원형이며 가장자리에 물결 모양의 톱니가 있다.
꽃은 5월에 잎과 같이 피며, 꽃색깔은 분홍색 또는 흰색으로 꽃자루가 있다.
열매는 둥글며 털이 없고 여름에 붉은색으로 익는다. 흰꽃이 피는 것을 백매라고 한다.

- 분류 장미과
- 꽃 5월
- 열매 7~8월
- 자라는 곳 정원
- 쓰임새 관상용

▶ 홍매의 꽃

▲ 겹꽃이 피는 홍매

팬지

제비꽃과의 한해 또는 두해살이풀로 유럽 북부가 원산지이다.
높이는 20㎝ 가량으로 공원이나 길가에 많이 가꾼다.
잎은 긴 타원형으로 빽빽하게 모여나며 가장자리에는 뭉툭한 톱니가 있다.
봄철에 잎겨드랑이에서 꽃대가 길게 나와 빨강·노랑·흰색·청색·자주 등 여러 가지 색의 꽃이 핀다. 꽃 가운데에는 갈색 또는 자주색의 큰 무늬가 있는 것도 있다.
꽃잎은 5개이며 나비 모양과 비슷하다. 꽃말은 '사색·나를 생각해 주세요'이다.

▼ 흰색 꽃　▼ 노란색 꽃　▼ 자주색 꽃

▲ 보라색 팬지 꽃

- 분류 제비꽃과
- 꽃 4~5월
- 열매 8~9월
- 자라는 곳 공원, 길가
- 쓰임새 관상용

영산홍

진달랫과에 딸린 늘푸른떨기나무로 정원이나 공원 등에 많이 가꾸며 오월철쭉이라고도 한다.
높이는 1m 가량 자라고 가지를 많이 친다.
잎은 타원형이며 양면에 털이 있다.
5~6월경 가지 끝에서 넓은 깔때기 모양의 꽃이 한두 송이씩 핀다.
꽃은 홍색·자주·흰색 등이 있는데 홍색 꽃은 영산홍, 자주색 꽃은 영산자, 흰색 꽃은 영산백이라고 한다.
열매는 9~10월에 익으며 달걀 모양으로 길이 7~8mm이다.

- 분류 진달랫과
- 꽃 5~6월
- 열매 9~10월
- 자라는 곳 집 주변
- 쓰임새 관상용

◀ 영산자의 꽃　　◀ 영산홍의 꽃

▲ 영산홍과 영산자

어제일리어

진달랫과에 딸린 늘푸른떨기나무로 높이는 1m 정도 자라며 가지를 많이 친다. 잎은 타원형이고 양면에 털이 있다.
꽃은 5~6월에 피며 품종에 따라 흰색·붉은색·분홍색 등이 있다.
어제일리어란 그리스어로 '건조'라는 뜻으로, 이 식물이 건조한 땅에서도 잘 자란다고 하여 붙여진 이름이다.
미국과 유럽에서는 진달래 종류를 모두 어제일리어라고 하기 때문에 영산홍·진달래·어제일리어 등의 영어 명이 같으며 품종은 500여 종이나 된다.

- 분류 진달랫과
- 꽃 5~6월
- 열매 10월
- 자라는 곳 공원
- 쓰임새 관상용

▲ 건조한 땅에서도 잘 자라는 어제일리어

◀ 분홍색의 어제일리어 꽃

안수리움

천남성과에 딸린 여러해살이 풀로 중앙 아메리카의 코스타리카가 원산지이다.
잎은 길쭉한 심장형이며, 표면은 진녹색이고 윤기가 난다.
잎 사이에서 나온 20~30cm 정도의 꽃대 끝에 잎이 변해서 생긴 꽃과 같은 불염포가 나오는데, 빨간색 또는 주황색이다.
꽃은 이삭 모양이며 불염포 위에 곧게 피거나 또는 나선형으로 말려서 핀다.
포기나누기로 번식한다.

- 분류 천남성과
- 자라는 곳 실내
- 꽃 일정치 않음
- 쓰임새 관상용

◀ 심장 모양의 불염포와 흰 꽃이삭을 가진 안수리움

▲ 주황색의 불염포와 붉은 꽃이삭을 가진 안수리움

스파티필룸

천남성과에 딸린 여러해살이풀로 열대 아메리카 및 말레이시아가 원산지이다.
높이는 80~100cm 정도 자라고 땅속줄기에서 잎이 뭉쳐난다.
잎은 두꺼우며 끝이 뾰족한 긴 타원형으로 밑부분이 점점 좁아진다. 길이는 30~50cm 정도이다.
꽃줄기는 길게 나오고 그 끝에 꽃잎처럼 보이는 불염포와 함께 흰색의 수많은 잔꽃이 꽃줄기 둘레에 모여 핀다.
꽃은 1년 내내 계속 핀다.

- 분류 천남성과
- 자라는 곳 실내
- 꽃 일정치 않음
- 쓰임새 관상용

▲ 흰 불염포와 흰꽃이 피는 스파티필룸

바이올렛

◀ 보라색 꽃

▲ 분홍색의 바이올렛 꽃

제스네리아과에 딸린 여러해살이 풀로 아프리카 열대 지방이 원산지이고, 주로 온실에서 가꾼다.
약간 그늘진 곳에서 잘 자라며 온도를 15~25℃로 유지해 주면 일 년 내내 꽃이 핀다.
잎은 두껍고 둥글거나 달걀 모양이며 긴 잎자루가 있다.
꽃은 여름에서 가을에 걸쳐 피며 꽃의 지름은 3cm이고 제비꽃의 꽃과 모양이 비슷하다. 꽃 색깔은 많은 품종이 개발되어 짙은 자주색·주황색·분홍색·노란색 등으로 다양하다.

- 분류 제스네리아과
- 자라는 곳 실내
- 꽃 6~10월
- 쓰임새 관상용

제라늄

쥐손이풀과에 딸린 여러해살이풀로 남아프리카 원산의 원예 품종이다.
줄기는 살지고 높이는 30~60cm 정도이며 가늘고 부드러운 털로 덮여 있다.
잎은 어긋나고 달걀 모양 또는 심장 모양이며 가장자리에는 둥글둥글한 톱니가 있다.
꽃은 7~9월에 피는데 잎겨드랑이에서 긴 꽃줄기가 나와 한데 모여 달리며, 흰색·분홍색·붉은색 등 다양하다.
제라늄이란 그리스어로 '학'이라는 뜻이며 꽃줄기가 길게 나와 학의 모양과 비슷하게 꽃이 핀다 하여 붙여진 이름이다.

▼ 흰색 꽃

▲ 분홍색 꽃

▲ 빨간색의 제라늄 꽃

- 분류 쥐손이풀과
- 자라는 곳 실내, 화단
- 꽃 7~9월
- 쓰임새 관상용

튤립

백합과에 딸린 여러해살이풀로 소아시아가 원산지이며 관상용으로 많이 재배한다.

높이는 20~60cm 정도 자라고 땅 속에 둥근 알뿌리를 가지고 있다. 줄기는 원기둥 모양으로 곧게 서고 가지가 갈라지지 않는다.

잎은 밑에서부터 두세 개의 잎이 연속하여 어긋나고 밑부분은 원줄기를 감싼다. 길이는 20~30cm로 넓은 피침형이고, 가장자리가 물결 모양을 이루어 안쪽으로 약간 말린다.

꽃은 4~5월에 꽃줄기 끝에 한 송이씩 위를 향해 피며 넓은 종 모양이다.

온도에 매우 예민한 꽃으로 빛이 없으면 오므라들고 아침에 피었다가 저녁에 오므라든다.

- 분류 백합과
- 꽃 4~5월
- 열매 6~7월
- 자라는 곳 화단
- 쓰임새 관상용

▲ 빨간색의 튤립 꽃

▼ 빨간색 바탕에 흰 무늬가 있는 튤립 꽃

▲ 육각 별 모양의 튤립 꽃

▲ 튤립 꽃의 암술과 수술

◀ 흰색 꽃

◀ 노란색 꽃

백합

▲ 향기가 좋은 백합꽃

백합과에 딸린 여러해살이풀로 일본 남쪽의 여러 섬 및 타이완이 원산지이다. 높이는 50~100㎝ 정도이며 알뿌리로 번식한다.

잎은 잎자루가 없고 넓은 칼 모양으로 층층이 어긋나며 뒤로 젖혀진다.

5~6월에 줄기 끝에서 나팔 모양의 커다란 흰꽃이 2~3송이씩 옆을 향해 핀다. 꽃의 향기가 매우 좋아 꽃꽂이용으로 많이 사용된다.

우리말로는 나리라고 하는데 산이나 들에서 자라는 붉은색의 꽃과 구별하기 위해 백합이라고 부른다.

뿌리는 약재로 사용한다.

- 분류 백합과
- 꽃 5~6월
- 자라는 곳 실내
- 쓰임새 관상용, 약용

아스파라거스

백합과에 딸린 여러해살이풀로 남유럽과 러시아 남부가 원산지이다.

줄기는 녹색이고 둥글며 높이가 1.5~2m 정도 자란다.

바늘같이 가는 잎은 어긋나고 더부룩하게 많이 달리며 무성하게 자라다가 겨울에는 죽는다.

암수딴그루로 5~6월에 가지 끝에서 종 모양의 노란빛을 띤 흰꽃이 1~2송이씩 달린다.

열매는 둥글고 빨갛게 익으며 속에는 검은 씨가 들어 있다.

다 자란 억센 줄기와 잎은 꽃꽂이용으로 쓰이고 어린 줄기는 식용한다.

- 분류 백합과
- 꽃 5~6월
- 열매 7~8월
- 자라는 곳 집 주변
- 쓰임새 관상용, 식용

◀ 아스파라거스의 열매

▲ 아스파라거스의 잎과 꽃

옥잠화

백합과에 딸린 여러해살이풀로 중국이 원산지이며 관상용 화초로 많이 재배한다.
잎은 뿌리에서 모여나고 넓은 타원형으로, 앞면에 윤기가 있으며 잎자루가 길다.
꽃은 8~9월에 꽃줄기 끝에 여러 개가 흰색으로 달린다. 저녁에 활짝 피었다가 아침에 시들며 향기가 좋다.
열매는 원뿔형의 달걀 모양이고 익으면 밑으로 처진다.
잎은 떡을 싸는 장식품으로 이용하며 봄과 가을에 포기나누기로 번식한다.

◀ 옥잠화의 꽃과 꽃봉오리

▲ 하얀 꽃이 피는 옥잠화

- 분류 백합과
- 자라는 곳 집 주변
- 꽃 8~9월
- 쓰임새 관상용

무스카리

백합과에 딸린 알뿌리식물로 아르메니아·서부 이란·유럽이 원산지이다.
알뿌리는 작은 공 모양이며 작은 것은 4~5cm, 큰 것은 10cm 정도이다.
잎은 뿌리에서 모여나고 흰빛을 띤 녹색이며 안쪽으로 골이 나 있다.
4~5월에 꽃줄기 끝에서 작은 달걀 모양의 보라색 꽃이 수십 개씩 아래로 늘어져 모여 핀다.
씨로 심어 번식하거나 알뿌리를 나누어 심어 번식한다.

▲ 작은 달걀 모양의 꽃이 수십 송이씩 모여 피는 무스카리

- 분류 백합과
- 자라는 곳 집 주변
- 꽃 4~5월
- 쓰임새 관상용

히아신스

백합과에 딸린 여러해살이풀로 소아시아가 원산지이며 관상용으로 재배한다.
잎은 4~8개가 곧게 나오는데 앞면은 오목하고 두꺼우며 끝은 둔하고 뾰족하다.
잎의 길이는 15~30㎝, 폭은 2~5㎝ 정도로 광택이 난다.
이른 봄에 잎 사이에서 꽃줄기가 나와 깔대기 모양의 꽃이 아래에서 위로 올라가며 모여 핀다.
원종은 남보라색이지만 원예 품종은 붉은색·노란색·흰색 등 여러 가지가 있다.
가을에 양파와 같은 알뿌리를 심으며 꽃말은 '슬픈 기억'이다.

- 분류 백합과
- 꽃 3~4월
- 자라는 곳 실내
- 쓰임새 관상용

▼ 빨간색의 히아신스 꽃

▶ 흰색 꽃 ▶ 남보라색 꽃 ▶ 연분홍색 꽃

알로에

백합과에 딸린 늘푸른여러해살이풀로 아프리카·인도가 원산지이며 관상용으로 가꾼다.
잎은 줄기 끝부분에서 사방으로 돌려나고 길이는 50~60㎝ 정도 자란다. 가장자리에 날카로운 가시가 있으며, 흰빛이 도는 녹색이다.
꽃은 여름에 귤색으로 화려하게 무리지어 핀다.
알로에란 아라비아어로 '맛이 쓰다'는 뜻으로 붙여진 이름이다.
민간에서는 알로에 잎의 액즙을 위장병에 쓰며 화장품의 원료로도 쓰인다.
주로 포기나누기로 번식하며 빨리 자란다.

▲ 위장병의 약재로 쓰이는 알로에

- 분류 백합과
- 자라는 곳 실내
- 쓰임새 관상용, 약용

물망초

지칫과에 딸린 한해 또는 여러해살이풀로 유럽·아시아가 원산지이며 깊은 산 속에서 자라는데 관상용으로 재배하기도 한다.

높이는 10~20㎝ 정도이며, 잎은 어긋나고 긴 타원형이다.

4~6월에 줄기 끝에서 청색·흰색·보라색 꽃이 이삭 모양으로 피는데 가운데는 노란색의 동그란 무늬와 흰색 줄무늬가 있다.

열매는 갈색이며 익으면 저절로 벌어져 씨가 나온다.

돌로 가꾼 정원이나 화단가에 심으면 좋다. 물망초의 영어명은 'forget-me-not'(나를 잊지 마세요)이다.

- 분류 지칫과
- 꽃 4~6월
- 자라는 곳 화분, 꽃밭
- 쓰임새 관상용

◀ 연보라색의 물망초 꽃

◀ 분홍색의 물망초 꽃

컴프리

▼ 초롱 모양의 컴프리 꽃

지칫과에 딸린 여러해살이풀로 유럽이 원산지이며 밭에 심어 가꾼다.

높이는 90~130㎝ 정도 자라고 짧은 털이 있으며 가지가 갈라진다.

잎은 부드러운 털로 덮여 있으며 길쭉한 타원형으로 잎자루가 길다.

꽃은 6~7월에 피는데 초롱 모양의 분홍색 꽃이 아래쪽을 향해 달린다.

잎은 약용 또는 식용하며 꽃이 예쁘고 푸른 녹색의 잎이 무성하여 관상용으로 정원에 심기도 한다.

번식은 씨를 심거나 뿌리를 여러 개로 나누어 심는다.

◀ 컴프리의 잎과 꽃봉오리

- 분류 지칫과
- 꽃 6~7월
- 자라는 곳 집 주변
- 쓰임새 관상용, 약용

수국

◀ 보라색의 수국 꽃

범의귓과에 딸린 갈잎떨기나무로 높이가 1m에 달하고 겨울 동안 윗가지가 말라 죽는다.
잎은 타원형이고 잎 가장자리에 톱니가 있으며 두껍고 광택이 난다.
꽃은 6~7월에 줄기 끝에 빽빽하게 무리지어 피는데, 보라색에서 푸른색으로 다시 분홍색으로 된다. 열매는 맺지 못한다. 말린 꽃은 약재로 쓰이며 몸의 열을 내리는 효과가 있다.

- 분류 범의귓과
- 꽃 6~7월
- 열매 맺지 못함
- 자라는 곳 화분, 꽃밭
- 쓰임새 관상용, 약용

▲ 분홍색의 수국 꽃

실유카

◀ 실유카의 꽃

용설란과에 딸린 여러해살이풀로 미국 플로리다·캐롤라이나 북부가 원산지이다.
높이는 1~2m이고 잎은 뿌리에서 모여나와 사방으로 퍼진다.
6~7월에 1~2m 정도 자란 꽃대에서 흰색의 꽃이 무리지어 핀다.
잎에서 섬유를 채취하여 사용하며 관상용으로 심는다. 유카와 비슷하지만 원줄기가 높이 자라지 않고 잎이 연약하다.
봄·가을에 포기나누기로 번식한다.

- 분류 용설란과
- 꽃 6~7월
- 자라는 곳 화분, 화단
- 쓰임새 관상용

▲ 잎에 실과 같은 섬유질이 있는 실유카

수선화

수선화과에 딸린 여러해살이풀로 지중해 연안이 원산지이다.

따뜻한 지방의 바닷가에서 자라는데 관상용으로 재배하기도 한다.

비늘줄기는 넓은 달걀 모양이며 껍질은 검은색이다.

잎은 늦가을에 자라기 시작하고 긴 칼 모양이며 길이는 20~40㎝이다.

꽃은 12~3월에 피며 꽃줄기 끝에 5~6송이의 꽃이 옆을 향하여 달린다.

비늘줄기의 조각으로 번식한다.

- 분류 수선화과
- 꽃 12~3월
- 자라는 곳 화단, 바닷가
- 쓰임새 관상용

▼ 활짝 핀 수선화 꽃

▶ 수선화 꽃을 옆에서 본 모양

◀ 수선화의 꽃봉오리

군자란

수선화과에 딸린 늘푸른여러해살이풀로 남아프리카가 원산지이며 우리 나라의 온실에서 널리 재배한다.

높이는 약 45㎝이고, 잎은 뿌리에서 모여 나며 칼 모양이다.

초여름에 잎 사이에서 꽃줄기가 나와 주황색의 꽃이 10~20송이 가량 핀다.

온실에서는 3월부터 꽃이 피기 시작한다.

번식은 포기나누기와 씨를 뿌리는 방법이 있는데 씨뿌림의 경우에는 꽃이 피기까지 4년이나 걸린다.

비늘줄기는 약재로 사용된다.

▲ 주황색의 꽃이 모여 피는 군자란

◀ 군자란의 꽃

- 분류 수선화과
- 꽃 3~7월
- 자라는 곳 화분
- 쓰임새 관상용, 약용

아마릴리스

수선화과에 딸린 여러해살이풀로 멕시코가 원산지이다.

비늘줄기는 양파와 비슷하고 검은 갈색의 껍질이 있다.

잎은 짙은 녹색이며 비늘줄기에서 나오는데 잎 끝은 뒤로 젖혀진다.

꽃은 잎 사이에서 나온 굵은 꽃줄기 끝에 2~4송이씩 피는데, 품종에 따라 붉은색·주황색·흰색·분홍색 등 여러 가지 색을 띠고 있다.

번식은 씨를 심거나 비늘줄기를 나누어 심는다.

- 분류 수선화과
- 자라는 곳 화분
- 꽃 12~3월
- 쓰임새 관상용

▼ 빨간색의 아마릴리스 꽃

▶ 흰색의 줄무늬가 있는 아마릴리스 꽃

◀ 아마릴리스의 비늘줄기

꽃잔디

▼ 분홍색의 꽃잔디

꽃고빗과에 딸린 여러해살이풀로 미국이 원산지이며 건조한 모래땅에서 잘 자란다. 지면패랭이꽃이라고도 한다.

높이는 10cm 정도이고 가지가 많이 갈라진다.

잎은 마주나고 칼 모양 또는 타원형이다.

꽃은 가지 끝에 뭉쳐서 피는데 대롱처럼 생긴 꽃부리는 5갈래로 갈라진다.

꽃색깔은 연분홍빛이지만 원예 품종은 흰색·빨간색·자주색 등이 있다.

잔디같이 지면을 덮고 꽃이 만발하므로 꽃잔디라고 한다.

- 분류 꽃고빗과
- 자라는 곳 화단
- 꽃 4~9월
- 쓰임새 관상용

◀ 흰색의 꽃잔디

풀협죽도

꽃고빗과에 딸린 여러해살이풀로, 북아메리카가 원산지이며 관상용으로 재배한다.
높이는 1m 정도이고 줄기는 뿌리에서 모여 나와 곧게 자란다.
잎은 마주나고 긴 타원형이며 잔털이 있다.
여름철에 줄기 끝에서 분홍색 또는 흰색의 향기나는 꽃이 핀다.
꽃받침은 녹색이고 5개로 갈라지며 끝이 뾰족하다.
협죽도 같은 꽃이 달리는 풀이란 뜻으로 생긴 이름이다.
공원이나 화단에 많이 심는다.

- 분류 꽃고빗과
- 꽃 7~8월
- 자라는 곳 화단
- 쓰임새 관상용

▼ 공원의 뜰에 피어 있는 풀협죽도

▶ 자주색 꽃

◀ 흰색 꽃

◀ 빨간색의 채송화 꽃

채송화

쇠비름과에 딸린 한해살이풀로 남아메리카가 원산지이며 관상용으로 화단에 많이 가꾼다.
높이는 20cm 가량이고 줄기는 붉은빛이며 잎겨드랑이에 희고 긴 털이 있다.
꽃은 7~10월경에 가지 끝에 1~2송이씩 피며, 자주·노랑·분홍·흰색 등 다양하다. 아침에 피었다가 오후에 시들며 꽃의 중심에 많은 수술이 있다.
열매는 둥근 모양이며 익으면 위쪽의 절반이 뚜껑처럼 열리어 많은 종자가 밖으로 나온다.

- 분류 쇠비름과
- 꽃 7~10월
- 열매 8~11월
- 자라는 곳 화단
- 쓰임새 관상용

▲ 노란색의 채송화 꽃

까마중

가짓과에 딸린 한해살이풀로 밭이나 길가에서 흔히 자란다.
높이는 20~90㎝이고 잎은 어긋나며 달걀 모양이다.
꽃은 흰색이며 5~7월에 잎겨드랑이에서 몇 송이씩 무리지어 핀다.
꽃이 진 후 녹색 열매가 까맣게 익으면 단맛이 있기 때문에 아이들이 먹지만 독성이 약간 있다.
어린잎은 삶아서 독 성분을 제거하고 나물로 먹기도 하며 잎과 줄기는 한약재로서 해열제 · 이뇨제로 쓰인다.

- 분류 가짓과
- 꽃 5~7월
- 열매 8~9월
- 자라는 곳 길가, 밭
- 쓰임새 관상용, 약용

▲ 까마중의 꽃

◀ 까마중의 열매

◀ 담배의 잎

담배

가짓과에 딸린 한해살이풀로 남아메리카의 페루가 원산지이다.
높이는 60~100㎝ 정도 자라고 줄기에는 40개 정도의 잎이 촘촘히 붙어 있으나 그 중에서 15~25개의 잎이 실제로 이용된다.
잎은 길이가 30~60㎝ 정도이고 긴 타원형이며 잎과 줄기의 앞면은 끈적끈적하다.
7~8월에 깔때기 모양의 분홍색 꽃이 원줄기 끝에 핀다.
열매는 달걀 모양으로 꽃받침으로 싸여 있으며 200개 정도의 작은 씨가 들어 있다. 봄에 씨를 뿌려 여름에 옮겨 심으며 가을에 잎을 따서 햇볕에 말려 담배의 재료로 쓴다.

- 분류 가짓과
- 꽃 7~8월
- 자라는 곳 집 주변
- 쓰임새 담배 재료

▲ 담배밭

꽈리

가짓과에 딸린 여러해살이풀로 화단에서 가꾸기도 하고 집 근처 또는 산이나 들에서 저절로 나기도 한다.

높이는 40~90㎝ 정도이며, 전체에 털이 없다. 잎은 어긋나지만 한 곳에서 2개씩 나고 잎자루가 있으며 긴 타원형이다. 잎길이는 5~12㎝이고 폭은 3.5~9㎝이며 가장자리에는 톱니가 있고 잎자루가 있다.

6~7월에 잎겨드랑이에서 노란빛이 도는 흰색의 작은 꽃이 한 송이씩 핀다.

꽃받침은 짧은 통 모양으로 끝은 얕게 5개로 갈라진다. 꽃이 핀 후에 꽃받침이 자라서 주머니 모양으로 되고 열매를 완전히 감싼다.

열매는 둥근 모양으로 지름이 1.5㎝ 가량 되며, 빨갛게 익으면 씨를 빼 버리고 아이들이 입에 물고 부는 놀잇감으로 쓰기도 한다.

뿌리와 열매를 약용한다.

- 분류 가짓과
- 꽃 6~7월
- 열매 9~10월
- 자라는 곳 집 주변
- 쓰임새 관상용, 약용

▲ 열매가 익은 꽈리

▲ 꽈리가 익어가는 모양

◀ 꽈리의 열매

▲ 꽈리의 꽃

피튜니아

가짓과에 딸린 한해 또는 여러해살이 풀로 남아메리카가 원산지이며 관상용으로 재배한다.

높이는 30~50cm 정도 자라며 줄기는 약하고 덩굴지는데 자랄 때는 즙이 많고 끈적끈적한 부드러운 털이 있다.

잎은 어긋나고 끝이 뾰족한 달걀 모양이며 부드러운 털이 있다.

6~7월에 흰색·붉은색·보라색 등의 여러 가지 꽃이 잎겨드랑이에서 한 송이씩 핀다.

꽃부리는 나팔꽃처럼 깔때기 모양으로 되어 있다.

공원이나 길가의 정원 또는 화분에 많이 심는다.

- 분류 가짓과
- 열매 8~9월
- 쓰임새 관상용
- 꽃 6~7월
- 자라는 곳 집 주변

◀ 흰색 꽃 ◀ 빨간색 꽃

▲ 자주색의 피튜니아 꽃

글라디올러스

붓꽃과에 딸린 여러해살이풀로 남아프리카가 원산지이다.

공원이나 화단에 많이 심으며 높이는 80~100cm 정도 자란다. 알뿌리는 둥글고 죽은 비늘잎으로 덮여 있으며 원줄기는 녹색이다.

잎은 칼 모양이고 두 줄로 곧게 서며 4~6월에 잎 사이에서 긴 꽃줄기가 나와 빨강·흰색·주황색 등의 꽃이 한쪽으로 치우쳐서 달린다.

원예 품종이 많으며 꽃말은 '주의·경고'이다.

- 분류 붓꽃과
- 자라는 곳 실내
- 꽃 4~6월
- 쓰임새 관상용

▲ 분홍색의 글라디올러스 꽃

▲ 노란색의 프리지어 꽃　　▶ 흰색의 프리지어 꽃

프리지어

붓꽃과에 딸린 여러해살이풀로 남아프리카가 원산지이다.
높이는 10~20cm 정도 자라고 잎은 좁고 길며 가운데에 세로로 흰 줄이 있다.
봄에 잎 사이에서 꽃줄기가 나와 노랑·분홍·자주·흰색 등의 꽃이 핀다.
가을에 덩이뿌리를 심으면 이른 봄에 꽃이 핀다. 꽃줄기는 그늘진 곳에 말려서 약용한다.

- 분류　붓꽃과
- 자라는 곳　실내
- 꽃　2~4월
- 쓰임새　관상용, 약용

독일붓꽃

붓꽃과에 딸린 여러해살이풀로 저먼아이리스라고도 한다.
아이리스란 그리스어의 무지개라는 뜻으로 꽃색깔도 다양하며 여러 품종이 있다는 데서 유래된 말이다.
그러나 우리 나라에서 재배하는 것은 노란색 바탕에 갈색 무늬가 있는 것이 대부분이다.
높이는 50~90cm 정도 자라고, 5~6월에 꽃이 핀다.
잎은 긴 칼 모양으로 길이는 30~50cm 정도이다.
독일붓꽃은 추위에 잘 견디므로 우리 나라의 화단에서도 겨울나기가 잘 된다.

- 분류　붓꽃과
- 자라는 곳　공원, 화단, 길가
- 꽃　5~6월
- 쓰임새　관상용

크로커스

붓꽃과에 딸린 여러해살이풀로 남부 유럽 및 아시아 서부가 원산지이다.
높이는 10~20cm 정도 자라고, 잎은 좁고 길며 가운데에 세로로 흰 줄이 있다.
늦겨울과 이른 봄에 잎 사이에서 꽃줄기가 나와 노랑·분홍·자주·흰색 등의 꽃이 핀다.
가을에 보라색 꽃이 피는 종은 사프란이라고 한다.
암술머리를 그늘에서 말려 건위제·진정제로 사용한다.

- 분류　붓꽃과
- 자라는 곳　실내, 화단
- 꽃　1~3월
- 쓰임새　관상용, 약용

▶ 피마자의 꽃

▲ 피마자의 잎과 열매

피마자

대극과에 딸린 한해살이풀로 열대 아프리카가 원산지이며 아주까리라고도 한다.

높이는 1~2m 정도이고 줄기는 속이 비어 있으며 가지가 나무처럼 갈라진다.

잎은 어긋나고 손바닥 모양으로 갈라지며 갈라진 잎은 긴 타원형으로 끝이 뾰족하고 가장자리에 날카로운 톱니가 있다.

꽃은 8~9월에 줄기 끝에서 피는데 암꽃은 위쪽에 달리며 붉은색이고 수꽃은 아래에 달리며 누런색이다.

열매는 둥글고 겉에 가시가 있으며 갈색 무늬가 있는 씨가 들어 있다. 어린잎은 식용으로, 씨는 기름을 짜며 약용한다.

- 분류 대극과
- 꽃 8~9월
- 열매 9~10월
- 자라는 곳 집 주변
- 쓰임새 관상용, 약용, 산업용

사철나무

노박덩굴과에 딸린 늘푸른떨기나무로 우리 나라 · 일본 · 중국과 만주 지방 등에 분포되어 있으며 관상용으로 정원에 심거나 울타리용으로 많이 심는다.

높이는 2~3m이고, 잎은 마주나며 타원형으로 윤기가 있으며 가장자리에는 둔한 톱니가 있다.

꽃은 6~7월에 피고, 연한 황록색이며 잎겨드랑이에 하나의 꽃이 달리고 그 아래에서 한 장씩 차례대로 계속해서 핀다.

열매는 10월에 붉은색으로 익으며 4갈래로 갈라져서 붉은 껍질에 싸인 씨가 나온다.

나무껍질은 약재로 사용한다.

- 분류 노박덩굴과
- 꽃 6~7월
- 열매 8~10월
- 자라는 곳 정원
- 쓰임새 관상용, 약용

▲ 사철나무의 꽃

▶ 사철나무의 잎

◀ 사철나무의 열매

느티나무

느릅나뭇과에 딸린 갈잎큰키나무로 황해도 이남 및 중국·일본·시베리아·유럽 등지에 널리 분포되어 있다.

높이는 20~25m, 둘레는 3m 정도 된다. 나무 껍질은 흰빛을 띤 갈색이고 비늘처럼 떨어진다. 작은 가지는 가늘고 잔털이 있다.

잎은 어긋나고 긴 타원형이며 가장자리에는 톱니가 있다.

꽃은 4~5월에 피는데, 그 해에 나온 가지의 잎겨드랑이에서 암꽃과 수꽃이 따로따로 핀다. 수꽃은 새 가지 밑에 모여피며 암꽃은 위쪽에 핀다.

열매는 작고 둥글납작하며 9~10월경에 익는다. 나무는 건축·가구 등의 재료로 쓰인다.

▲ 여름철의 느티나무

- 분류 느릅나뭇과
- 꽃 4~5월
- 열매 9~10월
- 자라는 곳 공원, 집 주변
- 쓰임새 관상용

◀ 잎이 노랗게 물들기 시작한 느티나무

▼ 단풍 든 느티나무

▲ 느티나무의 잎

카네이션

석죽과에 딸린 여러해살이풀로 유럽과 아시아 서부가 원산지이며 관상용으로 가꾼다.
높이는 40~50cm이고, 줄기는 전체가 회백색을 띠며 곧게 자란다.
잎은 마주나는데 가늘고 길며 끝이 뾰족하다. 밑부분의 잎은 모여나고 줄기를 감싼다.
꽃은 7~8월에 피지만 온실에서는 언제나 필 수 있도록 조절할 수 있으며 줄기 끝에 한 송이 또는 2~3송이씩 달리고 향기가 매우 좋다. 열매는 달걀 모양이며 꽃받침으로 싸여 있다.
어버이날 부모님의 가슴에 달아 주는 꽃으로 꽃말은 '어머니의 사랑'이다.

- 분류 석죽과
- 꽃 7~8월
- 자라는 곳 화단, 화분
- 쓰임새 관상용

◀ 흰 무늬가 있는 카네이션 꽃

▲ 빨간색의 카네이션 꽃

안개꽃

석죽과에 딸린 한해 또는 두해살이풀로 유럽이 원산지이며 우리 나라에서는 꽃꽂이용으로 온실에서 재배한다.
높이는 30~50cm 정도 자라고 가느다란 줄기에서 많은 가지를 치며 가지 끝에 하얀 겹꽃이 한 송이씩 달린다.
원산지에서는 5~8월에 꽃이 피지만 우리 나라에서는 일 년 내내 온실에서 재배하고 있다.
장미나 카네이션 등 다른 종류의 꽃을 함께 묶어 꽃꽂이용 또는 꽃다발용으로 많이 사용한다.

- 분류 석죽과
- 꽃 5~8월
- 자라는 곳 실내
- 쓰임새 관상용

▲ 흰꽃이 무더기로 피는 안개꽃

나팔꽃

메꽃과에 딸린 한해살이풀로 아시아가 원산지이며 관상용으로 심는다.

줄기는 덩굴성으로 왼쪽으로 감아 올라가며 길이는 3m 정도 자라고 밑을 향한 털이 있다.

잎은 어긋나고 잎자루가 길며 심장형으로 보통 3개로 갈라지는데 가장자리가 밋밋하며 표면에 털이 있다.

꽃은 7~8월경에 남색·분홍·보라·빨강 등 여러가지 색깔로 피며 아침에 피었다가 낮에는 오므라든다. 꽃받침은 5개로 깊게 갈라지며 뒷면에 긴 털이 있다.

둥근 열매는 속이 3개의 씨방으로 나누어져 있고 각 방에는 2개의 씨가 들어 있다.

씨는 견우자라 하며 한약재로 쓰인다.

꽃말은 '속절없는 사랑' 이다.

- 분류 메꽃과
- 꽃 7~8월
- 열매 9~11월
- 자라는 곳 집 주변
- 쓰임새 관상용, 약용

▲ 보라색의 나팔꽃

▶ 나팔꽃을 옆에서 본 모양

▲ 왼쪽으로 감아 올라가는 나팔꽃 줄기 (둥근잎나팔꽃)

▲ 담장에 피어 있는 나팔꽃

◀ 나팔꽃의 열매

능소화

능소화과에 딸린 갈잎덩굴나무로 중국이 원산지이며 우리 나라 중부 이남에 분포되어 있다.

높이는 약 10m에 달하며, 줄기에는 다른 물체를 감고 올라가는 덩굴손이 있다.

잎은 마주나고 깃꼴겹잎이며, 8~9월에 주황색 꽃이 가지 끝에서 한 송이씩 핀다.

열매는 네모지고 2개로 갈라지며 10월에 익는다. 독이 있는 식물이기는 하나 꽃이 아름다워 관상용으로 많이 가꾼다.

꽃을 달여 먹으면 이뇨에 효능이 있다.

- 분류 능소화과
- 꽃 8~9월
- 열매 10~11월
- 자라는 곳 정원, 공원
- 쓰임새 관상용, 약용

▲ 다른 물체를 감고 올라가는 능소화

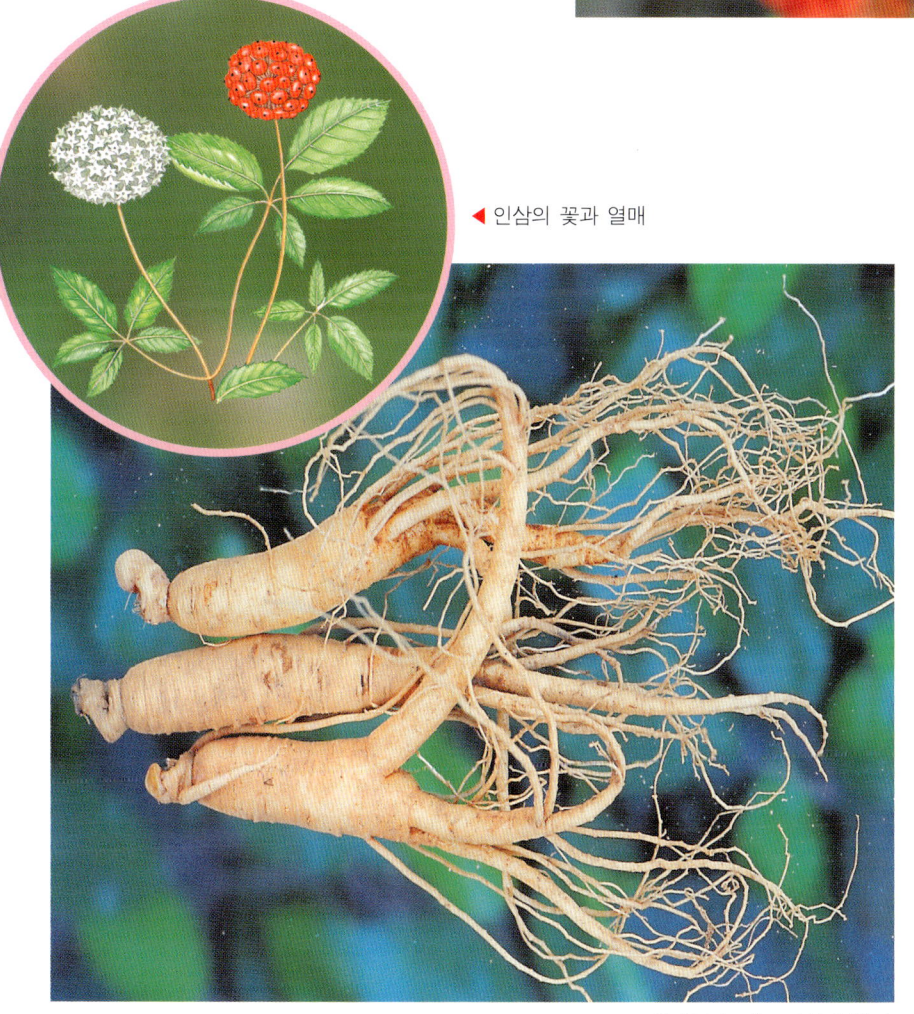

◀ 인삼의 꽃과 열매

▲ 약재로 쓰이는 인삼의 뿌리

인삼

두릅나뭇과에 딸린 여러해살이풀로 깊은 산악 지대에서 자라지만 밭에서도 재배한다. 경기·강원·충남·평남·평북 등지에 분포되어 있다.

높이는 60cm 정도 자라고 뿌리줄기는 짧고 마디가 있으며 곧거나 비스듬히 선다. 밑에서 도라지 같은 뿌리가 발달하였으며 뿌리에서 1개의 줄기가 나온다.

줄기 끝에서 3~4개의 잎이 돌려나는데 잎자루가 길며 5개의 쪽잎으로 된 손바닥 모양의 겹잎이다.

4~5월에 1개의 가는 꽃줄기가 나와서 그 끝에 연한 녹색의 작은 꽃이 모여 핀다. 열매는 둥글고 붉게 익으며 2개의 씨가 있다.

야생종은 산삼, 재배종은 가삼이라 하는데 가삼은 6년근이 좋다. 한방에서는 뿌리를 자양 강장제로 사용한다.

- 분류 두릅나뭇과
- 꽃 4~5월
- 자라는 곳 산, 밭
- 쓰임새 약용

푸크시아

바늘꽃과에 딸린 떨기나무로 남아메리카가 원산지이며 관상용으로 재배한다.
높이는 30~60cm 정도 자라며, 잎은 달걀 모양으로 마주나거나 3개씩 돌려나며 잎 가장자리에 톱니가 있다.
여름에 가지 끝의 잎겨드랑이에서 꽃줄기가 나와 자주·빨강·흰색의 꽃이 아래로 늘어져 핀다.
꽃받침은 4개로 갈라져 있고 빨간색이다.
기온이 낮아지면 잎이 떨어진다.
꽃이 작지만 화려하기 때문에 길가의 화단이나 공원에 많이 심으며 실내에서 화분에 가꾸기도 한다.

- 분류 바늘꽃과
- 꽃 7~9월
- 열매 9~11월
- 자라는 곳 화단, 화분
- 쓰임새 관상용

▲ 빨간색의 푸크시아 꽃

◀ 자주색의 푸크시아 꽃

여주

박과에 딸린 덩굴성 한해살이풀로 열대 아시아가 원산지이며 한국·일본·중국 등지에 분포되어 있다.
줄기는 가늘고 길어 다른 물체를 덩굴손으로 감으면서 올라간다.
잎은 어긋나고 잎자루가 길며 손바닥 모양으로 갈라진다.
6월에 노란꽃이 잎겨드랑이에서 하나씩 핀다.
열매가 익으면 주황색으로 변하고 저절로 쪼개져 홍색 육질로 싸여 있는 씨가 나온다.
어린 열매와 홍색 육질은 식용하고, 종자는 약용으로 한다.

▲ 주황색으로 익은 여주의 열매

- 분류 박과
- 꽃 6월
- 열매 8월
- 자라는 곳 집 주변
- 쓰임새 관상용, 식용, 약용

박

박과에 딸린 덩굴성 한해살이풀로 아프리카·아시아가 원산지이며 한국·중국·일본 등지에서 재배한다.

식물 전체가 잔털로 덮여 있으며 다른 물체를 덩굴손으로 감으면서 올라간다.

잎은 어긋나며 둥근 심장 모양이고 가장자리가 거의 밋밋하다.

7~9월에 흰꽃이 잎겨드랑이에서 한 개씩 피는데 저녁에 피었다가 아침 햇살이 나면 시든다.

열매는 지름 30cm 이상의 원통 또는 둥근 호박 모양이고 긴 타원형의 씨가 들어 있다. 껍질은 삶거나 말려서 바가지를 만들고 속은 식용한다.

열매가 작고 길며 가운데가 잘록한 것을 호리병박이라고 하며 장식품으로 쓰인다. 밭이나 담장·울타리·지붕 위에 올리어 재배한다.

- 분류 박과
- 꽃 7~9월
- 열매 8~10월
- 자라는 곳 집 주변
- 쓰임새 관상용, 장식용, 식용

▲ 가운데가 잘록한 호리병박

◀ 박의 꽃

▲ 원두막 지붕 위에서 익어가는 박

▲ 길쭉하게 자란 박

수세미오이

박과에 딸린 한해살이 덩굴풀로 아시아가 원산지이다.
줄기는 다른 물체를 덩굴손으로 감으면서 올라간다.
잎은 깊게 갈라져 손바닥 모양 같고 잎자루가 길다. 암수한그루로 8~9월에 노란색의 꽃이 피는데 수꽃은 이삭 모양을 이루고 암꽃은 잎겨드랑이에서 한 송이씩 달린다.
열매는 오이 모양으로, 어릴 때는 녹색이지만 익으면 노랗게 되고, 길이는 30~60cm에 달하며 겉에 세로로 얕은 골이 진다.
열매의 섬유는 수세미를 만들고 줄기에서 나온 즙은 화장수로 사용한다.

- 분류 박과
- 꽃 8~9월
- 열매 10~11월
- 자라는 곳 집 주변
- 쓰임새 수세미용, 화장수용

▲ 수세미오이의 잎과 열매

◀ 수세미오이의 꽃

분꽃

▼ 자주색의 분꽃

분꽃과에 딸린 한해살이풀로 남아메리카가 원산지이며 정원에 관상용으로 심는다.
줄기는 60~100cm 정도 자라고 가지가 많이 갈라지며 마디가 높다.
잎은 마주나며 잎자루가 있고 끝이 뾰족한 달걀 모양이다.
여름에서 가을에 걸쳐 가지 끝에서 깔때기 모양의 노랑·빨강·흰색 등의 꽃이 피는데 해질 무렵부터 피기 시작하여 아침까지 피고 향기가 매우 좋다.
씨는 주름이 지고 검은색으로 익는데 속에 흰 가루가 들어 있다. 분꽃은 열매 속이 분가루 같다 하여 붙여진 이름이다.
뿌리는 한방에서 약재로 사용한다.

- 분류 분꽃과
- 꽃 7~10월
- 열매 9~10월
- 자라는 곳 화단
- 쓰임새 관상용, 약용

◀ 흰색 꽃   ◀ 노란색 꽃   ◀ 분꽃의 씨

양버즘나무

버즘나뭇과에 딸린 갈잎큰키나무로 유럽 남서부·아시아 서부가 원산지이다. 플라타너스라고도 한다.

세계 각지에서 가로수 또는 관상용으로 많이 심는다.

잎은 어긋나고 손바닥 모양으로 갈라진다. 암수한그루로 봄철에 꽃이 피는데 수꽃은 검붉은색이고 잎겨드랑이에 달리며 암꽃은 연두색이다.

열매는 지름 3cm 가량의 공 모양으로 긴 꼭지에 달려 가을에 익는다.

겨울이 되면 나무껍질이 벗겨져 떨어지는데, 처음에는 흰색이지만 점차 회녹색으로 된다.

- 분류 버즘나뭇과
- 꽃 4~5월
- 열매 9~10월
- 자라는 곳 길가
- 쓰임새 관상용

▲ 가로수로 많이 심는 양버즘나무

▶ 양버즘나무의 잎과 열매

벽오동

벽오동과에 딸린 갈잎큰키나무로 한국·타이완·중국·일본 등지에 분포되어 있다.

높이는 10m 가량 되며 굵은 가지가 벌어지고 줄기는 녹색이다. 오동나무처럼 잎이 크나 줄기의 색이 푸르기 때문에 벽오동(碧梧桐)이라고 부른다.

잎은 넓고 크며 손바닥 모양으로 얕게 갈라져 있다. 꽃은 6~7월에 연한 노란색으로 무리 지어 핀다. 열매는 10월에 익는데, 익기 전에 5조각으로 갈라져서 둥근 씨가 겉에 나타난다. 정원수나 가로수로 심으며 나무 재질이 우수하여 가구나 악기 제조용 재료로 쓰인다.

▲ 벽오동의 열매

- 분류 벽오동과
- 꽃 6~7월
- 열매 10월
- 자라는 곳 집 주변
- 쓰임새 관상용, 가구·악기 제조용

봉선화

봉선화과에 딸린 한해살이풀로 봉숭아라고도 한다. 인도·말레이시아·중국 남부가 원산지이며 세계 각국에서 관상용으로 많이 심는다.

높이가 60cm 정도이고 줄기에는 털이 없으며 곧게 서는데 살지고 굵다. 잎은 어긋나고 잎자루가 있으며, 피침형으로 양끝이 좁고 가장자리에 톱니가 있다.

꽃은 7~8월에 잎겨드랑이에 1~3송이씩 모여 피며 꽃빛깔은 품종에 따라 자주·빨강·노랑·하양·분홍색 등 여러 가지이다.

열매에는 잔털이 있으며 익으면 터지면서 황갈색의 씨가 튀어나와 멀리까지 퍼져 나간다.

꽃잎으로는 백반·소금 등을 섞어서 손톱에 붉은물을 들인다.

- 분류 봉선화과
- 열매 8~10월
- 쓰임새 관상용
- 꽃 7~8월
- 자라는 곳 화단

▶ 분홍색의 봉선화 꽃

▲ 빨간색의 봉선화 꽃

▲ 흰색의 봉선화 꽃

◀ 봉선화의 열매

▲ 이탈리아봉선화

베고니아

베고니아과에 딸린 늘푸른여러해살이풀로 오스트레일리아를 제외한 전세계 열대와 아열대에 분포한다.

베고니아란 프랑스의 식물학자 베공의 이름에서 비롯되었다.

높이는 30㎝ 정도 자라고 밑부분에서 여러 개의 줄기가 갈라져서 자란다. 잎은 마주나며 끝이 뾰족한 타원형으로 줄기의 끝부분에서 꽃줄기가 나와 포기 전체를 뒤덮을 정도로 많이 핀다.

꽃이 피는 시기는 5~9월까지 매우 긴 기간 동안이며, 꽃색깔은 노랑·빨강·흰색 등 여러 가지가 있다.

길가의 화분·화단 또는 공원의 뜰에 많이 심는다.

- 분류 베고니아과
- 자라는 곳 집 주변
- 꽃 5~9월
- 쓰임새 관상용

◀ 흰색 꽃
◀ 분홍색 꽃
▲ 빨간색의 베고니아 꽃

잔디

볏과에 딸린 여러해살이풀로 산과 들에서 저절로 자란다.

높이는 10~20㎝로 뿌리줄기는 땅 위에 붙어서 옆으로 뻗으며 마디에서 뿌리가 내린다.

잎은 갸름하고 끝이 뾰족한데 안쪽으로 말리며 앞뒤쪽에 잔털이 있으나 오래 되면 없어진다.

5~6월에 꽃줄기가 나와 그 끝에 잔꽃이 이삭 모양으로 피고 씨가 여물면 자주색으로 된다.

사방 공사·제방 공사·녹지·정원 등에 심어서 흙이 씻기거나 무너지지 않게 한다.

▲ 무성하게 자란 잔디밭
◀ 잔디의 꽃

- 분류 볏과
- 꽃 5~6월
- 열매 7~8월
- 자라는 곳 정원
- 쓰임새 관상용

맨드라미

비름과에 딸린 한해살이풀로 열대 아시아가 원산지이며 관상용으로 많이 심는다.

높이는 60~120cm 정도이며 곧게 자란다. 줄기에는 털이 없으며 흔히 붉은빛이 돈다.

잎은 어긋나고 잎자루가 길며 달걀 모양 또는 긴 타원형이고 끝이 뾰족하다.

7~8월에 빨강·노랑·흰색의 꽃이 닭의 볏 모양으로 핀다.

열매는 동그랗게 익으며 뚜껑처럼 옆으로 갈라지면서 검은 씨가 나온다.

- 분류 비름과
- 열매 9~10월
- 쓰임새 관상용
- 꽃 7~8월
- 자라는 곳 집 주변

▼ 닭 볏 모양의 맨드라미 꽃

▶ 끝이 뾰족한 모양의 맨드라미 꽃

◀ 빨간색 꽃

뽕나무

뽕나뭇과에 딸린 갈잎큰키나무로 높이는 3~5m 정도이다.

잎은 어긋나며 끝이 뾰족한 달걀 모양으로 가장자리에 톱니가 있다. 잎자루는 길이가 2~3cm 정도이다.

암수딴그루로 4~6월에 잎과 함께 엷은 녹색의 꽃이 이삭 모양으로 잎겨드랑이에서 핀다.

열매를 오디라고 하는데 갸름하고 오돌토돌하다. 오디는 빨갛게 익다가 완전히 익으면 검은 자주색으로 변하는데 달콤하고 맛이 아주 좋다.

뽕나무 잎은 누에의 먹이가 되고 목재는 단단하여 그릇을 만들기에 좋고 뿌리는 이뇨제로 쓰인다.

◀ 뽕나무의 열매인 오디

▲ 산뽕나무의 잎과 열매

- 분류 뽕나뭇과
- 열매 6~7월
- 쓰임새 나무 : 가구·조각·조림수, 잎 : 식용·누에의 사료, 나무껍질 : 약용·제지용, 열매 : 약용·식용
- 꽃 4~6월
- 자라는 곳 집 주변

리시언서스

▲ 보라색과 흰색의 리시언서스 꽃

용담과에 딸린 원예 화초로 북아메리카가 원산지이다.

원산지가 강우량이 적은 건조 지대이므로 건조한 곳을 좋아하며 습기가 많으면 병에 잘 걸리므로 주로 화분에 심어 가꾼다. 우리 나라에서는 온실에서 재배하며 꽃꽂이용으로 많이 쓰인다.

높이는 30~60cm 정도 자라고 잎은 긴 타원형이며 끝이 뾰족하다.

8~9월에 가느다란 꽃줄기에서 보라색·흰색 또는 분홍색 꽃이 한 송이씩 핀다.

추운 지방에서는 봄에, 따뜻한 지방에서는 가을에 씨를 뿌린다. 꽃말은 '우아함' 이다.

- 분류 용담과
- 꽃 8~9월
- 열매 10월
- 자라는 곳 실내
- 쓰임새 관상용

종꽃

◀ 보라색의 종꽃

▲ 흰색의 종꽃

초롱꽃과에 딸린 두해살이풀로 프랑스·유럽 남부가 원산지이다.

높이는 80~100cm 정도로 줄기는 굵고 곧게 자란다.

잎은 짧은 칼 모양이고 가장자리에는 물결 모양의 톱니가 있다.

6~7월에 원줄기에서 여러 개의 꽃줄기가 나와 종 모양의 보라색·흰색·청색·붉은색 꽃이 1~2송이씩 아래를 향해 핀다. 화단에 심거나 꽃꽂이용으로 인기가 있다. 씨를 심어 번식한다.

- 분류 초롱꽃과
- 꽃 6~7월
- 열매 8~9월
- 자라는 곳 집 주변
- 쓰임새 관상용

탱자나무

운향과에 딸린 갈잎중키나무로 중국이 원산지이고 우리 나라의 중부 이남에서 자란다.
높이는 3m에 달하고 줄기는 녹색이며 3~5cm의 뾰족한 가시가 달려 있다.
잎은 어긋나고 3장의 작은잎으로 이루어진 겹잎으로 조금 두껍다. 작은잎의 가장자리에 조그만 톱니들이 있으며, 잎자루 양쪽으로 날개가 달려 있다.
꽃은 잎이 나오기 전인 봄에 가지끝 또는 잎겨드랑이에서 1~2송이씩 하얗게 핀다.
열매는 9월에 노랗게 익는데 향기가 좋으나 먹을 수 없다. 열매는 약용하며 남부 지방에서는 울타리용으로 많이 심는다.

- 분류 운향과
- 꽃 5월
- 열매 9월
- 자라는 곳 집 주변
- 쓰임새 관상용, 울타리용

▲ 탱자나무의 잎과 열매

측백나무

측백나뭇과에 딸린 늘푸른큰키나무로 우리 나라·중국이 원산지이다.
높이가 25m까지 자라지만 흔히 떨기나무처럼 자란다. 전체의 모양이 짧은 원뿔 모양이며 줄기는 많은 가지로 갈라진다.
잎은 비늘 모양으로 다닥다닥 붙어 있다.
암수한그루로 꽃은 4월에 피는데 수꽃은 전년도 가지 끝에 달리며 암꽃은 둥글며 연한 갈색이다.
열매는 달걀 모양으로 9~10월에 익는다. 잎과 씨는 약재로 쓰인다.
주로 정원수나 울타리용으로 심는다.

- 분류 측백나뭇과
- 꽃 4월
- 열매 9~10월
- 자라는 곳 집 주변, 산
- 쓰임새 관상용, 약용, 울타리용

▲ 정원수나 울타리용으로 쓰이는 측백나무

◀ 측백나무의 잎

향나무

측백나뭇과에 딸린 늘푸른큰키나무로 중국·일본·만주와 우리 나라 중남부 지방에 분포되어 있다.

높이는 10~20m, 지름은 1m에 달하고 1~2년생의 가지는 녹색이고 3년생의 가지는 검은 갈색이다.

잎은 마주달리거나 돌려나며 가지가 보이지 않을 정도로 빽빽하게 자란다. 7~8년생부터 비늘 같은 부드러운 잎이 달리지만 새 가지에서 나온 잎은 바늘 모양이다.

암수한그루로 꽃은 4월에 묵은 가지 끝에 피고 열매는 콩알만한데 다음해 10월 경에 익는다.

주로 정원수로 심으며 나무는 가구재·조각재·향료·약용으로 사용된다.

- 분류 측백나뭇과
- 꽃 4월
- 열매 다음해 10월
- 자라는 곳 집 주변
- 쓰임새 관상용, 가구재, 조각재, 향료, 약용

▲ 공원에 잘 가꾸어 놓은 향나무

▶ 향나무의 잎과 열매

회양목

회양목과에 딸린 늘푸른떨기나무로 산기슭·산허리·골짜기에서 자란다.

높이는 7m 정도 자라고 작은 가지는 네모지며 털이 있다.

잎은 타원형으로 마주달리고 두꺼우며 뒷면에 약간의 털이 있다.

4~5월에 노란색 꽃이 잎겨드랑이에서 핀다. 열매는 달걀 모양이고 털이 없으며 6~7월에 갈색으로 익는다.

정원수로도 많이 심으며 나무는 지팡이·도장 및 조각재로 사용한다.

가지와 잎은 약용으로 쓰인다.

▲ 정원수로 많이 심는 회양목

◀ 회양목의 꽃과 잎

- 분류 회양목과
- 꽃 4~5월
- 열매 6~7월
- 자라는 곳 집 주변, 산
- 쓰임새 조각용, 약용, 관상용

홍초

홍초과에 딸린 여러해살이풀로 인도·말레이시아가 원산지이며 칸나라고도 한다.
줄기는 녹색이고 넓적하며 높이 1~2m 가량으로 땅 속에 둥근 뿌리줄기가 있다.
잎은 길이 30~40㎝로 큰 타원형이며 끝이 뾰족하다.
잎 사이에서 한 개의 꽃줄기가 나와 여름부터 가을까지 빨강·노랑·분홍색 등의 꽃이 계속해서 핀다.
공원이나 길가의 화단에 많이 심는다.

- 분류 홍초과
- 꽃 7~10월
- 열매 10월
- 자라는 곳 화단, 길가
- 쓰임새 관상용

▲ 빨간색의 홍초 꽃

▶ 끝이 뾰족한 홍초 꽃

◀ 노란색의 홍초 꽃

풍접초

풍접초과에 딸린 한해살이풀로 클레오메라고도 한다. 열대 아메리카가 원산지이며 관상용으로 심는다.
높이는 1m 정도 자라고 잎과 줄기는 끈끈한 짧은 털로 덮여 있다.
잎은 마주나며 끝이 뾰족한 타원 모양이다. 아래쪽의 잎은 잎자루가 길다.
7~9월경에 줄기 끝에서 분홍색 또는 흰색의 꽃이 여러 송이 모여 핀다.
씨방은 긴 자루가 있으며 가늘고 긴 열매 꼬투리가 달리는데 익으면 저절로 터진다.

- 분류 풍접초과
- 열매 8~10월
- 쓰임새 관상용
- 꽃 7~9월
- 자라는 곳 집 주변

▲ 풍접초의 꽃과 열매

등나무

▼ 아래로 드리워져 피는 등나무의 꽃

콩과에 딸린 갈잎덩굴나무로 우리 나라 중부 이남 및 일본·중국에 분포되어 있다.

줄기는 갈색으로 10m 정도 되며 홀로 서지 못하고 길게 뻗어 다른 물체를 감아 올라간다.

잎은 깃꼴겹잎으로 마주나고 작은잎은 끝이 뾰족한 타원형이다.

꽃은 보라색 또는 흰색이며, 4~5월에 가지 끝이나 잎겨드랑이에서 이삭 모양을 이루며 아래로 늘어져 핀다.

잔털이 있는 열매는 가을에 익으며 양쪽으로 갈라지면서 그 속에 들어 있던 씨들이 멀리 퍼진다.

관상용으로 정원에 심어 마당을 그늘지게 만든다.

어린씨와 잎은 먹으며 줄기는 수공예품으로 쓰인다.

- 분류 콩과
- 꽃 4~5월
- 열매 9~10월
- 자라는 곳 집 주변
- 쓰임새 관상용, 공예품, 식용

▶ 등나무의 줄기와 잎

◀ 꽃을 가까이 본 모양

긴강남차

콩과에 딸린 한해살이풀로 결명자 또는 결명차라고도 한다. 북아메리카가 원산지이며 밭에 심어 재배한다. 높이는 1m 가량 자라고, 잎은 깃꼴겹잎으로 작은 잎은 2~4쌍이며 달걀 모양이다.

여름철에 잎겨드랑이에서 노란색 꽃이 피며 꽃이 진 뒤 활처럼 생긴 긴 꼬투리가 열리면서 꼬투리에 모가 진 씨가 한 줄로 들어 있다.

한방에서는 씨를 결명자라고 하는데, 간열·눈병·변비·이뇨 등에 쓰인다. 결명(決明)이라는 이름은 '눈을 밝게 해준다'는 뜻에서 유래되었다. 결명자차를 만들어 마시기도 한다.

- 분류 콩과
- 꽃 6~7월
- 열매 9~10월
- 자라는 곳 집 주변
- 쓰임새 약용, 차용

▲ 노란색 꽃이 피는 긴강남차

선인장

선인장과에 딸린 여러해살이풀을 통틀어 선인장이라고 부른다. 주로 남·북 아메리카에 분포되어 있는데 우리 나라에서는 대개 관상용으로 화분에 가꾼다.

높이는 30㎝ 정도의 작은 것에서부터 10m 가량의 큰 것도 있다. 줄기는 살이 많고 줄기마다 잎이 변해서 된 거센 가시가 군데군데 있으며 여러 마디가 이어져 한 그루를 이룬다.

선인장의 모양은 타원 모양·기둥 모양·나뭇가지 모양·나뭇잎 모양 등이 있다.

꽃색깔은 빨강·노랑·주황·자주·흰색 등 여러 가지가 있다. 열매는 서양배같이 생기고 많은 씨가 들어 있으며, 지역에 따라서 먹기도 하지만 열대 지방에서는 대부분 새들이 먹는다.

▲ 여러 가지 선인장

▶ 크라인지아

▲ 왕관용

▲ 석무

◀ 게발선인장

▲ 비화옥

◀ 홍채옥

▶ 공룡선인장

▲ 부채선인장

▲ 스타펠리아

◀ 비모란

깨꽃

꿀풀과에 딸린 여러해살이풀로 남유럽이 원산지이며 샐비어라고도 부른다. 꽃이 아름답고 향기가 좋아 관상용으로 많이 재배한다.

높이는 50~80㎝ 정도 자라며, 전체에서 향기가 난다.

줄기는 사각형으로 밑부분이 나무와 같이 된다.

잎은 마주나고 잎자루가 짧으며 긴 타원형으로 끝이 둔하고 가장자리가 밋밋하다.

여름과 가을에 걸쳐 입술 모양의 빨간꽃이 줄기 끝에 이삭 모양을 이루어 층층이 돌려 붙는다. 원예 품종에는 보라색·흰색 등의 꽃도 있다.

잎은 약용 또는 향료로 쓰인다.

꽃말은 '안전·치유'이다

- 분류 꿀풀과
- 꽃 7~10월
- 열매 9~11월
- 자라는 곳 화단
- 쓰임새 관상용

▲ 무리지어 피어 있는 깨꽃

◀ 깨꽃의 꽃

박하

꿀풀과에 딸린 여러해살이풀로 중국이 원산지이며 아시아·유럽·북아메리카 등지에서 널리 가꾸고 있다.

높이는 60㎝ 정도이며 땅속줄기를 뻗어 번식한다. 줄기는 곧게 서며 모가 지고 표면에 털이 약간 있다.

잎은 마주나며 긴 타원형으로 가장자리에 날카로운 톱니가 있다.

7~10월에 흰색 또는 연분홍색의 작은 꽃이 줄기 위쪽의 잎겨드랑이에 모여 핀다.

한방에서는 잎을 약용하며, 향기가 좋아 음료·사탕·치약 등에 청량제나 향료로 쓰인다.

- 분류 꿀풀과
- 꽃 7~10월
- 열매 9~11월
- 자라는 곳 집 주변
- 쓰임새 약용, 향료

▲ 박하의 잎과 꽃

금어초

현삼과에 딸린 한해 또는 두해살이풀로 지중해 연안이 원산지이며 관상용으로 재배한다.
높이는 30~80cm 정도 자라고 잎은 어긋나거나 때로는 마주나고, 갸름한 칼 모양이다.
꽃은 가을에 씨를 뿌린 것은 4~5월에, 봄에 뿌린 것은 5~7월에 핀다. 꽃 색깔은 흰색·빨간색·보라색 등이 있으며 줄기 끝에서 이삭을 이루어 핀다.
꽃 모양이 금붕어와 비슷하다고 하여 금어초라고 한다. 열매는 일그러진 달걀 모양이고 윗부분에서 구멍이 뚫어지면서 씨가 나온다.

- 분류 현삼과
- 꽃 4~7월
- 자라는 곳 화단, 실내
- 쓰임새 관상용

▲ 흰색의 금어초 꽃

담쟁이덩굴

포도과에 딸린 갈잎덩굴나무로 우리 나라 각지 및 일본·중국·타이완·만주에 분포되어 있다.
줄기에 덩굴손이 있어 담이나 나무에 달라붙어 올라가며 길이는 10m 이상 벋는다.
잎은 심장 모양으로 어긋나고 끝이 세 갈래로 갈라졌으며 거친 톱니가 있다. 앞면은 매끄럽고 잎자루가 잎보다 길다.
6~7월에 녹색 꽃이 잎겨드랑이에서 피고 열매는 가을에 자주색으로 익는다.
정원이나 담 밑에 관상용으로 심으며 단풍이 매우 아름답다.

- 분류 포도과
- 꽃 6~7월
- 열매 8~10월
- 자라는 곳 정원
- 쓰임새 관상용

▶ 담쟁이덩굴

파초

파초과에 딸린 여러해살이풀로 중국이 원산지이며 키는 3m 정도이다.
잎은 긴 타원형으로 길이가 1~2m이고 줄기를 서로 감싸면서 자란다.
여름철에 잎 사이에서 긴 꽃줄기가 나와 15개 정도의 꽃이 2줄로 피는데 위쪽에 수꽃이 아래쪽에 암꽃이 달린다.
열매는 길이 6cm쯤이고 바나나 모양과 비슷하다. 잎과 뿌리는 황달·소갈의 약재로 사용한다.

- 분류 파초과
- 꽃 7~9월
- 열매 9~10월
- 자라는 곳 집 주변
- 쓰임새 관상용, 약용

▲ 주로 잎을 보기 위해 가꾸는 파초

한련

한련과에 딸린 덩굴성 한해살이풀로 한련화라고도 한다. 페루가 원산지이며 관상용으로 많이 가꾼다.
줄기는 덩굴 모양으로 땅 위를 뻗으며 길이는 1.5m 정도이다.
잎은 어긋나며 연잎처럼 둥글고 가장자리는 물결 모양이다.
6월에 잎겨드랑이에서 긴 꽃줄기가 나와 그 끝에 노란색·주황색·빨간색 등의 꽃이 한 송이씩 핀다. 씨는 둥글고 납작하며 주름이 있고 매운 맛이 난다. 어린잎과 씨는 향료로 쓰인다.

- 분류 한련과
- 꽃 6월
- 열매 7월
- 자라는 곳 화단
- 쓰임새 향료, 관상용

◀ 노란색의 한련

▲ 빨간색의 한련

새우풀

쥐꼬리망촛과에 딸린 늘푸른작은키나무로 브라질이 원산지이다. 흔히 화단의 가장자리와 온실에 관상용으로 심는다.
높이는 50~90㎝ 정도이고 줄기에는 마디가 있으며 가지를 많이 친다.
잎은 타원형으로 끝이 뾰족하고 길이는 5~10㎝이다.
7~8월에 가지 끝에서 새우 모양의 붉은 꽃이 핀다.

- 분류 쥐꼬리망촛과
- 꽃 7~8월
- 자라는 곳 실내
- 쓰임새 관상용

소철

소철과에 딸린 늘푸른떨기나무로 열대성 식물이며 관상용으로 재배한다.
높이는 2~4m 정도 자라며 암수딴그루이다. 원줄기는 잎자루로 덮이고 가지가 없으며 끝에서 많은 잎이 사방으로 젖혀진다. 잎은 깃꼴겹잎이고 작은잎은 초록색으로 가늘고 길며 윤기가 난다.
여름에 수꽃과 암꽃이 모두 줄기 끝 잎사이에서 피는데 수꽃은 긴 솔방울 모양이며 붉은색인데 안쪽은 흰색이다. 암꽃은 갈색 털이 빽빽한 비늘 조각으로 되어 있다.
씨는 말려서 통경·지사·중풍 등에 사용한다.

- 분류 소철과
- 꽃 6~8월
- 열매 7~9월
- 자라는 곳 산과 들
- 쓰임새 약용, 관상용

▲ 주로 관상용으로 재배되는 소철

제2장

한국의 들꽃

자란

난초과에 딸린 여러해살이풀로 우리 나라·중국·일본이 원산지이며 우리 나라에서는 해남·진도·목포의 유달산에서 자란다.
알뿌리는 납작하고 둥글며 살지고 속은 흰색이다.
잎은 줄기 아래에서 5~6개가 서로 감싸면서 나오는데 긴 칼 모양으로 양쪽 끝은 뾰족하고 뒤로 구부러졌다.
5~6월경에 잎 사이에서 50cm 정도의 꽃줄기가 나와 그 끝에 자주색 꽃이 3~7송이씩 핀다.
꽃이 아름다워 관상용으로 재배하기도 하며 화분이나 뜰에 심는다.
번식은 포기나누기로 하며 알뿌리는 약재로 쓰인다.

- 분류 난초과
- 꽃 5~6월
- 자라는 곳 산, 화단
- 쓰임새 관상용, 약용

◀ 자주색 꽃이 피는 자란

◀ 꽃을 앞에서 본 모양

타래난초

난초과에 딸린 여러해살이풀로 우리 나라 및 일본 등지에 분포한다.
산이나 들의 풀밭에서 저절로 나며 높이는 15~50cm 정도 자란다. 잎은 밑동에서 나며 칼 모양으로 길이는 5~20cm 이다.
6~8월경에 줄기 위쪽에서 털이 있는 분홍색 또는 흰색 꽃이 타래처럼 꼬여서 핀다. 투구처럼 생긴 꽃은 길이가 1cm도 되지 않는다.
열매는 곧게 서고 타원형으로 길이는 6~7mm이며 잔털이 많다.
흰색 꽃이 피는 것을 흰타래난초라고 하며, 번식은 포기나누기로 한다.

◀ 꽃을 확대하여 본 모양

- 분류 난초과
- 꽃 6~8월
- 자라는 곳 산과 들
- 쓰임새 관상용

▲ 실타래가 꼬인 것처럼 보이는 타래난초

병아리난초

난초과에 딸린 여러해살이풀로 우리 나라·중국·일본 등지에 분포하며 산지의 그늘진 바위틈에서 자란다.
높이 15cm 정도 자라며, 양끝이 뾰족한 원기둥 모양의 뿌리가 1~2개 있다. 잎은 줄기에 1개가 달리며 긴 타원형 또는 칼 모양으로 줄기를 감싸고 있다.
5~8월경 줄기 끝에서 분홍색 꽃이 이삭 모양을 이루어 한쪽으로 모여 핀다.
열매는 타원형이며 5~7mm로 짧은 대가 있다.

- 분류 난초과
- 꽃 5~8월
- 열매 8~9월
- 자라는 곳 산지
- 쓰임새 관상용

▶ 병아리난초

▶ 주머니꽃

주머니꽃

난초과에 딸린 여러해살이풀로 복주머니란, 개불알꽃이라고도 한다. 산이나 들에 나는데 관상용으로 재배하기도 한다.
땅속줄기는 옆으로 뻗으면서 마디에서 뿌리가 내린다.
높이는 30~50cm 정도이고 잎은 끝이 뾰족한 긴 타원형이며 줄기를 감싸고 3~4개가 어긋난다.
5~6월에 줄기 끝에서 세로줄 무늬가 있는 붉은색 꽃이 주머니 모양으로 늘어져 한 송이씩 핀다.

- 분류 난초과
- 꽃 5~6월
- 열매 7~8월
- 자라는 곳 산과 들
- 쓰임새 약용, 관상용

털주머니꽃

난초과에 딸린 여러해살이풀로 우리 나라가 원산지이며 털복주머니란, 털개불알꽃이라고도 한다.
강원도 이북의 깊은 산에서 자란다.
높이는 30cm 정도이고 잎과 줄기에는 털이 있다. 땅속줄기는 옆으로 뻗고 마디에서 뿌리가 내린다.
잎은 긴 타원형으로 끝이 뾰족하며 꽃줄기 위쪽에 2장씩 붙는데 아래쪽은 줄기를 감싼다.
꽃은 6~7월에 피며 꽃 지름은 3~5cm 가량이다.
씨를 심거나 포기나누기로 번식한다.

- 분류 난초과
- 꽃 6~7월
- 자라는 곳 깊은 산
- 쓰임새 관상용

▶ 털주머니꽃

은대난초

난초과에 딸린 여러해살이풀로 우리 나라와 일본이 원산지이며 산지에서 자란다. 은난초와 비슷하나 잎 뒷면, 가장자리, 꽃 따위에 털 같은 흰 돌기가 있는 것이 다르다.

높이는 20~30cm 정도 자라고 줄기에는 6~8개의 잎이 달린다.

아래쪽의 잎은 칼집 모양으로 줄기를 싸고 있으며 위쪽의 잎은 칼 모양으로 끝이 뾰족하다. 길이는 7~15cm이다.

꽃은 5~7월에 흰색으로 피는데 활짝 벌어지지 않는다. 꽃받침은 가늘고 길며 길이는 10~12mm로 끝이 뾰족하다.

관상용으로 재배하며 화단이나 화분에 심어 가꾸기도 한다.

- 분류 난초과
- 꽃 5~7월
- 자라는 곳 산지
- 쓰임새 관상용

▲ 꽃이 활짝 벌어지지 않는 은대난초의 꽃

◀ 꽃잎이 노란색인 새우난초

새우난초

난초과에 딸린 여러해살이풀로 우리 나라·일본이 원산지이며 남부 지방의 숲 속에서 자란다.

뿌리줄기는 옆으로 뻗으며 마디가 많아 새우등처럼 생겨 새우난초라 한다.

잎은 2년생으로 첫해에는 2~3개가 곧게 자라지만 다음해에는 옆으로 늘어지며 긴 타원형 주름이 있다.

흰색 또는 연한 붉은색의 꽃이 늦은 봄에 잎 사이에서 나온 꽃줄기 위에 무리지어 핀다.

포기나누기로 번식하며 민간에서는 뿌리를 강장제로 사용한다.

- 분류 난초과
- 꽃 4~5월
- 자라는 곳 숲 속
- 쓰임새 관상용, 약용

▲ 새우난초의 꽃

금새우난

난초과에 딸린 여러해살이풀로 우리 나라의 제주도·울릉도·안면도가 원산지이며 나무 그늘이나 숲 속에서 자란다.

뿌리줄기는 염주 모양으로 많은 수염뿌리가 있다.

잎은 밑부분에서 2~3개가 나오고 길이는 20~30cm이며 폭은 5~10cm로 넓은 타원형이다.

꽃줄기는 30~40cm 정도로 길게 나오고 비늘잎에 싸여 있다.

4~5월에 노란꽃이 이삭 모양을 이루어 아래에서 위로 피어 올라간다.

씨를 뿌리거나 포기나누기로 번식한다.

- 분류 난초과
- 꽃 4~5월
- 열매 5~6월
- 자라는 곳 산과 들
- 쓰임새 관상용

▲ 금새우난의 잎과 꽃

◀ 꽃을 앞에서 본 모양

해오라비난초

난초과에 딸린 여러해살이풀로 우리 나라·일본이 원산지이며 양지쪽 습지에서 자란다.

땅 속에 지름 1cm 정도의 알뿌리가 있다.

줄기는 높이 20~40cm 정도이고 밑부분은 3~4개의 잎이 어긋나며 잎 아래쪽은 줄기를 서로 감싸고 있다.

잎은 비스듬히 서는데 넓고 길며 끝이 뾰족하다.

꽃은 7~8월에 피고 흰색이며, 1~2송이가 원줄기 끝에 달린다.

꽃이 핀 모양이 마치 날아가는 해오라기와 비슷하다고 하여 해오라비난초라는 이름이 붙여졌다. 해오라비는 해오라기의 옛말이다.

- 분류 난초과
- 꽃 7~8월
- 자라는 곳 습지
- 쓰임새 관상용

▲ 해오라기 모양의 해오라비난초

원추리

백합과에 딸린 여러해살이풀로 우리 나라·일본·중국·타이완 등에 분포해 있다. 넘나물이라고도 한다.
뿌리는 사방으로 퍼지고, 고구마처럼 굵어지는 덩이줄기가 뿌리 끝에 달린다.
잎은 길이 60~80cm이고 뿌리에서 모여나는데 밑에서 2줄로 마주보고 끝이 뒤로 둥글게 젖혀진다.
여름철 잎 사이에서 꽃줄기가 나와 백합과 비슷한 종 모양의 꽃이 핀다.
봄철에 어린순을 나물로 먹으며 뿌리는 이뇨·소화제로 쓰인다.

- 분류 백합과
- 꽃 6~8월
- 자라는 곳 산지
- 쓰임새 관상용, 약용

◀ 각시원추리

▲ 노란색의 원추리 꽃

왕원추리

백합과에 딸린 여러해살이풀로 중부 이남의 산과 들에서 저절로 자란다.
높이는 80~120cm 정도이다. 잎은 마주나고 긴 칼 모양으로 곧게 서며 활처럼 뒤로 젖혀진다. 길이는 50~100cm, 폭은 2.5~4cm이다.
7~8월에 긴 꽃줄기 끝에서 노란 무늬가 있는 주황색 꽃이 피는데 끝이 뒤쪽으로 말린다.
꽃은 관상용으로 심기도 하며 어린순은 식용하고 뿌리는 약용으로 쓰인다. 열매를 맺지 못한다.

▲ 무리지어 피어 있는 왕원추리

▶ 왕원추리의 꽃

- 분류 백합과
- 꽃 7~8월
- 열매 맺지못함
- 자라는 곳 산과 들
- 쓰임새 관상용, 약용

은방울꽃

백합과에 딸린 여러해살이풀로 우리 나라 중부 이남과 사할린·일본·시베리아 등지에 분포하며 산이나 들에서 자란다.
뿌리줄기가 옆으로 길게 뻗으면서 자라고, 땅 위로는 잎과 줄기만 나온다.
잎은 2~3개가 뿌리에서 나오는데 길쭉한 타원형이며 끝이 뾰족하다.
꽃줄기는 높이 20~35cm이고 잎이 나온 바로 밑에서 밖으로 나와 10송이 정도의 꽃이 밑을 향하여 핀다. 종처럼 생긴 꽃이 하얗게 피어 은방울을 달아 놓은 것같다 하여 은방울꽃이란 이름이 붙었다.
열매는 둥글며 붉게 익는다.
꽃말은 '행복·사랑' 이다.

- 분류 백합과
- 열매 9월
- 쓰임새 관상용, 식용
- 꽃 4~5월
- 자라는 곳 산과 들

▲ 종 모양의 흰꽃이 아래로 늘어져 피는 은방울꽃

얼레지

백합과에 딸린 여러해살이 알뿌리 식물로 우리 나라 각지 및 일본에 분포되어 있다.
꽃 모양은 나리와 비슷하며 주로 높은 산악 지대의 비옥한 땅에서 잘 자란다.
잎은 2장으로 마주보는 것처럼 달리는데 잎 가장자리는 밋밋하나 주름이 지기도 하며 무늬가 생기기도 한다.
4~5월에 꽃줄기 끝에서 보라색 꽃이 아래쪽을 향해 달린다. 꽃잎은 길이가 4~5cm이며 뒤로 젖혀진다. 밑부분에는 꿀샘이 있고 그 위에 W자 모양의 무늬가 있다.
알뿌리에서는 녹말을 채취하여 약용으로 하고 어린잎은 나물로 먹는다.

▲ 산 속에 한데 모여 핀 얼레지

▶ 얼레지의 꽃

- 분류 백합과
- 꽃 4~5월
- 열매 7~8월
- 자라는 곳 산지
- 쓰임새 식용, 약용, 관상용

참나리

백합과에 딸린 여러해살이풀로 산이나 들에서 저절로 나는데 꽃이 아름답고 향기가 좋아 관상용으로 재배하기도 한다.
높이는 1~2m이며, 흑자색이 돌고 어릴 때는 흰털로 덮인다. 땅 속에는 여러 개의 비늘잎을 가진 둥근 비늘줄기가 있고, 줄기는 곧게 선다. 잎은 어긋나는데 가늘고 길며 잎자루가 없다. 잎겨드랑이에는 갈색의 알눈이 달려 있다.
7~8월에 가지 끝과 줄기 끝에 주황색 꽃이 아래를 향해 핀다. 꽃잎은 주황색 바탕에 검은자줏빛의 점무늬가 빽빽하게 있으며 뒤로 말린다.

- 분류 백합과
- 꽃 7~8월
- 열매 9월
- 자라는 곳 산과 들
- 쓰임새 관상용, 약용, 식용

▲ 참나리

중나리

백합과에 딸린 여러해살이풀로 산지에서 자라며 높이는 1m 정도이다.
잎은 촘촘히 어긋나고 잎자루가 없으며 가느다란 버들잎 모양이다.
7~8월에 줄기 끝과 가지 끝에서 주황색 꽃이 아래를 향해 달린다.
꽃잎의 안쪽에 자주색의 작은 점이 빽빽하게 있으며 뒤로 말린다.
비늘줄기와 어린잎은 약용 및 식용으로 사용한다.

- 분류 백합과
- 꽃 7~8월
- 열매 9월
- 자라는 곳 산지
- 쓰임새 약용, 식용, 관상용

▲ 산지에서 자라는 중나리

하늘말나리

백합과에 딸린 여러해살이풀로 산과 들에서 자란다.
높이는 1m 정도이고 알뿌리는 둥근 달걀 모양이다.
잎은 돌려나는 큰잎과 어긋나는 작은잎이 있는데, 돌려나는 잎은 크고 긴 타원형이고 어긋나는 잎은 위로 올라갈수록 작아진다.
7~9월에 줄기 끝과 가지 끝에서 주황색 바탕에 자줏빛 점 무늬가 있는 꽃이 하늘을 향해 곧게 달린다. 씨를 심거나 포기나누기로 번식한다.
비늘줄기와 어린잎은 식용한다.

- 분류 백합과
- 꽃 7~9월
- 열매 9~10월
- 자라는 곳 산과 들
- 쓰임새 식용, 관상용

▼ 위를 향해 피는 하늘말나리의 꽃

솔나리

백합과에 딸린 여러해살이풀로 강원도 이북의 깊은 산에서 저절로 자란다.
비늘줄기는 달걀 모양이고 길이 3cm, 지름 2cm 정도이다. 원줄기는 70cm 정도로 곧게 자란다.
잎은 어긋나고 긴 타원형으로 다닥다닥 달리며 잎자루는 없고 위로 올라갈수록 짧아진다.
7~8월에 줄기 끝에서 홍자색 꽃이 밑을 향해 핀다. 꽃의 안쪽에는 자주색 반점이 있으며 꽃잎이 뒤로 말린다. 비늘줄기는 약용한다.

- 분류 백합과
- 꽃 7~8월
- 열매 9월
- 자라는 곳 산과 들
- 쓰임새 약용, 관상용

▲ 분홍색의 솔나리

▼ 맥문동

맥문동

백합과에 딸린 늘푸른여러해살이풀로 산지의 나무 그늘에서 자란다.
뿌리는 굵고 짧으며 수염뿌리의 끝이 땅콩처럼 굵어지는 것도 있다. 높이는 30~50cm 정도이고 잎은 뿌리에서 모여나며 길고 가늘다.
5~8월에 긴 꽃줄기에서 보라색의 작은 꽃이 밑에서 위로 피어 올라간다.
열매는 얇은 껍질이 일찍 벗겨지면서 검은 씨가 나온다. 뿌리는 한약재로서 소화 · 강장 · 강심 · 거담제로 사용한다.

- 분류 백합과
- 꽃 5~8월
- 열매 10~11월
- 자라는 곳 산과 들
- 쓰임새 약용, 관상용

둥굴레

백합과에 딸린 여러해살이풀로 산이나 들에 나는데 높이는 30~60cm 정도이다. 뿌리줄기는 마디가 있고 길게 옆으로 뻗으며 수염뿌리가 많이 달린다.
줄기는 곧게 서며 잎은 어긋나는데 긴 타원형으로 한쪽으로 기울어져 있다.
6~7월에 잎겨드랑이에서 꽃이 1~2송이씩 달리는데 밑부분은 흰색, 윗부분은 녹색이다. 콩 모양의 열매는 가을에 검게 익는다.
어린순은 식용, 뿌리는 약용으로 쓰인다.

- 분류 백합과
- 꽃 6~7월
- 열매 9~10월
- 자라는 곳 산과 들
- 쓰임새 식용, 약용

▼ 아래쪽을 향해 피는 둥굴레의 꽃

비비추

백합과에 딸린 여러해살이풀로 우리 나라 중부 이남의 산지에서 자란다.

높이는 40cm 정도이며, 뿌리줄기는 짧고 꽃줄기는 곧게 선다.

잎은 질기며 넓은 칼 모양으로 뿌리에서 모여나 비스듬히 퍼진다.

7~8월경에 종 모양의 보라색 꽃이 핀다.

어린 잎을 나물로 먹기도 하며 관상용으로 심는다.

흰색 꽃이 피는 것을 흰비비추라고 한다.

- 분류 백합과
- 꽃 7~8월
- 열매 9월
- 자라는 곳 길가
- 쓰임새 관상용

▶ 무릇의 꽃

▲ 보라색의 비비추 꽃

무릇

백합과에 딸린 여러해살이풀로 밭과 들에서 저절로 자란다.

높이는 50cm 정도이며, 땅 속에 공처럼 생긴 비늘줄기가 있고, 잎은 봄과 가을에 2개씩 나온다. 꽃은 분홍색이며 7~8월에 비늘줄기에서 꽃줄기가 나와 그 끝에 잔 꽃이 이삭 모양을 이루어 핀다.

봄철에 잎과 비늘줄기를 캐서 나물로 먹으며, 비늘줄기는 둥글레, 참쑥과 함께 고아서 물엿처럼 만들어 먹기도 한다.

- 분류 백합과
- 꽃 7~8월
- 열매 9~10월
- 자라는 곳 밭과 들
- 쓰임새 관상용, 식용

달래

백합과에 딸린 여러해살이풀로 산이나 들에 나는데 땅 속에 둥근 비늘줄기가 있고 그 밑에 흰 수염뿌리가 있다.

잎은 2~3개이며 가늘고 긴 대롱 모양인데 자른 면은 삼각형이다.

꽃은 흰색이며 4월에 잎 사이에서 긴 꽃줄기가 나와 한 송이씩 핀다.

전체에서 마늘과 비슷한 냄새가 난다. 양념 또는 나물로 먹는다.

- 분류 백합과
- 꽃 4~5월
- 열매 7~8월
- 자라는 곳 집 주변
- 쓰임새 관상용, 식용

▲ 나물로 먹는 달래

◀ 달래의 꽃

박새

백합과에 딸린 여러해살이풀로 우리 나라 각지 깊은 산의 그늘진 곳에서 자란다.
땅속줄기는 굵고 짧으며 긴 수염뿌리가 사방으로 퍼진다. 줄기는 1m 이상 자라고 곧게 서며 두툼하고 속이 비어 있다.
잎은 촘촘히 어긋나며 넓은 타원형으로 끝이 뾰족하고 가장자리에는 털이 나 있다.
꽃은 7~8월에 피고 연한 노란색이며 줄기 끝에 원뿔 모양으로 모여 핀다.
열매는 타원형이고 길이 2cm 가량이며 3개로 갈라진다.
뿌리에는 강한 독성이 있어 살충제로 쓰인다.

- 분류 백합과
- 꽃 6~7월
- 열매 8~9월
- 자라는 곳 깊은 산
- 쓰임새 살충제

▶ 박새의 꽃

▲ 깊은 산에서 자라는 박새

산부추

백합과에 딸린 여러해살이풀로 우리 나라 강원도·경기도 및 일본·중국 등지에 분포되어 있으며 산과 들에서 자란다.
높이는 30~60cm 정도이며 비늘줄기는 2cm로 좁은 달걀 모양이다.
잎은 줄기의 아래 부분에 2~3개가 어긋나는데 좁고 길며 흰빛이 도는 녹색이다. 지름은 2~5mm이고 자른 면은 삼각형이다.
꽃은 8~9월에 분홍색으로 피는데, 긴 꽃줄기 끝에 여러 송이가 무리지어 핀다.
비늘줄기와 어린순은 식용한다.

- 분류 백합과
- 열매 10월
- 쓰임새 식용
- 꽃 8~9월
- 자라는 곳 산과 들

▲ 비늘줄기와 어린순을 먹는 산부추

풀솜대

백합과에 딸린 여러해살이풀로 산의 그늘 밑에서 자란다.
뿌리줄기는 굵고 옆으로 뻗으며 끝에서 원줄기가 나와 비스듬히 자란다. 높이 20~50cm로 자라며 위로 올라갈수록 털이 많아진다.
잎은 긴 타원형으로 양면에 털이 있고 5~7개가 2줄로 늘어서 있다.
꽃은 5~7월에 피고, 흰색이며 원줄기 끝에 모여 핀다. 열매는 둥글고 9월에 붉게 익는다.
어린순은 나물로 먹는다.

- 분류 백합과
- 꽃 5~7월
- 열매 9월
- 자라는 곳 산지
- 쓰임새 식용

▲ 흰꽃이 무리지어 피는 풀솜대

▼ 산마늘의 꽃

산마늘

백합과에 딸린 여러해살이풀로 지리산·설악산 및 울릉도의 숲 속에서 자란다.
땅 속에 비늘줄기를 가지고 있으며 그물 같은 섬유로 싸여 있다.
잎은 2~3개씩 달리고, 가장자리가 밋밋하고 밑부분은 통으로 되어 서로 얼싸안는다.
꽃은 5~7월에 피고 꽃줄기 끝에 우산 모양으로 모여 핀다. 열매는 거꾸로 된 심장 모양이고 끝이 오그라들며 씨는 검은색이다. 비늘줄기의 연한 부분은 식용하는데 마늘 냄새가 난다.

- 분류 백합과
- 꽃 5~7월
- 열매 8~9월
- 자라는 곳 산지
- 쓰임새 관상용, 식용

▲ 산마늘의 잎과 꽃

처녀치마

백합과에 딸린 여러해살이풀로, 산지의 습기가 있는 곳에서 자란다.
잎은 뿌리에서 모여나는데 긴 타원형 또는 칼 모양으로 끝이 뾰족하고 윤기가 나며 잎자루가 길다.
4~5월에 10~30cm 정도의 꽃줄기가 나와 그 끝에 보라색 꽃이 핀다. 꽃잎은 길쭉한 모양이며 수술은 6개로 꽃잎보다 길다. 번식은 이른 봄에 포기나누기를 하거나 여름에 씨로 번식한다.

- 분류 백합과
- 꽃 4~5월
- 열매 8~9월
- 자라는 곳 산지
- 쓰임새 관상용

▼ 산의 높은 곳에서 자라는 처녀치마

애기나리

백합과에 딸린 여러해살이풀로 산 속의 나무 그늘에서 자란다.
높이는 15~40㎝ 정도이고 밑동은 칼집 모양의 잎으로 싸여 있으며 뿌리줄기가 옆으로 뻗는다.
잎은 어긋나는데 타원형이고 길이 4~7㎝, 폭 1.5~3.5㎝로서 끝이 뾰족하다.
4~5월에 줄기 끝에서 나리와 비슷한 작은 흰 꽃이 1~2송이씩 핀다. 열매는 6~7월경에 검은색으로 둥글게 익는다.
봄철에 어린순을 나물로 먹는다.
큰애기나리는 애기나리에 비해 식물 전체가 크며, 줄기가 윗부분에서 갈라진다.

▲ 흰꽃이 아래를 향해 피는 큰애기나리

◀ 애기나리의 꽃

- 분류 백합과
- 꽃 4~5월
- 열매 6~7월
- 자라는 곳 산 속
- 쓰임새 식용, 관상용

윤판나물

백합과에 딸린 여러해살이풀로 우리 나라 각지 및 일본에 분포하며 산과 들의 숲 속에서 저절로 자란다.
높이는 30~60㎝ 정도이고 뿌리줄기는 짧으며 옆으로 뻗는다.
줄기는 곧게 서며 윗부분에서 갈라진다.
잎은 어긋나며 긴 타원형으로 끝이 뾰족하고 밑부분은 둥근 모양이다.
꽃은 4~6월에 피고 노란색이며 가지 끝에서 1~3송이씩 밑을 향하여 핀다. 열매는 지름 1㎝ 정도로 까맣게 익는다.
봄에 어린순을 나물로 먹는다.

▲ 윤판나물

▶ 윤판나물의 꽃

- 분류 백합과
- 꽃 4~6월
- 열매 7~8월
- 자라는 곳 산과 들
- 쓰임새 식용, 관상용

노루귀

미나리아재빗과에 딸린 여러해살이풀로 우리 나라 각지에 분포하며 산지의 나무 밑에서 자란다.

뿌리줄기는 비스듬히 자라며 마디에서 잔뿌리가 사방으로 퍼진다.

잎은 모두 뿌리에서 모여나는데 잎자루가 길며 심장 모양이고 가장자리가 3개로 갈라진다.

이른 봄 잎이 나올 때는 말려서 나오며 털이 돋은 모습이 노루의 귀와 같아 노루귀라고 한다.

4월에 묵은 잎 사이에서 나온 꽃줄기 끝에서 흰색·분홍색 또는 보라색 꽃이 한 송이씩 핀다.

열매는 6월에 익으며 털이 나 있다.

- 분류 미나리아재빗과
- 열매 6월
- 쓰임새 관상용, 약용
- 꽃 4월
- 자라는 곳 산지

▼ 보라색의 노루귀 꽃
▶ 섬노루귀의 꽃
▶ 흰색 꽃

꿩의다리

미나리아재빗과에 딸린 여러해살이풀로 우리 나라 각지 및 일본에 분포되어 있고 산지의 풀밭에서 자란다.

높이는 50~100cm 정도이고, 잎은 어긋나며 깃꼴겹잎이다.

꽃은 흰색이며, 7~8월에 줄기 끝에 무리지어 핀다.

수술은 많고 길이 10mm 가량이며 수술대는 윗부분이 퍼져 주걱같이 되고 꽃밥은 흰색이다.

열매는 끝이 부리 같고 날개가 있으며 옆으로 늘어진다.

어린 줄기와 잎은 식용하고 풀 전체는 한방에서 약재로 쓰인다.

- 분류 미나리아재빗과
- 열매 9~11월
- 쓰임새 식용, 관상용, 약용
- 꽃 7~8월
- 자라는 곳 산지

◀ 꿩의다리 꽃
▲ 흰꽃이 한데 모여 피는 꿩의다리

금꿩의다리

미나리아재빗과에 딸린 여러해살이풀로 우리 나라 강원·경기·평북 등지에 분포한다.
산지의 물가에 나는데 높이는 70~100cm 정도로 크며 줄기는 곧게 자라고 가지가 갈라진다.
잎은 어긋나고 3~5쪽씩 붙은 겹잎이며 작은잎은 타원형으로 끝에 둔한 톱니가 있다.
7~8월에 연한 자주색 꽃이 줄기 끝이나 잎겨드랑이에서 핀다. 꽃잎은 없고 꽃받침은 4개이며 타원형이다.
어린잎과 줄기는 나물로 먹는다.

- 분류 미나리아재빗과
- 꽃 7~8월
- 열매 9~10월
- 자라는 곳 산지
- 쓰임새 관상용, 식용

▲ 금꿩의다리의 꽃

▶ 개구리자리

개구리자리

미나리아재빗과에 딸린 두해살이풀로 논이나 물고랑에서 자란다. 줄기는 30~60cm 정도이며 털이 없고 윤기가 난다.
뿌리잎은 뭉쳐나고 잎자루가 길다. 줄기잎은 어긋나고 잎자루가 짧으며 3개로 깊게 갈라진다.
꽃은 5~6월에 노란색으로 피고, 꽃받침과 꽃잎은 각각 5개이며 밑부분에 꿀샘이 있다.
열매는 거꾸로 된 달걀 모양이며 길이가 1mm 정도이다.
매운 맛이 나고 독이 있으나 어린잎과 줄기는 식용한다.

- 분류 미나리아재빗과
- 꽃 5~6월
- 열매 8~9월
- 자라는 곳 논, 물고랑
- 쓰임새 식용

복수초

미나리아재빗과에 딸린 여러해살이풀로 우리 나라 각지의 숲 속에서 자란다.
높이는 30cm 정도이고 뿌리는 굵고 짧으며 잔뿌리가 많이 달린다.
잎은 어긋나고 깃꼴겹잎이며 잎자루 밑에 녹색 턱잎이 있다.
4~5월에 노란꽃이 줄기 끝에서 한 송이씩 피며 가지가 갈라져서 2~3송이씩 달리는 것도 있다.
뿌리는 강심제·이뇨제로 사용한다.

- 분류 미나리아재빗과
- 꽃 4~5월
- 열매 6~7월
- 자라는 곳 숲 속
- 쓰임새 관상용, 약용

▲ 이른 봄에 노란꽃이 피는 복수초

할미꽃

미나리아재빗과에 딸린 여러해살이풀로 전국 각지의 산이나 들의 양지바른 곳에서 자란다.
높이는 30~40cm 정도이고, 전체에 흰색 털이 빽빽하게 나 있다.
잎은 잎자루가 길고 5개의 작은잎으로 된 깃꼴겹잎이다.
4~5월에 길이 3cm 가량의 붉은 자주색 꽃이 한 송이씩 밑을 향해 핀다. 수술과 암술은 많고 꽃밥은 노란색이다.
열매는 긴 달걀 모양이며, 끝에 4cm 내외의 암술대가 남아 있다.
꽃이 필 때도 굽어 있고, 흰털로 덮인 열매가 노인의 머리처럼 보이기 때문에 할미꽃이라는 이름이 붙었다.
뿌리는 약용한다.

- 분류 미나리아재빗과
- 열매 6~7월
- 쓰임새 관상용, 약용
- 꽃 4~5월
- 자라는 곳 산과 들

▶ 산이나 들의 양지바른 곳에서 자라는 할미꽃
▶ 할미꽃의 열매
▶ 분홍할미꽃

투구꽃

미나리아재빗과에 딸린 여러해살이풀로 우리 나라 각지의 깊은 산 속에서 자란다.
줄기는 1m 정도 곧게 자라며 마늘처럼 생긴 덩이줄기가 있다.
잎은 어긋나며 긴 잎자루 끝에 손바닥 모양으로 갈라지며 가장자리에 거친 톱니가 있다.
자주색의 꽃은 9월경에 가지 끝에서 무리지어 피는데, 투구처럼 생겨 투구꽃이라는 이름이 붙었다.
뿌리에 독이 있으며, 초오(草烏)라는 이름으로 약용한다.
번식은 포기나누기로 하며 씨를 심기도 한다.

▼ 깊은 산 속에서 자라는 투구꽃

- 분류 미나리아재빗과
- 열매 10월
- 쓰임새 관상용, 약용
- 꽃 9월
- 자라는 곳 산 속

바람꽃

미나리아재빗과에 딸린 여러해살이풀로 설악산 이북 고산 지대의 습기가 많은 풀밭에서 자란다.
높이는 20~30cm 정도이고, 길고 흰 털이 나 있다. 잎은 잎자루가 길고 둥근 모양이며 세 갈래로 갈라지고 작은잎은 다시 두 갈래로 갈라져서 손바닥 모양과 비슷하다.
줄기 위쪽에서 2~3개의 꽃줄기가 나오고 6~7월에 흰 꽃이 한 송이씩 달린다. 꽃받침은 5~7개이며 달걀 모양 또는 타원형이다.
열매는 넓은 타원형이고 가장자리에 두꺼운 날개가 있다.

- 분류 미나리아재빗과 ● 꽃 6~7월 ● 열매 9~10월
- 자라는 곳 고산 지대 ● 쓰임새 관상용

▲ 활짝 핀 바람꽃

▶ 꿩의바람꽃

꿩의바람꽃

미나리아재빗과에 딸린 여러해살이풀로 우리 나라 중부 이북의 산지 숲 속에서 자란다.
높이는 20~25cm 정도이고 뿌리는 굵고 옆으로 자라며 끝에 비늘 조각이 있다. 잎은 뿌리에서 나고 겹잎이다.
4~5월에 꽃줄기 끝에 흰 꽃이 한 송이씩 피는데 꽃에는 꽃잎이 없고 꽃받침이 꽃잎처럼 보인다.

- 분류 미나리아재빗과
- 꽃 4~5월
- 자라는 곳 산지
- 쓰임새 관상용

▼ 개승마의 꽃

개승마

미나리아재빗과에 딸린 여러해살이풀로 제주·전남 등지에 분포하며 산골짜기 응달에서 자란다.
높이는 70~100cm 정도 자라고 윗부분에 짧은 털이 빽빽하게 있으며 밑부분은 털이 없다.
굵은 뿌리는 옆으로 자라며 뿌리에서 나온 잎에는 잎자루와 날카로운 톱니가 있다. 앞면은 가장자리에만 잔털이 있고 뒷면에는 다소 잔털이 있다.
여름철에 긴 꽃줄기가 나와 많은 흰꽃이 이삭 모양을 이루어 아래에서 위로 피어 올라간다.
씨는 긴 타원형이고 주름살이 옆으로 생긴다.

- 분류 미나리아재빗과 ● 꽃 7~8월
- 자라는 곳 산골짜기 ● 쓰임새 관상용

으아리

미나리아재빗과에 딸린 갈잎덩굴나무로 우리 나라 각지의 산기슭과 들에서 자란다.
줄기는 가늘고 길며 2m 정도로 덩굴져서 옆으로 뻗는다.
잎은 마주나며 5~7개의 작은잎으로 이루어진 깃꼴겹잎이다. 잎자루는 구부러져서 흔히 덩굴손과 같은 역할을 한다.
6~8월에 잎겨드랑이나 줄기 끝에서 흰색 꽃이 핀다. 꽃받침은 4~5개이고 긴 타원형이다.
열매는 9월에 익는데, 털이 있는 암술대가 꼬리처럼 달려 있다.
어린잎은 식용하며 뿌리는 약재로 쓰인다.

- 분류 미나리아재빗과
- 열매 9월
- 쓰임새 약용, 식용
- 꽃 6~8월
- 자라는 곳 산기슭, 들

▲ 덩굴나무인 으아리

◀ 으아리의 꽃

◀ 원예 품종인 보라색 꽃

큰꽃으아리

미나리아재빗과에 딸린 갈잎덩굴나무로 충남·전북을 제외한 우리 나라 전지역 및 중국·일본에 분포되어 있으며 산기슭의 양지바른 곳에서 잘 자란다.
줄기는 가늘고 길며 잔털이 있고 길이 2~4m 정도 뻗는다.
잎은 세 개의 잎이 붙은 겹잎이며 작은잎은 타원형이고 끝이 뾰족하다.
꽃은 5~6월에 피는데 가지 끝에 한 송이씩 달리며 흰색 또는 자줏빛이다.
열매는 둥근 모양이며 갈색 털이 있는 암술대가 그대로 달려 있다.
어린잎은 식용하며, 관상용으로 재배하기도 한다.

▲ 흰색 꽃이 피는 큰꽃으아리

- 분류 미나리아재빗과
- 열매 10월
- 쓰임새 관상용, 식용
- 꽃 5~6월
- 자라는 곳 산기슭

매발톱꽃

미나리아재빗과에 딸린 여러해살이풀로 우리 나라 각지 및 일본·만주 등지에 분포되어 있으며 햇빛이 잘 드는 산지에서 자란다.
줄기는 50~100cm이고 곧게 서며 매끄럽다.
잎은 뿌리에서 나오는데, 작은잎으로 된 겹잎으로, 작은잎들은 가장자리가 둥글고 V자로 갈라졌다.
6~7월에 가지 위에 긴 꽃자루가 나와 꽃이 한 송이씩 밑을 향해 달린다. 꽃잎 모양인 5개의 꽃받침은 자갈색이고 꽃잎은 노란색이다.
긴 주머니 모양의 열매는 익으면 5갈래로 갈라져 땅으로 떨어진다.

- 분류 미나리아재빗과
- 열매 8~9월
- 쓰임새 관상용
- 꽃 6~7월
- 자라는 곳 산지

▼ 햇빛이 잘 드는 산지에서 자라는 매발톱꽃

◀ 흰색 꽃   ◀ 분홍색 꽃

◀ 꽃과 꽃봉오리

▲ 우리 나라 북부의 높은 산에서 자라는 하늘매발톱

하늘매발톱

미나리아재빗과에 딸린 여러해살이풀로 우리 나라·일본이 원산지이며 우리 나라 북부의 고산 지대에서 자란다.
높이는 25~40cm 정도이고 줄기는 매끄럽고 털이 없으며 원기둥 모양으로 곧게 자란다.
잎은 뿌리에서 무더기로 나오며, 거꾸로 된 세모 모양이다.
7~8월에 줄기 끝에서 보라색 꽃이 1~3송이씩 달린다. 꽃의 끝부분은 흰색이며, 꽃받침은 넓은 달걀 모양으로 길이 2~2.5cm 정도이다.
산매발톱이라고도 한다.

- 분류 미나리아재빗과
- 열매 9~10월
- 쓰임새 관상용
- 꽃 7~8월
- 자라는 곳 산지

종덩굴

미나리아재빗과에 딸린 갈잎덩굴나무로 중부 이북의 산에서 자란다.
잎은 마주나고 작은잎이 3개씩 붙은 겹잎이며 끝의 작은잎은 흔히 덩굴손으로 된다. 작은잎은 달걀 모양 또는 타원형으로 양면에 잔털이 있다.
7~8월에 종 모양의 자주색 꽃이 피는데 밑으로 처지며 활짝 피지는 않는다.
어린잎은 식용한다.

- 분류 미나리아재빗과
- 열매 9월
- 쓰임새 관상용, 식용
- 꽃 7~8월
- 자라는 곳 산지

▲ 다른 물체를 감아 올라가는 종덩굴

▶ 금매화

금매화

미나리아재빗과에 딸린 여러해살이풀로 우리 나라 북부의 산 속 습지에서 자란다.
높이는 40~80cm이며, 줄기는 곧게 서고 가지를 친다.
잎은 3갈래로 갈라지고 톱니가 있다.
7~8월에 노란 꽃이 줄기 또는 가지 끝에 한 송이씩 달린다.
열매는 모여 달리고 점착성이 있으며 끝에 뾰족한 암술대가 남아 있다.

- 분류 미나리아재빗과
- 꽃 7~8월
- 열매 9~10월
- 자라는 곳 산 속
- 쓰임새 관상용

▼ 노란 꽃이 피는 동의나물

동의나물

미나리아재빗과에 딸린 여러해살이풀로 우리 나라 전국 각지에 분포하며 산 속의 습기가 많은 곳 또는 물가에서 자란다. 동이나물이라고도 한다.
높이는 50cm 정도이고 굵고 흰 수염뿌리가 발달되어 있다.
잎은 뿌리와 줄기에서 나오는데, 뿌리에서 나오는 잎에는 긴 잎자루가 있으며 둥그렇게 생겼으나 줄기에서 나오는 잎에는 잎자루가 없다.
4~5월에 줄기 끝에서 1~2송이의 노란 꽃이 핀다.

- 분류 미나리아재빗과
- 자라는 곳 산 속
- 꽃 4~5월
- 쓰임새 관상용
- 열매 8월

미나리아재비

미나리아재빗과에 딸린 여러해살이풀로 습기가 있는 양지에서 자란다.
높이는 50cm 정도이고 잔뿌리가 많이 나오며 줄기는 속이 비어 있다.
뿌리에서 나온 잎은 잎자루가 길고 5갈래로 갈라졌으나, 줄기에서 나온 잎은 3갈래로 나누어져 있고 갈라진 조각들도 끈처럼 생겼다. 6~7월에 노란 꽃이 줄기 끝에서 한 송이씩 핀다.
독성이 있으나 잎은 생약으로 사용하기도 하고, 어린잎은 나물로 먹는다.

- 분류 미나리아재빗과
- 꽃 6~7월
- 열매 9월
- 자라는 곳 산과 들
- 쓰임새 약용, 식용, 관상용

◀ 미나리아재비의 꽃

▲ 노란 꽃이 피는 미나리아재비

젓가락나물

미나리아재빗과에 딸린 두해살이풀로 햇볕이 잘 드는 들에서 자란다.
높이는 40~80cm 정도 자라고 전체에 거친 털이 있으며 속이 비어 있다.
뿌리잎은 3장으로 된 겹잎이며 작은 잎은 3개로 갈라지고 다시 2~3개로 갈라지며 뾰족한 톱니가 있다.
6월에 노란 꽃이 가지 끝에서 핀다.
열매는 타원형이며 독이 있다.

- 분류 미나리아재빗과
- 꽃 6월
- 자라는 곳 들
- 쓰임새 약용, 관상용

▼ 양지바른 들에서 자라는 젓가락나물

달맞이꽃

바늘꽃과에 딸린 두해살이풀로 남아메리카 칠레가 원산지이다.
높이는 50~90cm 가량이고, 굵고 곧은 뿌리에서 한 개 또는 여러 개의 줄기가 나와서 곧게 자란다.
잎은 어긋나고 길쭉한 피침형으로 끝이 뾰족하고 가장자리에 거친 톱니가 있다.
7~8월에 잎겨드랑이에서 노란 꽃이 한 송이씩 피는데 저녁때 피었다가 아침에 해가 돋으면 오므라든다.
열매는 익으면 네 갈래로 갈라져 씨가 땅으로 떨어진다.
꽃말은 '기다림' 이다.

- 분류 바늘꽃과
- 꽃 7~8월
- 열매 9월
- 자라는 곳 산과 들
- 쓰임새 관상용

▲ 저녁때 피었다가 아침에 오므라드는 달맞이꽃

금낭화

양귀비과에 딸린 여러해살이풀로 산 계곡 근처에서 자라며 관상용으로 화단에 심기도 한다.
높이는 40~60㎝ 정도이다.
잎은 어긋나고 잎자루가 길며, 깃 모양으로 갈라진다.
꽃은 5~6월에 분홍색으로 피는데, 줄기 끝에 주렁주렁 달린다. 꽃부리는 볼록한 주머니 모양이다.
꽃말은 '당신을 따르겠습니다' 이다.

- 분류 양귀비과
- 꽃 5~7월
- 열매 9~10월
- 자라는 곳 산 계곡
- 쓰임새 관상용

◀ 흰색의 금낭화

▲ 주머니 모양의 금낭화

노랑매미꽃

▶ 노랑매미꽃

양귀비과에 딸린 여러해살이풀로 피나물이라고도 한다. 중부 지방의 산지나 북부 지방의 산간 지역 그늘진 습한 곳에서 잘 자란다.
높이는 30㎝ 정도이고 줄기를 자르면 노란색의 액체가 나온다.
잎은 깃꼴겹잎이고 작은잎은 타원형으로 가장자리에 불규칙한 톱니가 있다.
4~5월에 윗부분의 잎겨드랑이에서 1~3개의 꽃줄기가 나와 노란 꽃이 한 송이씩 핀다. 식물 전체는 약용, 어린잎은 식용한다.

- 분류 양귀비과
- 꽃 4~5월
- 열매 6~7월
- 자라는 곳 산, 숲 속
- 쓰임새 약용, 식용, 관상용

애기똥풀

양귀비과에 딸린 두해살이풀로 들이나 길가에서 자란다.
높이는 30~50㎝ 정도 자라고 잎과 더불어 흰빛이 돌며 곱슬털이 있으나 나중에 없어진다.
줄기에 상처를 내면 노란색의 액체가 나오기 때문에 애기똥풀이라고 한다.
잎은 어긋나고 깃 모양으로 갈라지며 가장자리에 둔한 톱니가 있다. 6~8월에 줄기와 가지 끝에서 노란 꽃이 우산 모양으로 달린다.

- 분류 양귀비과
- 꽃 6~8월
- 열매 9월
- 자라는 곳 들, 길가
- 쓰임새 약용, 관상용

▼ 줄기에 상처를 내면 노란 액체가 나오는 애기똥풀

양귀비

양귀비과에 딸린 한해 또는 두해살이풀로 지중해 연안·이란 지방이 원산지이다. 중국을 거쳐 우리 나라에 들어왔고 약용 또는 관상용으로 재배한다.

높이는 50~150cm이고 전체에 털이 없다. 잎은 어긋나고 긴 달걀 모양으로 불규칙한 톱니가 있다.

꽃은 5~6월에 피는데 원줄기 끝에서 흰색·노란색·빨간색·분홍색 등의 꽃이 한 송이씩 위를 향해 달린다.

꽃받침잎은 2개이고 일찍 떨어지며 꽃잎은 4개이다.

열매가 덜 익었을 때 유즙을 내어 말린 것이 아편이다.

- 분류 양귀비과
- 꽃 5~6월
- 열매 8~9월
- 자라는 곳 화단
- 쓰임새 관상용, 약용

▲ 활짝 핀 양귀비꽃과 열매

◀ 옆에서 본 모양

개양귀비

양귀비과에 딸린 두해살이풀로 유럽이 원산지이며 관상용으로 많이 재배한다.

높이는 50~80cm 정도 자라고 온몸에 거친 털이 있다. 잎은 어긋나고 깃 모양으로 갈라지며 끝이 뾰족하다. 잎 가장자리에는 톱니가 있다.

5~6월경 가지 끝에서 빨간색·노란색·흰색 등의 꽃이 한 송이씩 달린다. 꽃이 피기 전에는 밑을 향해 있던 꽃망울이 필 때는 위를 향한다.

열매는 거꾸로 된 달걀 모양이며 익으면 저절로 벌어져 씨가 떨어진다.

양귀비 같은 꽃이 피기 때문에 개양귀비라고 한다. 유독식물로 한방에서 복통·설사 등에 처방한다.

▲ 빨간색의 개양귀비 꽃

▶ 백두산에서 자라는 흰색의 두메양귀비

- 분류 양귀비과
- 꽃 5~6월
- 열매 8~9월
- 자라는 곳 집 주변
- 쓰임새 관상용, 약용

병꽃나무

인동과에 딸린 갈잎떨기나무로 우리 나라 전국 각지에 분포되어 있으며 산기슭 양지바른 곳에서 자란다.
높이 2~3m 정도이며 잎은 마주나고 달걀 모양으로 가장자리에 잔톱니가 있다.
4~5월에 잎겨드랑이에서 병 모양의 황록색 꽃이 뭉쳐 피는데 점차 붉은색으로 변한다.
열매는 잔털이 있고 9월에 익으며 씨에도 잔털이 있다.
꽃이 아름다워 정원이나 공원에 심기도 한다.

- 분류 인동과
- 꽃 4~5월
- 열매 9월
- 자라는 곳 산기슭
- 쓰임새 관상용

▼ 붉은색의 병꽃나무 꽃

◀ 흰색의 병꽃나무 꽃

덜꿩나무

인동과에 딸린 갈잎떨기나무로 우리 나라 중부 이남 및 일본·중국에 분포하며 산기슭에서 저절로 자란다.
높이는 2m 정도이고, 어린 가지에 별 모양의 털이 빽빽이 난다.
잎은 마주나며 타원형이다. 잎 가장자리에는 톱니가 있고 뒷면에는 털이 있다.
5월에 가지 끝에서 흰 꽃이 무리지어 핀다.
열매는 둥그스름하며 9월에 붉게 익는다.
어린순과 열매를 식용하며, 나무는 땔감으로 쓴다.

- 분류 인동과
- 꽃 5월
- 열매 9월
- 자라는 곳 산기슭
- 쓰임새 관상용, 식용

▲ 산기슭에서 저절로 자라는 덜꿩나무

인동

인동과에 딸린 갈잎덩굴나무로 우리 나라 각지 산과 들의 양지바른 곳에서 자란다. 인동덩굴이라고도 한다.
줄기는 오른쪽으로 감아 올라가 길이가 3m에 이르고, 어린가지는 붉은색으로 털이 있으며 속이 비어 있다.
잎은 마주나고 긴 타원형이며 갈색의 짧은 털이 있으나 자라면 없어지고 뒷면에 약간 남아 있는 것도 있다.
꽃은 6~7월에 잎겨드랑이에 피는데 처음에는 흰색이나 후에 노란색으로 변하며 향기가 난다.
열매는 둥글고 9~10월에 검은 색으로 익는다.
잎과 꽃은 이뇨제·건위제·해열제로 사용한다.

- 분류 인동과
- 꽃 6~7월
- 열매 9~10월
- 자라는 곳 산과 들
- 쓰임새 관상용, 약용

▲산과 들의 양지바른 곳에서 자라는 인동

◀인동의 꽃

백당나무

인동과에 딸린 갈잎떨기나무로 접시꽃나무라고도 한다. 우리 나라 각지 산기슭의 습기가 많은 곳이나 골짜기에서 자란다.
높이는 3m 정도이고, 잎은 마주나며 잎 가장자리에 톱니가 있다. 잎 뒷면 맥 위에 잔털이 있고, 잎자루 끝에 2개의 꿀샘이 있다.
5~7월경 햇가지 끝에서 꽃이 피는데 가장자리의 흰 꽃은 열매를 맺지 못하는 중성화이고 가운데에 피는 종 모양의 잔꽃이 열매를 맺는 양성화이다.
열매는 9월경에 붉은색으로 익어 겨우내 매달려 있다.

▲백당나무의 꽃과 잎

- 분류 인동과
- 열매 9월
- 쓰임새 관상용, 식용
- 꽃 5~7월
- 자라는 곳 산기슭

민들레

국화과에 딸린 여러해살이풀로 우리 나라 각지의 산과 들에서 저절로 자란다.

원줄기가 없고, 이른 봄에 뿌리에서 깃 모양의 잎이 모여 나와 땅 위를 따라 옆으로 퍼진다. 잎은 깊게 갈라지고 털이 약간 있으며 가장자리에 톱니가 있다.

4~5월에 잎 사이에서 나온 30㎝ 가량의 꽃줄기 끝에서 노란 꽃이 한 송이씩 달리는데, 해가 나면 피었다가 해가 지면 오므라든다. 꽃이 여름철까지 피는 것도 있다.

열매는 작고 긴 타원형이며, 흰 털이 붙어 있어 바람에 날려 멀리 흩어진다.

이른 봄에 어린 잎과 줄기를 캐서 나물로 먹으며, 뿌리와 줄기는 땀을 내게 하는 약이나 강장제로 쓰인다.

- 분류 국화과
- 자라는 곳 길가
- 꽃 4~5월
- 쓰임새 관상용, 약용, 식용
- 열매 7~8월

▲ 흰 꽃이 피는 흰민들레

◀ 민들레의 꽃

▶ 유럽과 알프스 산에서 피는 알프스민들레

▲ 들에 피어 있는 민들레

▲ 민들레의 홀씨

엉겅퀴

국화과에 딸린 여러해살이풀로 우리 나라 각지의 들에서 자란다.

높이는 50~100cm이며 잎과 줄기는 질기고 뻣뻣하며 흰색 털이 나 있다.

잎은 어긋나는데 잎 가장자리가 깊게 갈라지고 끝에 뾰족한 가시들이 있다.

6~7월에 줄기 끝과 가지 끝에서 자주색 꽃이 한 송이씩 핀다.

어린순은 나물로 먹기도 하며, 가을에 줄기와 잎을 그늘에 말린 것은 한방에서 이뇨제·지혈제 등으로 쓴다.

- 분류 국화과
- 꽃 6~7월
- 열매 8~9월
- 자라는 곳 들
- 쓰임새 식용, 약용

◀ 털이 달린 엉겅퀴의 열매

▲ 들에서 자라는 엉겅퀴

솜다리

국화과에 딸린 여러해살이풀로 금강산과 한라산·설악산의 높은 곳에서 자라는 우리 나라 특산종이다. 서양종은 에델바이스라고 한다.

높이는 30cm 정도 자라며 꽃줄기는 솜털로 싸여 있고 회백색이다.

잎은 칼 모양이며 길이는 2~7cm, 폭은 6~12mm이고 잎자루는 거의 없다. 잎의 앞면에는 솜털이 조금 있고 뒷면은 회백색이다.

7~8월에 가지 끝에서 꽃이 피는데 바깥쪽의 꽃은 흰색이고 솜처럼 보인다. 열매를 맺는 가운데의 실상화는 노란색이다.

어린잎은 식용한다.

▲ 설악산에 핀 솜다리 꽃

◀ 왜솜다리

- 분류 국화과
- 꽃 7~8월
- 열매 10월
- 자라는 곳 높은 산
- 쓰임새 관상용, 식용

산국

국화과에 딸린 여러해살이풀로 우리 나라 각지의 산이나 들에서 자란다.
높이는 1~1.5m이고 전체에 흰털이 있으며 가지가 많이 갈라진다.
잎은 어긋나고 밑부분의 잎은 꽃이 필 무렵 말라서 없어지며 줄기잎은 둥근 달걀 모양으로 깃처럼 갈라지고 가장자리에 둔한 톱니가 있다.
9~10월경에 줄기 끝에서 노란 꽃이 모여핀다. 노란색 꽃이 아름답고 향기가 좋아 뜰에 심기에 적당하다. 꽃은 약용, 어린순은 식용한다.

- 분류 국화과
- 꽃 9~10월
- 열매 10~11월
- 자라는 곳 산과 들
- 쓰임새 관상용, 약용, 식용

▲ 작고 노란 꽃이 한데 모여피는 산국

▼ 개망초

개망초

국화과에 딸린 두해살이풀로 북아메리카가 원산지이며 우리 나라 각지의 밭이나 들 또는 길가에서 자란다.
높이는 30~100cm이고 전체에 털이 있으며 가지가 많이 갈라진다. 잎은 어긋나고 잎자루가 길며 짧은 칼 모양으로 가장자리에는 톱니가 있다.
7~8월경에 흰색 또는 엷은 보라색 꽃이 핀다. 꽃은 가장자리의 것이 먼저 피고 안쪽의 것이 나중에 핀다.
어린잎은 식용한다.

- 분류 국화과
- 꽃 7~8월
- 열매 8~9월
- 자라는 곳 밭, 들, 길가
- 쓰임새 식용

고들빼기

국화과에 딸린 두해살이풀로 우리 나라 각지의 산과 들 또는 밭 근처에서 자란다.
높이는 30~60cm 정도이고 줄기는 붉은 자줏빛을 띠며 가지가 많이 갈라진다.
뿌리잎은 꽃이 필 때까지 남아 있고 타원형이며 가장자리가 빗살처럼 갈라진다. 줄기잎은 심장 모양으로 끝이 뾰족하며 밑부분은 줄기를 감싼다.
여름에서 가을에 걸쳐 노란 꽃이 많이 피며, 잎이나 줄기를 자르면 흰 액체가 나온다. 어린잎과 뿌리를 캐서 나물로 먹는데 맛이 매우 쓰다.

- 분류 국화과
- 꽃 5~9월
- 열매 7~10월
- 자라는 곳 산과 들, 밭
- 쓰임새 식용

▼ 씀바귀와 비슷하게 생긴 고들빼기

◀ 고들빼기의 꽃

곰취

국화과에 딸린 여러해살이풀로 우리 나라 각지의 깊은 산 속 습지에서 자란다.
높이는 1~2m 정도이고 뿌리줄기가 굵다.
뿌리잎은 심장 모양이며 가장자리에 톱니가 있고 잎자루가 길다.
줄기잎도 모양은 뿌리잎과 같으나 크기가 작고 잎자루 밑부분이 줄기를 감싸고 있다.
7~9월에 노란 꽃이 피는데 아래에서 피기 시작하여 줄기 끝까지 핀다. 어린잎은 귀중한 묵나물이다.

- 분류 국화과
- 꽃 7~9월
- 열매 10~11월
- 자라는 곳 길가
- 쓰임새 식용, 약용

▲ 묵나물로 사용되는 곰취

▶ 개미취

개미취

국화과에 딸린 여러해살이풀로 우리 나라 각지의 산과 들에서 저절로 자란다.
높이는 1~1.5m 정도이며 윗부분에서 가지가 갈라지고 짧은 털이 있다.
뿌리에서 나오는 잎은 꽃이 필 때쯤이면 없어지고 줄기에서 나오는 잎만 남는다. 줄기잎은 어긋나고 긴 타원형이며 가장자리에 날카로운 톱니가 있다.
7~10월에 줄기 끝과 가지 끝에 보라색 꽃이 무리지어 핀다.
어린순은 식용, 뿌리는 약용한다.

- 분류 국화과
- 꽃 7~10월
- 열매 10~11월
- 자라는 곳 산과 들
- 쓰임새 식용, 약용

도꼬마리

국화과에 딸린 한해살이풀로 들이나 길가에서 자란다. 높이는 1m 정도이고 온몸에 거친 털이 많다.
잎은 어긋나며 넓은 세모꼴이고 3~5갈래로 갈라지며 가장자리에 거친 톱니가 있다.
8~9월에 가지 끝에서 노란색의 수꽃이 피며 암꽃은 잎겨드랑이에서 핀다.
열매는 타원형이고 갈고리 모양의 가시와 짧은 털이 있어 사람의 옷에 잘 붙는다.
열매는 한방에서 창이자라고 하여 해열 및 두통에 사용한다.

- 분류 국화과
- 꽃 8~9월
- 열매 10월
- 자라는 곳 들, 길가
- 쓰임새 약용

▼ 열매가 사람의 옷이나 동물의 몸에 잘 붙는 도꼬마리

금불초

국화과에 딸린 여러해살이풀로 우리 나라 각 지역의 습기가 많은 들이나 밭에서 자란다.
높이는 20~60㎝ 정도이고, 뿌리줄기가 옆으로 뻗으면서 번식한다.
잎은 어긋나고 잎자루는 없으며, 긴 타원형 또는 피침형으로 잔 톱니가 있다.
7~9월경에 줄기 끝과 가지 끝에서 지름 2~3㎝ 정도의 많은 노란 꽃이 평면을 이루며 핀다.
꽃은 약용하고 어린잎은 식용으로 쓰인다.

- 분류 국화과
- 열매 10월
- 쓰임새 약용, 식용
- 꽃 7~9월
- 자라는 곳 밭과 들

▼ 들이나 밭에서 자라는 금불초

▶ 금불초의 꽃

◀ 도깨비바늘의 열매

▲ 도깨비바늘의 꽃

도깨비바늘

국화과에 딸린 한해살이풀로 우리 나라 각지의 산이나 들에서 자란다.
높이는 50~100㎝ 정도이고 원줄기는 네모지고 약간의 털이 있다.
잎은 마주나며 양면에 털이 있고 깃 모양으로 갈라졌다.
7~9월에 줄기 끝이나 잎겨드랑이에서 긴 꽃줄기가 나와 노란 꽃이 한 송이씩 핀다.
열매는 가시 모양이고 끝에 갈고리가 있어 사람의 옷이나 짐승의 털에 잘 달라붙는다.
줄기와 잎은 식용 및 약용한다.

- 분류 국화과
- 열매 10월
- 쓰임새 약용, 식용
- 꽃 7~9월
- 자라는 곳 산과 들

뚱딴지

국화과에 딸린 여러해살이풀로 북아메리카가 원산지이다. 돼지감자라고도 하며 들에 저절로 나기도 하고 밭에 심어 가꾸기도 한다.
높이는 2m 정도이고 밑부분의 잎은 마주나고 윗부분의 잎은 어긋난다. 잎 모양은 긴 타원형으로 끝이 뾰족하고 가장자리에 톱니가 있으며 잎자루에 날개가 있다.
8~10월에 가지 끝에서 노란색 꽃이 핀다. 땅 속에 감자 모양의 덩이줄기가 달리는데 과당이나 알콜의 원료로 사용하며 단맛이 있어 식용이나 사료로 쓰인다.

- 분류 국화과
- 꽃 8~10월
- 열매 10~11월
- 자라는 곳 들, 집 주변
- 쓰임새 관상용, 식용, 사료용

◀ 뚱딴지의 꽃

▲ 감자 모양의 덩이줄기를 가진 뚱딴지(돼지감자)

머위

국화과에 딸린 여러해살이풀로 산지의 습기가 많은 곳에서 자라며 땅속줄기가 사방으로 뻗으면서 번식한다.
잎은 땅속줄기에서 나오며 둥근 모양이고 가장자리에 불규칙한 톱니가 있다.
잎의 지름은 15~30cm, 잎자루의 길이는 60cm 정도이다.
암수딴그루로 4월경에 꽃줄기가 나와 잎이 나기 전에 여러 송이의 꽃이 피는데 수꽃은 황백색, 암꽃은 흰색이다.
잎자루는 삶거나 데쳐서 나물로 먹는다.

◀ 머위의 꽃

▲ 습지에서 자라는 머위

- 분류 국화과
- 꽃 4월
- 열매 6월
- 자라는 곳 집 주변
- 쓰임새 식용

구절초

국화과에 딸린 여러해살이풀로 산과 들에 저절로 나며 관상용·약용으로 재배하기도 한다.
높이는 50cm 정도 자라고 땅속줄기가 옆으로 길게 뻗으면서 번식한다.
뿌리에서 나오는 잎과 줄기 밑에 달리는 잎은 깃 모양으로 갈라진다. 8~10월에 가지 끝마다 붉은색이나 흰색의 꽃이 핀다.
가을철에 뿌리째 캐어서 부인병의 약으로 사용하는데, 9월 9일에 뜯는 것이 좋다고 한다.

- 분류 국화과
- 꽃 8~10월
- 열매 10~11월
- 자라는 곳 산과 들
- 쓰임새 관상용, 식용

▲ 구절초

▶ 낙동구절초

낙동구절초

국화과에 딸린 여러해살이풀로 태백산 서남쪽의 들에서 나며 관상용·약용으로 재배하기도 한다.
잎은 재배하는 소형 국화와 비슷하며 구절초에 비하면 잎몸은 두껍고 밑동은 차츰 좁아진다.
9~10월에 꽃줄기 끝에서 지름 5~6cm의 흰색이나 분홍색 꽃이 모여 피는데 가장자리로부터 피어 안쪽으로 향한다.
열매는 10~11월에 익어 간다.
꽃은 관상용으로 이용하고, 식물 전체를 약용한다.

- 분류 국화과
- 꽃 9~10월
- 열매 10~11월
- 자라는 곳 들
- 쓰임새 관상용, 약용

쑥

국화과에 딸린 여러해살이풀로 들에서 자란다.
높이는 60~90cm 정도이고 전체에 거미줄 같은 흰털이 있다. 줄기에 세로줄이 있으며 뿌리줄기가 옆으로 뻗으면서 싹이 나온다.
잎은 어긋나고 긴 타원형인데 1~2회 깃모양으로 갈라지고 향기가 있다. 7~10월에 줄기 끝에서 꽃줄기가 나와 분홍색 꽃이 한데 뭉쳐서 핀다.
잎줄기는 약용, 어린잎은 식용하고 흰털은 인주를 만드는 데 쓰인다.

- 분류 국화과
- 꽃 7~10월
- 자라는 곳 길가
- 쓰임새 약용, 식용

▼ 나물로 먹거나 국을 끓여먹는 쑥

삼잎국화

국화과에 딸린 여러해살이풀로 북아메리카가 원산지이다. 산기슭의 풀밭이나 강가에서 무리지어 자란다.
줄기는 2m 정도 자라고 흰빛이 도는 녹색이며 가지가 많이 갈라진다.
밑부분의 잎은 잎자루가 길고 5~7개로 갈라지며 위쪽의 잎은 3~5개로 갈라지고 잎자루가 없다.
7~9월에 노란색 꽃이 꽃줄기 끝에 핀다.
삼잎국화란 잎이 보통 3개로 갈라지기 때문에 생긴 이름이다. 어린잎은 나물로 먹는다.

- 분류 국화과
- 꽃 7~9월
- 열매 10~11월
- 자라는 곳 들, 길가
- 쓰임새 관상용, 식용

▲ 잎이 세 갈래로 갈라진 삼잎국화

▶ 뻐꾹채

뻐꾹채

국화과에 딸린 여러해살이풀로 북아메리카가 원산지이며 산이나 들의 양지에서 자란다.
높이는 1m 정도이고 가지는 없으며 전체에 솜털이 빽빽하게 난다.
잎은 깃 모양으로 갈라지고, 잎 가장자리에는 고르지 않은 톱니가 나 있다.
6~9월경 줄기 끝에서 붉은 자주색 꽃이 한 송이씩 곧게 핀다.
봄철에 어린잎을 나물로 먹거나 약용한다.

- 분류 국화과
- 꽃 6~9월
- 열매 9~10월
- 자라는 곳 산과 들
- 쓰임새 관상용, 식용, 약용

▼ 삽주

삽주

국화과에 딸린 여러해살이풀로 산과 들에서 자란다.
높이는 30~100㎝ 정도이고, 뿌리가 굵으며 단단하고 마디가 있다.
잎은 어긋나고 달걀 모양인데 아래쪽의 잎은 3~5조각의 깃꼴겹잎이고 위쪽의 잎은 홑잎이다. 잎 가장자리에는 짧은 가시처럼 생긴 톱니들이 있다.
7~10월경에 줄기 끝에서 한 송이의 흰 꽃이 핀다.
어린잎은 식용하고 뿌리는 한방에서 건위제·이뇨제로 쓰인다.

- 분류 국화과
- 꽃 7~10월
- 자라는 곳 길가
- 쓰임새 약용, 식용

쑥부쟁이

국화과에 딸린 여러해살이풀로 우리 나라 중부 이남 및 일본 등지에 분포하며 습기가 있는 들에서 자란다.
땅속줄기를 뻗어 번식하고 높이는 30~60㎝ 정도이며 줄기는 약간의 자줏빛을 띤다.
잎은 어긋나고 칼 모양이며 가장자리에 굵은 톱니가 있다. 7~10월에 줄기 끝과 가지 끝에서 보라색 꽃이 한 송이씩 핀다. 열매는 작으며 길이가 0.5㎜ 정도 되는 털이 달려 바람에 날린다. 어린순은 나물로 먹으며 식물 전체를 말려 해열제나 이뇨제로 쓴다.

- 분류 국화과
- 자라는 곳 들
- 꽃 7~10월
- 쓰임새 식용, 약용
- 열매 10~11월

◀ 쑥부쟁이의 꽃

▲ 들에 핀 쑥부쟁이

▼ 우산 모양의 꽃차례로 꽃이 피는 솜방망이

솜방망이

국화과에 딸린 여러해살이풀로 산과 들의 양지에서 자란다.
원줄기와 함께 잎의 양면에 많은 솜털로 덮여 있기 때문에 솜방망이라고 한다.
높이는 60~90㎝ 정도이고 줄기는 속이 비어 있다.
잎은 어긋나는데 뿌리잎은 긴 타원형이며 가장자리에 잔톱니가 있다. 줄기잎은 칼 모양이며 밑부분의 잎은 줄기를 감싸고 있다.
5~6월에 줄기 끝에서 꽃가지가 나와 3~9개의 노란 꽃이 핀다.
어린순은 나물로 먹고 꽃은 거담제로 사용한다.

◀ 솜방망이의 꽃

- 분류 국화과
- 열매 7~8월
- 쓰임새 약용, 식용
- 꽃 5~6월
- 자라는 곳 산과 들

▼ 분홍색의 작은 꽃이 피는 지칭개

지칭개

국화과에 딸린 두해살이풀로 우리 나라 각지 및 동부 아시아에 널리 분포되어 있으며 들에서 자란다.
높이는 60~80㎝ 정도이고 가지가 갈라진다.
잎은 어긋나고 깃 모양으로 갈라지며 가장자리에는 톱니가 있고 뒷면에는 흰 털이 많다.
5~7월에 가지 끝과 줄기 끝에 분홍색의 작은 꽃이 한 송이씩 핀다.
어린순은 나물로 먹는다.

- 분류 국화과
- 자라는 곳 길가
- 꽃 5~7월
- 쓰임새 식용
- 열매 8~10월

진득찰

국화과에 딸린 한해살이풀로 우리 나라 각지의 들이나 길가에서 자란다.
높이는 30~60cm이고 잎은 마주나는데 긴 달걀 모양이며 끝이 뾰족하고 가장자리에 톱니가 있다.
8~9월에 줄기 끝과 가지 끝에서 노란 꽃이 핀다.
열매에는 끈기가 있는 털이 붙어 있어서 사람의 옷이나 짐승에게 잘 달라붙는다.
열매는 민간에서 약용한다.

- 분류 국화과
- 꽃 8~9월
- 열매 10월
- 자라는 곳 들, 길가
- 쓰임새 약용

▲ 들이나 길가에서 자라는 진득찰

◀ 진득찰의 꽃

씀바귀

국화과에 딸린 여러해살이풀로 우리 나라 전역에 분포되어 있으며 산이나 들에서 자란다.
높이는 30cm 정도이며 윗부분에서 가지가 갈라진다. 줄기와 잎에는 흰 즙이 있고 몹시 쓴맛이 난다.
뿌리에서 나온 잎은 뭉쳐나고, 줄기에 달린 잎은 잎자루가 없으며 가장자리에 잔 톱니가 있다. 5~7월에 줄기 끝과 가지 끝에서 노란 꽃이 핀다.
열매는 민들레처럼 털이 붙어 있어 바람에 날려 멀리까지 퍼져 나간다.
이른 봄에 뿌리와 줄기는 나물로 먹고, 다 자란 것은 위장약이나 진정제로 사용한다.

▼ 산이나 들에서 자라는 씀바귀

- 분류 국화과
- 열매 7~9월
- 쓰임새 식용, 약용
- 꽃 5~7월
- 자라는 곳 집 주변

◀ 씀바귀의 꽃   ◀ 흰꽃이 피는 선씀바귀

누리장나무

마편초과에 딸린 갈잎중키나무로 우리 나라 황해도 이남의 산기슭 및 골짜기에서 자란다.
높이는 2m 정도이며 줄기와 잎에서 누린내가 난다 하여 누리장나무라고 한다.
잎은 마주나며 달걀 모양인데 짧은 털이 있고 가장자리가 밋밋하다.
8~9월에 흰색 꽃이 가지 끝에 피고, 열매는 동글동글하며 10월에 파랗게 익는다.
어린순은 나물로 먹고 뿌리는 약용한다.

- 분류 마편초과
- 꽃 8~9월
- 열매 10월
- 자라는 곳 산기슭
- 쓰임새 관상용, 식용, 약용

▲ 흰꽃이 피는 누리장나무

▶ 작살나무

작살나무

마편초과에 딸린 갈잎떨기나무로 우리 나라 함남·평남 이남 지방의 산과 들에서 저절로 자란다.
높이는 2~3m 정도이며 가지는 어느 것이나 원줄기를 가운데 두고 양쪽으로 두 개씩 정확히 마주 보고 갈라져 있어 작살 모양으로 보인다.
잎은 마주나고 타원형인데 양쪽 끝은 뾰족하며 가장자리에 톱니가 있다.
꽃은 7~8월에 연한 자주색으로 피고 열매는 둥글며 9~10월에 익는다.

- 분류 마편초과
- 꽃 7~8월
- 열매 9~10월
- 자라는 곳 산과 들
- 쓰임새 관상용

참꽃마리

지칫과에 딸린 여러해살이풀로 우리 나라 각지에 분포하며 산과 들의 습한 땅에서 자란다.
높이는 10~15cm 정도 자라고 덩굴 모양으로 옆으로 뻗으며 전체적으로 털이 있다.
잎은 어긋나고 달걀 모양이며 가장자리는 밋밋하고 끝이 뾰족하다.
4~7월경 줄기 끝에서 흰색이나 연한 보라색 꽃이 핀다.
열매는 잔털이 있고 갈색이며 9월에 익는다.

- 분류 지칫과
- 꽃 4~7월
- 열매 9월
- 자라는 곳 산과 들
- 쓰임새 식용

▲ 습기가 많은 곳에서 자라는 참꽃마리

범꼬리

마디풀과에 딸린 여러해살이풀로 우리 나라 각지의 산골짜기 양지에서 자란다.
높이는 30~80cm 정도이고 뿌리는 짧고 굵으며 잔뿌리가 많다. 뿌리잎은 잎자루가 길고 넓은 달걀 모양이며 점차 좁아져서 끝이 뾰족해진다. 밑부분의 줄기잎은 뿌리잎과 비슷하지만 작으며 위로 올라갈수록 작아지고 잎자루가 없다.
7~8월에 흰색 또는 연분홍색의 잔꽃이 이삭모양으로 줄기 끝에서 핀다.
뿌리줄기를 한방에서 해독제 · 수렴제 · 지혈제 등으로 사용한다.

- 분류 마디풀과
- 꽃 7~8월
- 열매 9~10월
- 자라는 곳 깊은 산
- 쓰임새 약용

▲ 범꼬리의 꽃

▲ 우리 나라 특산종인 호범꼬리

◀ 꽃범의꼬리의 꽃

꽃범의꼬리

꿀풀과에 딸린 여러해살이풀로 캐나다가 원산지이다.
높이는 60~100cm 정도이며 뿌리줄기가 옆으로 뻗으면서 줄기가 무더기로 나온다.
줄기는 사각형이며, 키가 커지면 옆으로 비스듬히 휘어진다.
잎은 마주나고 칼 모양이며 가장자리에 불규칙한 톱니가 있다.
꽃은 7~9월에 피고, 붉은색 · 보라색 · 흰색 등 여러 가지가 있다.
번식은 봄 · 가을에 포기나누기로 하며 종자로도 번식한다.

▲ 캐나다 원산의 꽃범의꼬리

- 분류 꿀풀과
- 꽃 7~9월
- 열매 10~11월
- 자라는 곳 산과 들, 화단
- 쓰임새 관상용, 식용

광대수염

꿀풀과에 딸린 여러해살이풀로 동아시아 온대에 분포되어 있으며 우리 나라 각처 산지의 약간 그늘진 곳에서 자란다.

높이는 30~60cm 정도이고 줄기는 네모지며 털이 조금 있다.

잎은 마주나며 끝이 뾰족한 타원형이고 가장자리에 톱니가 있다.

5월에 잎겨드랑이에서 흰색 또는 분홍색의 꽃이 5~6송이씩 달린다. 꽃 모양이 갓을 쓴 광대와 같다고 하여 광대수염이라고 한다.

열매는 세모지게 둥근 모양이며 7~8월에 익는다. 어린순은 식용하고, 꽃은 비뇨 질환·월경 불순에 사용한다.

- 분류 꿀풀과
- 꽃 5월
- 열매 7~8월
- 자라는 곳 산지
- 쓰임새 약용, 식용

▲ 광대수염의 잎과 꽃

◀ 꿀풀의 꽃

꿀풀

꿀풀과에 딸린 여러해살이풀로 우리 나라 각지의 들이나 산기슭 양지에서 자란다.

높이는 20~30cm 정도이고 전체에 짧은 흰 털이 있다. 줄기는 네모졌으며 꽃이 진 다음 밑에서 옆가지가 뻗는다.

잎은 마주나고 긴 타원형이며 톱니가 있다. 5~8월에 자주색 꽃이 이삭 모양으로 모여 핀다.

열매는 작고 딱딱한 껍질에 싸여 있으며 한 개의 씨가 들어 있다.

어린순은 나물로 먹기도 하며, 식물 전체를 말린 것은 한방에서 이뇨제·연주창 등에 쓰인다.

▲ 들이나 산기슭에서 자라는 꿀풀

- 분류 꿀풀과
- 꽃 5~8월
- 열매 8~9월
- 자라는 곳 산과 들
- 쓰임새 약용, 식용

광대나물

꿀풀과에 딸린 한해 또는 두해살이풀로 우리 나라 각지의 밭이나 길가에서 자란다.
높이 10~30cm이고 줄기는 네모지며 밑에서 가지가 많이 갈라진다.
잎은 마주나고 아래쪽의 잎은 잎자루가 길고 둥글다. 위쪽의 잎은 잎자루가 없고 심장 모양으로 줄기를 감싸고 있으며 가장자리에 물결 같은 톱니가 있다.
4~5월에 잎겨드랑이에서 분홍색 꽃이 여러 개가 나와 핀다. 전체는 약용, 연한 것은 식용으로 쓰인다.

- 분류 꿀풀과
- 꽃 4~5월
- 열매 7~8월
- 자라는 곳 밭, 길가
- 쓰임새 약용, 식용

▲ 광대나물의 잎과 꽃

▶ 배초향

배초향

꿀풀과에 딸린 여러해살이풀로 우리 나라 각지 산과 들의 습기가 많은 곳에서 자란다.
높이는 40~100cm 정도로 위에서 가지가 갈라지며 줄기는 네모지고 곧게 선다.
잎은 마주나고 갸름한 심장 모양으로 끝이 뾰족하고 가장자리에 톱니가 있다.
7~9월에 줄기 끝이나 가지 끝에서 입술 모양의 보라색 꽃이 이삭과 같이 피는데 특이한 향내가 난다. 약용·관상용이며 연한 것은 나물로 먹는다.

- 분류 꿀풀과
- 꽃 7~9월
- 자라는 곳 산과 들
- 쓰임새 관상용, 식용, 약용

▼ 산이나 들에서 자라는 꽃향유

꽃향유

꿀풀과에 딸린 여러해살이풀로 우리 나라 중부 이남의 산이나 들에서 자란다.
높이는 50cm 정도이고 줄기는 네모지며 흰 털이 줄지어 돋아 있다.
잎은 마주나고 잎자루가 길며 긴 달걀 모양 또는 타원형으로 가장자리에 톱니가 있다.
9~10월경에 줄기 끝과 가지 끝에서 보라색 꽃이 이삭 모양으로 모여 핀다.
열매는 작고 딱딱한 껍질에 싸여 있으며 한 개의 씨가 들어 있다.
어린순은 나물로 먹고, 꽃과 잎은 약재로 쓰인다.

- 분류 꿀풀과
- 꽃 9~10월
- 열매 10월
- 자라는 곳 산과 들
- 쓰임새 관상용, 약용, 식용

석잠풀

꿀풀과에 딸린 여러해살이풀로 우리 나라 각지 및 일본·중국에 분포하며 습지에서 자란다. 땅속줄기가 옆으로 길게 뻗으며 마디에는 흰색 털이 있고 둔하게 네모진다.

높이는 1m 정도이며 뿌리줄기가 옆으로 길게 뻗는다. 잎은 마주나며 칼 모양인데 끝이 뾰족하고 가장자리에 톱니가 있다.

6~8월에 줄기 끝이나 잎겨드랑이에서 연분홍색의 꽃이 바퀴 모양으로 돌려 핀다.

식물 전체를 두통·인후염·폐렴 등에 사용한다.

- 분류 꿀풀과
- 꽃 6~8월
- 열매 9~10월
- 자라는 곳 들
- 쓰임새 관상용, 약용

▲ 들의 습지에서 자라는 석잠풀

▶ 꽃을 앞에서 본 모양

▲ 깊은 산 그늘진 곳에서 자라는 벌깨덩굴

벌깨덩굴

꿀풀과에 딸린 여러해살이풀로 우리 나라 각지의 깊은 산 그늘진 곳에서 자란다.

줄기는 네모지며 20~50cm 정도 자라고, 옆으로 뻗으면서 마디에서 뿌리가 내린다.

잎은 마주나고 끝이 뾰족한 심장 모양이며 가장자리에 굵은 톱니가 있다.

5월에 줄기 위쪽의 잎겨드랑이마다 입술 모양의 보라색 꽃이 2~6개씩 핀다. 열매는 3mm 정도로 잔털이 드문드문 나 있다. 어린순은 나물로 먹는다.

- 분류 꿀풀과
- 꽃 5월
- 열매 7~8월
- 자라는 곳 깊은 산
- 쓰임새 식용, 관상용

골무꽃

꿀풀과에 딸린 여러해살이풀로 우리 나라 중부 이남의 산이나 들에서 자란다.

높이는 20~40cm 정도이며 전체에 짧은 털이 나 있고, 줄기는 네모지며 곧게 선다.

잎은 마주나며 심장 모양이고 가장자리에 톱니가 있다.

5~6월에 분홍색이나 보라색 꽃이 가지 끝에서 입술 모양으로 핀다. 어린순은 나물로 먹는다.

- 분류 꿀풀과
- 꽃 5~6월
- 열매 7~8월
- 자라는 곳 산과 들
- 쓰임새 식용

▲ 보라색 광릉골무꽃

▲ 산이나 들에서 자라는 골무꽃

금창초

꿀풀과에 딸린 여러해살이풀로 금란초라고도 한다. 산기슭·들·구릉지 등에서 자라는데 우리 나라 남부 지방에 주로 분포한다.

원줄기가 옆으로 뻗고 전체에 털이 있다. 뿌리잎은 칼 모양이며 짙은 녹색이지만 흔히 자줏빛이 돌고 가장자리에 물결 모양의 톱니가 있다. 윗부분의 잎은 마주나고 긴 타원형 또는 달걀 모양이다.

5~6월경 잎겨드랑이에서 자주색 또는 흰색 꽃이 몇 송이씩 돌려핀다. 줄기와 잎은 상처와 설사에 사용한다.

- 분류 꿀풀과
- 꽃 5~6월
- 열매 8~10월
- 자라는 곳 길가
- 쓰임새 관상용, 약용

▲ 자주색 꽃이 피는 금창초

▶ 조개나물

조개나물

꿀풀과에 딸린 여러해살이풀로 우리 나라·만주가 원산지이며 양지바른 들에서 자란다.

높이는 30cm 정도이고 줄기는 곧게 서며 줄기와 잎 전체에 잔털이 빽빽하게 나 있다.

잎은 마주나고 타원형 또는 달걀 모양으로 가장자리에 톱니가 있다.

5~6월에 분홍색이나 보라색 꽃이 잎겨드랑이에 꽃자루 없이 여러 개가 모여 달린다.

꽃이 달린 줄기와 잎은 이뇨제로 사용하거나 연주창에 사용한다.

- 분류 꿀풀과
- 꽃 5~6월
- 열매 8월
- 자라는 곳 들
- 쓰임새 약용

▼ 긴병꽃풀

긴병꽃풀

꿀풀과에 딸린 여러해살이풀로 우리 나라 중부 이북 산이나 들의 습기가 있는 양지쪽에서 자란다.

줄기는 모가 지고 털이 나 있으며 처음에는 곧게 서나 자라면서 옆으로 50cm 정도 뻗는다.

잎은 마주나고 콩팥 모양이며 가장자리에 둔한 톱니가 있다.

4~5월에 연한 자주색 꽃이 잎겨드랑이에 1~3 송이씩 달린다.

뿌리·잎·줄기는 민간에서 해열 및 이뇨제로 사용한다.

- 분류 꿀풀과
- 꽃 4~5월
- 자라는 곳 산과 들
- 쓰임새 관상용, 약용

익모초

꿀풀과에 딸린 두해살이풀로 우리 나라 각지 및 일본·중국에 분포되어 있으며 들이나 밭둑에서 자란다.

높이는 1m 이상이고 줄기는 사각형이며 흰털이 있어 전체적으로 백록색을 띤다.

잎은 마주나는데, 뿌리에 달린 잎은 달걀 모양으로 둔한 톱니가 있다. 줄기에 달린 잎은 3개로 갈라지고, 갈래 조각은 다시 2~3개로 갈라지며 톱니가 있다.

6~9월에 잎겨드랑이에서 분홍색 꽃이 몇 송이씩 층층으로 모여 핀다.

열매는 다섯 갈래로 갈라지고 끝이 뾰족하다. 잎은 짓찧어 즙을 내어 더위 먹은 데 사용하고 산후 출혈 지혈제·현기증·복통에 쓰인다.

- 분류 꿀풀과
- 꽃 6~9월
- 열매 9~10월
- 자라는 곳 들, 밭둑
- 쓰임새 약용

▲ 익모초의 꽃

별꽃

석죽과에 딸린 두해살이풀로 우리 나라 각지의 산이나 길가에서 자란다.

높이는 10~20cm이고 곧게 서거나 약간 땅 위에 누워서 뻗으며 줄기에 털이 있다.

잎은 마주나고 길쭉한 타원형으로 끝이 뾰족하다. 밑부분의 잎은 잎자루가 있으며 윗부분의 잎은 잎자루가 없고 양면에 털이 없다.

5~6월에 줄기 끝이나 잎겨드랑이에서 작은 흰 꽃이 핀다. 어린잎과 줄기는 식용하고 이뇨제로도 쓰인다.

▲ 산이나 길가에서 흔히 자라는 별꽃

- 분류 석죽과
- 꽃 5~6월
- 열매 8~9월
- 자라는 곳 산, 길가
- 쓰임새 식용, 약용

◀ 개별꽃(숲별꽃)

패랭이꽃

석죽과에 딸린 여러해살이풀로 우리 나라 각지 들의 건조한 곳이나 냇가 모래밭에서 자란다. 꽃 모양이 패랭이와 비슷해서 패랭이꽃이라고 한다.

높이는 30㎝ 정도이고 뿌리에서 여러 개의 줄기가 한꺼번에 나온다.

잎은 마주나는데 버들잎처럼 길고 뾰족하며 가장자리가 밋밋하다.

6~8월경에 윗부분의 가지 끝에서 분홍색·흰색·빨간색 등의 꽃이 한 송이 또는 2~3송이씩 핀다.

열매에는 꽃받침이 남아 있으며 네 갈래로 갈라져서 씨가 나온다.

꽃과 열매가 달린 전체를 그늘에 말려 약으로 쓴다.

- 분류 석죽과
- 꽃 6~8월
- 열매 9~10월
- 자라는 곳 들, 냇가
- 쓰임새 관상용, 약용

◀ 흰색 꽃 ◀ 빨간색 꽃

▲ 분홍색의 패랭이꽃

술패랭이꽃

석죽과에 딸린 여러해살이풀로 우리 나라 각지의 깊은 산이나 들에서 자란다.

밑부분이 비스듬히 자라면서 가지를 치고 여러 개의 대가 한 포기에서 나온다.

높이는 30~100㎝ 정도이며 식물 전체가 흰빛을 띤 녹색이다.

잎은 마주나는데 가늘고 길며 양끝이 좁고 가장자리가 밋밋하다.

7~8월경에 줄기 끝과 가지 끝에서 분홍색 꽃이 피고 그 밑에서 여러 송이의 꽃이 모여 핀다.

꽃이나 열매가 달린 것을 그늘에 말려 이뇨제·통경제로 사용한다.

- 분류 석죽과
- 꽃 7~8월
- 열매 9~10월
- 자라는 곳 산과 들
- 쓰임새 관상용, 약용

▲ 꽃잎이 여러 개로 갈라진 술패랭이꽃

동자꽃

석죽과에 딸린 여러해살이풀로 우리 나라 각지 및 만주·일본 등지에 분포되어 있으며 깊은 산 숲 속이나 초원에서 자란다.
높이는 40~100cm 정도이고 줄기는 몇 개씩 모여나며 곧게 서고 마디가 뚜렷하다.
잎은 마주나고 잎자루가 없으며 끝이 뾰족한 타원형으로 가장자리에 털이 있다.
6~7월에 줄기 끝과 잎겨드랑이에서 나온 꽃줄기 끝에 주황색 꽃이 한 송이씩 핀다. 꽃잎의 끝은 오목하게 들어가고 작은 톱니가 있다.
꽃이 아름다워 관상용으로 널리 재배하고 있다.

- 분류 석죽과
- 꽃 6~7월
- 열매 8~9월
- 자라는 곳 숲 속, 초원
- 쓰임새 관상용

▲ 깊은 산 숲 속에서 자라는 동자꽃

◀ 털동자꽃

장구채

석죽과에 딸린 두해살이풀로 우리 나라·중국·일본 등지에 분포되어 있으며 산이나 들에서 자란다.
높이는 30~80cm 정도이고, 무더기로 나며 마디는 검은 자주색을 띤다.
잎은 마주나고 긴 타원형이며 가장자리에 털이 있다. 7월경에 줄기 끝에서 희고 작은 꽃이 핀다.
열매는 달걀 모양이며 길이는 7~8mm이고 끝이 6개로 갈라져 있다.
어린순은 나물로 하고, 씨는 지혈제·진통제로 사용한다.
전체에 부드러운 털이 있는 것을 털장구채라고 한다.

- 분류 석죽과
- 꽃 7월
- 열매 8~9월
- 자라는 곳 산과 들
- 쓰임새 관상용, 약용, 식용

▲ 작은 흰 꽃이 피는 장구채

오랑캐장구채

석죽과에 딸린 여러해살이풀로 우리 나라 중부 이북의 산지에서 자란다. 백두산에서 많이 피기 때문에 백두산장구채라고도 한다.
높이는 10~60cm 정도이고 밑에서부터 가지가 많이 갈라지며 온몸에 잔털이 많이 나 있다.
잎은 마주나고 잎자루가 없으며 긴 타원형이다.
6~7월에 분홍색 또는 흰색 꽃이 줄기 끝에서 한 송이씩 핀다.
열매는 달걀 모양으로 끝이 6개로 갈라진다. 꽃이 아름다워 관상용으로 재배하기도 한다.

- 분류 석죽과
- 열매 8~9월
- 쓰임새 관상용
- 꽃 6~7월
- 자라는 곳 산지

▲ 백두산에서 자라는 오랑캐장구채

환삼덩굴

삼과에 딸린 한해살이 덩굴풀로 우리 나라 각지의 들이나 빈터에서 무성하게 자란다.
줄기와 잎자루에 거칠고 잔 가시가 밑을 향해 많이 나 있다.
잎은 마주나며 5~7개로 갈라진 손바닥 모양이다. 잎자루는 길며 잎의 가장자리에는 톱니가 있고 양면에 거친 털이 있다.
암수딴그루로 꽃은 7~8월에 피는데 수꽃은 5개씩의 꽃받침과 수술이 있으며 암꽃은 짧은 이삭 모양으로 달리고 가장자리에 털이 있다.
열매는 건위제로 사용하며 열매·줄기·잎은 이뇨제로 사용한다.

- 분류 삼과
- 꽃 7~8월
- 열매 9~10월
- 자라는 곳 들, 빈터
- 쓰임새 약용

▲ 환삼덩굴의 꽃

▲ 환삼덩굴의 잎

붓꽃

붓꽃과에 딸린 여러해살이풀로 산과 들에서 저절로 자란다.
높이는 30~60cm 정도이고 뿌리줄기가 옆으로 뻗으면서 새싹이 나오고 잔뿌리가 많이 내린다.
잎은 긴 칼 모양으로 뿌리에서 모여난다.
5~6월에 잎 사이에서 꽃줄기가 나와 보라색 꽃이 피며 안쪽에 노란색과 자주색 무늬가 있다.

- 분류 붓꽃과
- 꽃 5~6월
- 열매 7~8월
- 자라는 곳 산과 들
- 쓰임새 관상용

▲ 보라색의 붓꽃

◀ 붓처럼 생긴 꽃봉오리

▶ 금붓꽃

금붓꽃

붓꽃과에 딸린 여러해살이풀로 우리 나라 중부 이남의 산과 들에서 저절로 자란다.
높이는 20cm 정도이고 뿌리줄기가 옆으로 뻗으면서 새싹이 나오고 잔뿌리가 많이 내린다.
해마다 뿌리줄기에서 가늘고 긴 칼 모양의 잎이 3~4장 모여 나온다.
4~5월에 잎 사이에서 꽃줄기가 나와 노란 꽃이 핀다. 관상용으로 정원에 심기도 한다.

- 분류 붓꽃과
- 꽃 4~5월
- 열매 6~7월
- 자라는 곳 산과 들
- 쓰임새 관상용

등심붓꽃

붓꽃과에 딸린 여러해살이풀로 북아메리카가 원산지이다.
높이는 15~20cm 정도이며 줄기는 편평하고 좁은 날개가 있다. 잎은 밑부분에서 무더기로 모여나며 가늘고 긴 칼 모양이다.
5~6월에 가는 꽃줄기 끝에서 보라색 꽃이 피는데 아침에 피었다가 저녁에 진다.
열매는 둥글고 윤기가 있으며 붉은 갈색이다.

- 분류 붓꽃과
- 꽃 5~6월
- 열매 6~7월
- 자라는 곳 산지
- 쓰임새 관상용

▼ 북아메리카 원산의 등심붓꽃

타래붓꽃

붓꽃과에 딸린 여러해살이풀로 우리 나라 각지 산과 들의 건조한 곳에서 저절로 자란다.
잎은 긴 칼 모양으로 꼬이고 길이는 40cm, 폭은 5mm 가량이며 밑부분은 자줏빛이 돈다.
5~6월에 잎보다 짧은 꽃줄기 끝에서 연한 보라색 꽃이 피는데 꽃잎이 좁고 향기가 있다.
열매는 7~8월에 익으며 끝이 뾰족하고 3개로 갈라져서 씨가 밖으로 나온다.
한방에서 씨와 뿌리줄기를 인후염·지혈제·상처 치료제로 사용한다.

- 분류 붓꽃과
- 꽃 5~6월
- 열매 7~8월
- 자라는 곳 산과 들
- 쓰임새 관상용, 약용

▲ 건조한 곳에서 자라는 타래붓꽃

▶ 각시붓꽃

각시붓꽃

붓꽃과에 딸린 여러해살이풀로 우리 나라 전지역의 산기슭에서 자란다.
높이는 10~30cm이고 붉은색의 땅속줄기와 수염뿌리가 발달되어 있다.
잎은 칼 모양으로 뒤로 젖혀지며 뒷면은 흰빛을 띤다.
4~5월에 잎 사이에서 나온 꽃줄기 끝에서 보라색 꽃이 한 송이씩 핀다.
꽃의 안쪽에는 흰 줄무늬가 있고, 열매는 긴 달걀 모양이며 익으면 벌어져 씨가 떨어진다.

- 분류 붓꽃과
- 꽃 4~5월
- 열매 6~7월
- 자라는 곳 산기슭
- 쓰임새 관상용

▼ 주황색 바탕에 자주색 반점이 있는 범부채의 꽃

범부채

붓꽃과에 딸린 여러해살이풀로 우리나라 각지의 산이나 들에서 자란다.
높이는 50~100cm 정도이며 뿌리줄기가 옆으로 뻗는다.
잎은 어긋나고 칼 모양이며 줄기 양쪽으로 2줄로 늘어선다.
7~8월에 잎 사이에서 나온 여러 개의 꽃줄기 끝에서 주황색에 짙은 반점이 있는 꽃이 핀다.
뿌리줄기는 한방에서 약용으로 쓰인다.

- 분류 붓꽃과
- 꽃 7~8월
- 열매 9~10월
- 자라는 곳 산과 들
- 쓰임새 관상용, 약용

기름나물

산형과에 딸린 여러해살이풀로 전국 각지의 산과 들에서 자란다.
높이는 40~90cm이며 줄기는 붉은 자줏빛이 돈다.
잎은 잎자루가 있으며 두세 번 겹친 깃꼴겹잎이다. 작은잎은 넓은 달걀 모양이며 다시 깃 모양으로 깊게 갈라지고 뾰족한 톱니가 있다.
7~9월에 줄기 끝과 가지 끝에서 흰색의 꽃이 부챗살 모양으로 갈라져서 핀다.
봄에 어린순을 나물로 먹는다.

- 분류 산형과
- 꽃 7~9월
- 자라는 곳 산과 들
- 쓰임새 식용

▲ 나물로 먹는 기름나물

▶ 어수리

어수리

산형과에 딸린 여러해살이풀로 우리 나라 각지의 산이나 들에 저절로 난다.
높이는 70~150cm 정도 자라고, 줄기는 속이 비어 있으며, 굵은 가지가 갈라지고 큰 털이 나 있다.
잎은 어긋나고 크며, 3~5개의 작은잎으로 된 깃꼴겹잎이다.
7~8월에 줄기 끝에서 흰 꽃이 우산 모양으로 모여 핀다.
봄에 어린순을 나물로 먹는다.

- 분류 산형과
- 꽃 7~8월
- 열매 9~10월
- 자라는 곳 산과 들
- 쓰임새 관상용, 식용

궁궁이

▼ 산골짜기 냇가 근처에서 자라는 궁궁이

산형과에 딸린 여러해살이풀로 산골짜기 냇가 근처에서 자란다.
높이는 80~150cm이고 곧게 자라며 뿌리가 굵다.
잎은 여러 번 갈라진 깃꼴겹잎이다. 작은잎은 달걀 모양 또는 뾰족한 칼 모양이고 3개로 갈라지며 끝이 뾰족하다.
8~9월경에 희고 작은 꽃이 우산 모양으로 많이 달린다.
어린순은 나물로 먹고, 뿌리는 한약재로 쓰인다. 뿌리에서는 이상한 냄새가 나는데 뱀이 그 냄새를 싫어하여 장독대에 두기도 한다..

- 분류 산형과
- 꽃 8~9월
- 자라는 곳 냇가
- 쓰임새 식용, 약용

물봉선

봉선화과에 딸린 한해살이풀로 우리 나라 각지 및 일본·만주 등지에 분포되어 있으며 산이나 들의 습기가 많은 곳에서 자란다.
높이는 60cm 정도이고 줄기는 붉고 물기가 많으며 마디가 있다.
잎은 어긋나고 넓은 긴 타원형이며 가장자리에 날카로운 톱니가 있다.
8~9월에 줄기 끝에서 꽃자루가 나와 붉은 자주색 꽃이 핀다.
열매가 익으면 저절로 터지면서 그 속에 들어 있던 씨들이 멀리 퍼진다.
노란색 꽃이 피는 것을 노랑물봉선, 검은 자줏빛 꽃이 피는 것을 가야물봉선, 흰색 꽃이 피는 것을 흰물봉선이라고 한다.

- 분류 봉선화과
- 꽃 8~9월
- 열매 10월
- 자라는 곳 산과 들
- 쓰임새 관상용

▶ 노랑물봉선

▲ 물봉선의 잎과 꽃

◀ 옆에서 본 모양

◀ 보리수나무의 꽃

보리수나무

보리수나뭇과에 딸린 갈잎떨기나무로 우리나라 및 인도·일본·중국 등지에 분포되어 있으며 산과 들에서 자란다.
높이는 3~4m이고 가시가 있으며 어린가지는 은백색 또는 갈색이다.
잎은 어긋나며 끝이 뾰족한 타원형으로 톱니가 없고, 잎 뒷면은 은백색의 비늘 조각으로 덮여 있다.
5~6월에 잎겨드랑이에서 연한 노란색의 꽃이 1~3송이씩 피는데 향기가 좋다.
8~10월에 둥근 열매가 붉게 익으며 날것으로 먹는다. 또한 자양·진해·지혈 등에 사용한다.

▲ 빨간색의 보리수나무 열매

- 분류 보리수나뭇과
- 꽃 5~6월
- 열매 8~10월
- 자라는 곳 산과 들
- 쓰임새 관상용, 식용, 약용

상사화

수선화과에 딸린 여러해살이풀로 관상용으로 정원에 가꾼다.
높이는 60cm 정도 자라며, 비늘줄기는 지름 4~5cm이고 겉이 흑갈색이다.
잎은 비늘줄기에서 모여나며, 여름에 꽃이 나오기 전에 말라 죽는다.
8월경에 꽃줄기가 나와 분홍색 꽃이 4~8송이씩 무리지어 핀다.
꽃이 필 때는 잎이 없고 잎이 있을 때는 꽃이 피지 않으므로 '꽃과 잎이 서로 생각한다' 는 뜻에서 상사화라는 이름을 붙었다.

- 분류 수선화과
- 꽃 8월
- 열매 10월
- 자라는 곳 집 주변
- 쓰임새 관상용, 식용

▲ 노란색의 꽃이 피는 노랑상사화

흰꽃나도사프란

수선화과에 딸린 여러해살이풀로 남아메리카가 원산지이다. 알뿌리에서 파 같은 잎이 모여 나고 관상용으로 심는다.
7~8월에 잎 사이에서 나온 꽃줄기 끝에 한 송이의 꽃이 위를 향하여 핀다.
나도사프란과 비슷하지만 흰색 꽃이 피며 잎이 녹색인 것이 다르다.

- 분류 수선화과
- 꽃 7~8월
- 자라는 곳 화단, 화분
- 쓰임새 관상용

▲ 흰꽃나도사프란의 꽃

석산

수선화과에 딸린 여러해살이풀로 꽃무릇이라고도 한다. 흔히 절에서 심는다. 높이는 30~50cm이며 비늘줄기는 넓은 타원형이고 껍질이 검다.
9~10월에 비늘줄기에서 꽃줄기가 나와 그 끝에 붉은 꽃이 핀다.
비늘줄기는 독성이 있지만 이것을 제거하면 좋은 녹말을 얻을 수 있고 한방에서는 약재로 쓰인다.

- 분류 수선화과
- 꽃 9~10월
- 열매 11월
- 자라는 곳 들, 정원
- 쓰임새 관상용, 식용, 약용

◀ 석산의 꽃
▼ 꽃무릇이라고도 불리는 석산

냉이

십자화과에 딸린 두해살이풀로 우리 나라 각지의 길가나 밭에서 자란다.
높이는 10~50cm이며, 전체에 털이 있고 가지가 많이 갈라진다.
뿌리잎은 모여나서 땅 위에 퍼지고 깃 모양으로 갈라진다. 줄기잎은 어긋나고 잎자루가 없다.
5~6월에 줄기 끝에서 십자 모양의 흰 꽃이 모여 핀다.
봄철의 대표적인 나물로 어린잎과 뿌리는 국을 끓여 먹는다.

- 분류 십자화과
- 꽃 5~6월
- 열매 7~8월
- 자라는 곳 길가, 밭
- 쓰임새 식용

▲ 흰색의 냉이꽃

▶ 꽃다지

꽃다지

십자화과에 딸린 두해살이풀로 햇빛이 잘 드는 들이나 밭에서 자란다.
높이는 20cm 정도이고 가지가 갈라지며 잎과 더불어 전체에 잔털이 있다.
뿌리잎은 모여나고 주걱 모양의 긴 타원형이며 톱니가 조금 있다. 줄기잎은 어긋나고 달걀 모양 또는 긴 타원형이다.
4~6월에 잎 사이에서 나온 꽃줄기 끝에서 노란 꽃이 모여핀다. 어린순은 식용한다.

- 분류 십자화과
- 꽃 4~6월
- 열매 7~8월
- 자라는 곳 들, 밭
- 쓰임새 식용

겨자

십자화과에 딸린 한해 또는 두해살이풀로 밭에 심어서 가꾼다.
높이는 1~2m 정도이다.
뿌리잎은 깃 모양으로 갈라지며 가장자리에 톱니가 있고 줄기잎은 넓은 칼 모양이며 거의 톱니가 없다. 잎과 줄기는 쓴맛이 난다.
봄에 줄기 끝에서 십자 모양의 노란 꽃이 모여 핀다.
씨는 맵고 향기로운 맛이 있어 향신료로 사용하며, 한약재로 쓰이기도 한다.

- 분류 십자화과
- 꽃 5~6월
- 열매 7~8월
- 자라는 곳 밭
- 쓰임새 약용, 식용

◀ 겨자의 꽃   ▲ 향신료로 쓰이는 겨자

유채

십자화과에 딸린 두해살이풀로 우리 나라 남부 지방에서 재배한다. 평지라고도 한다.
높이는 1m 정도이고, 줄기는 매끄러우며 녹색이다.
잎은 피침형이고 끝이 둔하다. 아래쪽 줄기잎은 긴 잎자루가 있으며 잎 가장자리가 깊게 갈라지고, 위쪽 줄기잎은 줄기를 감싸고 잎자루가 없다.
4월에 가지와 줄기 끝에서 노란색의 꽃이 모여피며 꽃잎은 끝이 둥근 달걀 모양이다.
열매는 끝에 긴 부리가 있고 둥근 기둥 모양이며 검은색의 씨가 들어 있다.
씨에는 유채기름이 들어 있는데 연료, 요리 재료, 윤활유로 이용되며 비누, 합성고무를 만드는 데도 쓰인다.

- 분류 십자화과
- 자라는 곳 밭
- 꽃 4월
- 쓰임새 관상용, 제유용

◀ 유채의 꽃

▲ 노란 꽃이 피는 유채

▲ 꽃이삭이 꼬리처럼 구부러지는 까치수영

까치수영

앵초과에 딸린 여러해살이풀로 우리 나라 각지의 습기가 있는 곳에서 자란다.
높이는 50~100㎝ 정도이며, 땅속줄기가 옆으로 뻗고 온몸에 잔털이 있다.
줄기는 붉은빛이 도는 원기둥 모양이고 가지를 친다.
잎은 어긋나고 타원형이며, 잎자루는 거의 없고 가장자리와 뒷면에 털이 있다.
6~8월에 줄기 끝에서 흰꽃이 밑에서부터 위쪽까지 피어 올라가며 꼬리처럼 구부러진다.
열매는 둥글고 씨방은 하나이며 붉은 갈색으로 익는다. 어린순은 식용한다.

- 분류 앵초과
- 자라는 곳 들
- 꽃 6~8월
- 쓰임새 식용

앵초

앵초과에 딸린 여러해살이풀로 우리 나라 각지의 산지에서 자라는데 관상용으로 재배하기도 한다.
높이는 20cm 정도이고 줄기는 곧게 서며 전체에 부드러운 털이 있다.
잎은 뿌리에서 모여나며 길쭉한 타원형으로 물결 모양의 톱니가 있다.
4~5월에 잎 사이에서 나온 꽃줄기 끝에 분홍색 또는 흰색 꽃이 모여 핀다.
어린순은 식용하고 뿌리는 한방에서 거담에 사용하기도 한다.

- 분류 앵초과
- 꽃 4~5월
- 열매 8월
- 자라는 곳 산지
- 쓰임새 관상용, 식용, 약용

▲ 분홍색의 앵초 꽃

▶ 설앵초

설앵초

앵초과에 딸린 여러해살이풀로 높은 산의 바위 곁에 붙어서 자라는데 관상용으로 재배하기도 한다.
잎은 뿌리에서 모여나며 타원형이고 잎자루가 길다. 잎의 가장자리에는 둔한 톱니가 있으며 뒷면이 황색가루로 덮인다.
5~6월에 잎 사이에서 나온 꽃줄기 끝에서 엷은 자주색 꽃이 모여 핀다.
열매는 원기둥 모양이며 끝이 5개로 갈라진다.

- 분류 앵초과
- 꽃 5~6월
- 열매 8월
- 자라는 곳 높은 산
- 쓰임새 관상용

▲ 작고 노란 꽃이 모여 피는 좁쌀풀

좁쌀풀

앵초과에 딸린 여러해살이풀로 우리 나라 각지 산이나 들의 햇볕이 잘 드는 습지에서 자란다.
높이는 40~80cm 정도이고 뿌리줄기가 옆으로 뻗으면서 자란다. 줄기는 곧게 서고 가지가 갈라지며 털이 거의 없다. 잎은 작은 칼 모양으로 2~3개씩 마주나거나 돌려난다.
6~8월경에 줄기 끝에서 노란색 꽃이 모여 핀다.
열매는 8~9월에 익으며 둥글고 꽃받침이 남아 있다.
어린순은 식용한다.

- 분류 앵초과
- 꽃 6~8월
- 열매 8~9월
- 자라는 곳 산과 들
- 쓰임새 식용

용담

용담과에 딸린 여러해살이풀로 우리 나라 각지의 산에서 자란다.

높이는 30~60cm 정도이며, 줄기에는 4개의 가는 줄이 있다. 뿌리는 짧고 굵은 수염 뿌리가 달린다.

잎은 마주나고 잎자루가 없으며 뾰족한 칼 모양으로 가장자리가 밋밋하다.

8~10월경에 줄기 끝이나 잎 사이에서 나팔 모양의 보라색 꽃이 핀다.

땅속줄기와 뿌리 말린 것을 용담이라고 하며 건위제로 사용한다.

용의 쓸개처럼 맛이 쓰다고 하여 용담이라고 부르는 것으로 알려져 있다.

- 분류 용담과
- 꽃 8~10월
- 열매 10~11월
- 자라는 곳 산지
- 쓰임새 관상용, 약용

▲ 산지에서 자라는 용담

◀ 용담의 꽃

◀ 꽃 모양이 구슬붕이와 비슷한 봄구슬붕이

구슬붕이

용담과에 딸린 두해살이풀로 양지바른 들에서 자란다.

높이는 5~15cm 정도로 아주 작다. 줄기 밑에서 많은 가지들이 나와 무리지어 자란다.

뿌리잎은 돌려나며 칼 모양이고, 줄기잎은 달걀 모양이다.

5~6월에 가지 끝에서 꽃줄기가 나와 연한 자주색 꽃이 한 송이씩 핀다.

열매는 가을에 익으며 긴 자루가 붙어 있고 2개로 갈라진다.

- 분류 용담과
- 열매 9~10월
- 쓰임새 관상용
- 꽃 5~6월
- 자라는 곳 들

▲ 습기가 많은 곳에서 자라는 구슬붕이

쇠비름

쇠비름과에 딸린 한해살이풀로 우리 나라 각 지의 길가나 밭에서 자란다.
높이는 15~30cm이고 줄기는 땅 위로 누워 뻗고 불그스름하며 잎과 줄기는 물기가 많다.
잎은 달걀 모양으로 마주나거나 어긋나는데 가지 끝에서는 돌려나는 것처럼 보인다.
6월부터 가을까지 가지 끝에서 노란색 꽃이 피는데 아침에 피었다가 한낮에 오므라든다.
풀 전체는 사료용 또는 약재로 사용한다.

- 분류 쇠비름과
- 꽃 5~8월
- 자라는 곳 밭, 길가
- 쓰임새 사료용, 약용

▲ 줄기가 옆으로 뻗는 쇠비름

◀ 쇠비름의 꽃

▶ 비름의 꽃

비름

비름과에 딸린 한해살이풀로 인도가 원산지이며 우리 나라 중부 이남의 들이나 길가에서 자란다.
높이는 1m 정도이고 줄기는 곧게 서며 가지가 갈라진다.
잎은 어긋나고 마름모처럼 생긴 달걀 모양으로 잎자루가 길다.
7월에 줄기 끝이나 잎겨드랑이에서 연한 초록색의 잔꽃이 모여 핀다. 어린잎은 나물로 먹는다.

- 분류 비름과
- 꽃 7월
- 자라는 곳 들, 길가
- 쓰임새 식용

쇠무릎

비름과에 딸린 여러해살이풀로 우리 나라 중부 이남의 산과 들에서 저절로 자란다.
높이는 50~100cm 정도이고 마디가 높아서 소의 무릎같이 보여 쇠무릎이라고 한다.
잎은 마주나며 타원형이고 털이 약간 있다.
8~9월에 줄기 끝이나 잎겨드랑이에서 녹색의 잔꽃이 이삭 모양으로 핀다.
어린잎은 식용, 뿌리는 이뇨제·강장제로 쓰인다.

- 분류 비름과
- 꽃 8~9월
- 자라는 곳 산과 들
- 쓰임새 식용, 약용

▲ 이뇨제·강장제로 쓰이는 쇠무릎

히어리

조록나뭇과에 딸린 갈잎떨기나무로 우리 나라 지리산·경기도 백운산에서 자란다.
높이는 1~2m 정도이고 줄기에는 껍질눈이 많이 나 있다.
잎은 어긋나며 끝이 뾰족하고 밑은 움푹 패어 있다. 잎 가장자리에 뾰족한 톱니가 있으며, 양면에 털이 없다.
3~4월에 노란색의 꽃이 아래를 향해 나무 전체에 노랗게 덮여 핀다.
열매는 9월에 익고 2개로 갈라져 검은 씨가 나온다. 가을에 잎이 노랗게 물든다.

- 분류 조록나뭇과
- 꽃 3~4월
- 열매 9월
- 자라는 곳 산지
- 쓰임새 관상용

▲ 노란 꽃이 늘어져 피는 히어리

▶ 풍년화의 꽃

풍년화

조록나뭇과에 딸린 갈잎떨기나무로 중부 이남의 들에서 자란다. 만발한 꽃 모양이 풍년 같다 하여 지어진 이름이다.
잎은 어긋나고 타원형이며 잎 가장자리에 톱니가 나 있다.
4월경에 잎보다 먼저 노란색 꽃이 잎겨드랑이에서 1개 또는 여러 개가 모여 달린다.
제일 먼저 피는 봄꽃으로 알려진 산수유보다 먼저 핀다.

- 분류 조록나뭇과
- 꽃 4월
- 열매 10월
- 자라는 곳 들
- 쓰임새 관상용

▼ 흰 꽃이 아래로 늘어져 피는 고추나무의 꽃

고추나무

고추나뭇과에 딸린 갈잎떨기나무로 산골짜기에서 자란다.
높이는 3~5m 정도이며, 가지가 많이 갈라진다.
잎은 마주나며 세 잎으로 된 겹잎인데 작은잎은 달걀 모양으로 끝이 뾰족하며 잔톱니가 있다.
5~6월에 가지 끝에서 흰색 꽃이 핀다.
열매는 달걀 모양으로 9~10월에 익으며 끝이 둘로 갈라진다. 어린잎은 식용한다.

- 분류 고추나뭇과
- 꽃 5~6월
- 열매 9~10월
- 자라는 곳 산골짜기
- 쓰임새 관상용, 식용

벚나무

장미과에 딸린 갈잎큰키나무로 우리 나라 및 중국·일본 등지에 분포되어 있으며 산지나 마을 부근에서 자란다.

높이가 20m 정도이고 잎은 어긋나며 끝이 뾰족한 타원형으로 잔톱니가 있다.

4~5월경에 분홍색 또는 흰색 꽃이 잎보다 먼저 핀다. 열매는 6~7월에 빨간색에서 검은색으로 익는데, 버찌라고 하여 날것으로 먹거나 술을 빚어 먹는다.

우리 나라에는 10여 종의 벚나무가 있는데, 공원이나 집에 흔히 심는 왕벚나무, 산벚나무 등과 잎이 버들잎 모양인 가는잎벚나무, 털이 많은 털벚나무 등이 있다.

관상용으로 심으며 열매는 식용하고 나무 껍질은 약용한다.

꽃말은 '절세 미인' 이다.

- 분류 장미과
- 꽃 4~5월
- 열매 6~7월
- 자라는 곳 산지, 마을 부근
- 쓰임새 관상용, 식용, 약용

▲ 흰색의 벚나무 꽃

▲ 분홍색의 겹벚꽃

▲ 꽃이 활짝 핀 벚나무

◀ 꽃을 확대하여 본 모양

▲ 벚나무의 열매인 버찌

찔레나무

장미과에 딸린 갈잎떨기나무로 전국 각지의 산기슭 양지쪽 개울가에서 자란다.

높이는 2m 정도이고 줄기와 어린가지에는 잔털이 많다. 가지를 많이 만들며 가지가 활처럼 굽어지는 성질이 있어 울타리로도 많이 심고 있다.

잎은 어긋나고 5~9개의 작은잎으로 된 깃꼴겹잎이다. 작은잎은 타원형 또는 달걀 모양이며 가장자리에 톱니가 있다.

흰색 또는 분홍색의 꽃이 5월경 가지 끝에 무리지어 핀다.

열매는 둥글며 9~10월경에 주황색으로 익는다. 어린줄기는 단맛이 있어 식용하고 열매는 약용한다.

- 분류 장미과
- 꽃 5월
- 열매 9~10월
- 자라는 곳 산기슭
- 쓰임새 관상용, 식용, 약용

▼ 흰색의 찔레나무 꽃

▶ 분홍색 꽃

◀ 찔레나무의 열매

▲ 해당화의 잎과 꽃

해당화

장미과에 딸린 갈잎떨기나무로 우리 나라 각지 바닷가의 모래땅이나 산기슭에서 자란다.

높이는 1.5m 정도이고 뿌리에서 많은 줄기가 나오며, 줄기에는 가시가 많이 나 있다.

잎은 7~9개의 작은잎으로 이루어진 깃꼴겹잎이고 작은잎은 타원형으로 가장자리에 톱니가 있다.

5~7월경에 햇가지 끝에서 붉은 꽃이 1~3송이씩 달린다. 열매는 둥근 공 모양이며 8월경에 주황색으로 익는다.

관상용으로 심기도 하며 꽃은 향수의 원료로 사용된다. 열매는 식용 및 약용으로 쓰인다.

- 분류 장미과
- 꽃 5~7월
- 열매 8월
- 자라는 곳 바닷가, 산기슭
- 쓰임새 관상용, 식용, 약용

황매화

장미과에 딸린 갈잎떨기나무로 우리 나라 중부 이남의 절이나 마을 부근에서 자란다.
높이는 2m 정도이며, 줄기는 녹색으로 가지가 많이 갈라진다.
잎은 어긋나고 달걀 모양으로 끝이 뾰족하며 가장자리에 겹톱니가 있다.
봄에 가지 끝에서 노란 꽃이 한 송이씩 핀다. 열매는 남아 있는 꽃받침 안에서 9월경에 검은 갈색으로 익는다.
꽃잎이 많은 것을 겹황매화라고 하는데, 열매는 맺지 못한다.

- 분류 장미과
- 꽃 4~5월
- 열매 9월
- 자라는 곳 절, 마을 부근
- 쓰임새 관상용

▲ 노란 꽃이 피는 황매화

◀ 꽃잎이 많은 겹황매화

◀ 양지꽃의 잎과 꽃

양지꽃

장미과에 딸린 여러해살이풀로 우리 나라 전역 산지의 양지바른 곳에서 자란다.
높이는 30~50cm이고 줄기와 잎에 거친 털이 있다. 뿌리줄기는 굵고 짧으며 여러 개가 나와서 사방으로 퍼진다.
잎은 3~13개의 작은잎으로 이루어진 깃꼴겹잎이며 잎가장자리에는 톱니들이 있다.
4~6월에 잎 사이에서 나온 꽃줄기 끝에서 노란 꽃이 핀다. 열매는 달걀 모양으로 길이 1mm 정도이며 가는 주름살이 있다.
어린잎과 줄기는 식용한다.

▲ 양지바른 곳에서 자라는 양지꽃

- 분류 장미과
- 꽃 4~6월
- 열매 6~7월
- 자라는 곳 산지
- 쓰임새 관상용, 식용

조팝나무

장미과에 딸린 갈잎떨기나무로 함경 북도를 제외한 전국 각지의 산이나 들에서 자란다.
높이는 1~2m 정도이고, 잎은 어긋나며 타원형이고 가장자리에는 작은 톱니가 있다.
4~5월에 잎겨드랑이에서 흰꽃이 모여 핀다. 꽃의 모양이 튀긴 좁쌀을 붙인 것처럼 보여 조팝나무(조밥나무)라고 한다.
뿌리는 상산이라 하고 줄기는 촉칠이라 하여 약용하고, 어린순은 식용한다.

- 분류 장미과
- 꽃 4~5월
- 열매 5~9월
- 자라는 곳 산과 들
- 쓰임새 관상용, 식용, 약용

▲ 작은 흰 꽃이 많이 모여 피는 조팝나무

▶ 꼬리조팝나무

꼬리조팝나무

장미과에 딸린 갈잎떨기나무로 우리 나라 중부 이북의 산골짜기 습지에서 자란다.
높이는 1~1.5m 정도이고 가지에는 몇 개의 줄이 있으며 짧은 털이 있거나 없다.
잎은 어긋나고 긴 타원형이며 양끝이 뾰족하고 가장자리에 잔톱니가 있다.
6~8월에 분홍색 꽃이 줄기 끝에 모여 핀다.
정원수로 심거나 꽃꽂이용으로 이용하며, 어린잎은 식용한다. 꺾꽂이나 포기나누기로 번식한다.

- 분류 장미과
- 꽃 6~8월
- 열매 9월
- 자라는 곳 산지
- 쓰임새 관상용, 식용

좀조팝나무

장미과에 딸린 갈잎떨기나무로 경남·경북·강원 등지에 분포하며 산지에서 자란다.
높이는 30~50㎝ 정도이며 줄기는 곧게 서고 가지가 갈라진다.
잎은 타원형으로 끝이 뾰족하고 가장자리에는 거친 겹톱니가 있다.
봄에 연분홍색의 꽃이 가지 끝에서 여러 층으로 나뉘어 다닥다닥 모여 핀다.
열매는 단단하고 광택이 나며 가을에 익으면 한쪽이 갈라지며 씨가 터져 나온다.

- 분류 장미과
- 꽃 4~5월
- 열매 9~10월
- 자라는 곳 산지
- 쓰임새 관상용

▲ 연분홍색 꽃이 여러 층으로 모여 피는 좀조팝나무

가락지나물

장미과에 딸린 여러해살이풀로 우리 나라 각지 들의 습지에서 저절로 난다.
높이는 30~60cm이며 줄기는 비스듬히 자란다.
잎은 5개의 작은잎으로 된 겹잎이며 작은잎은 긴 타원형으로 거친 톱니가 있다.
5~7월에 줄기 끝에서 노란색 꽃이 모여 핀다.
열매는 둥글고 매끈하며 붉은색으로 익는다.
봄에 어린잎을 따서 나물로 먹는다.

- 분류 장미과
- 꽃 5~7월
- 열매 7~8월
- 자라는 곳 들
- 쓰임새 관상용, 식용

▲ 노란 꽃이 모여 피는 가락지나물

팥배나무

장미과에 딸린 갈잎큰키나무로 우리 나라·중국·일본 등지에 분포하며 산에서 저절로 자란다.
높이는 10~15m에 이르고, 가지는 검은 갈색에 회백색의 점이 있다.
잎은 어긋나며 달걀 모양 또는 타원형이고 끝이 뾰족하며 굵은 톱니가 있다.
꽃은 5~6월에 가지 끝에서 하얗게 핀다.
열매는 주황색으로 가을에 동그랗게 익는다. 열매를 팥배라고 하여 날것으로 먹기도 한다.

- 분류 장미과
- 꽃 5~6월
- 열매 9~10월
- 자라는 곳 산
- 쓰임새 관상용, 식용

◀ 팥배나무의 꽃　　▲ 팥배나무

오이풀

장미과에 딸린 여러해살이풀로 우리 나라 각지의 산이나 들에서 자란다. 높이는 50~100cm 정도이고 가지가 옆으로 갈라지며 전체에 털이 없다.
잎은 어긋나고 잎자루가 길며 깃꼴겹잎이다.
6~9월에 긴 꽃줄기에서 자주색 꽃이 핀다. 뿌리는 지혈제로 쓰이고 어린 잎은 식용한다.

- 분류 장미과
- 꽃 6~9월
- 열매 9~10월
- 자라는 곳 산과 들
- 쓰임새 식용, 약용

◀ 오이풀의 꽃　　▲ 산이나 들에서 자라는 오이풀

멍석딸기

장미과에 딸린 갈잎떨기나무로 우리 나라 각지의 산과 들에서 자란다.
높이는 1~2m 정도이고 전체에 짧은 가시와 털이 있다.
잎은 어긋나고 3~5개로 갈라지며 가장자리에 뾰족한 톱니들이 있다.
꽃은 5월에 피고 붉은 색이며 위를 향하여 핀다.
열매는 7~8월에 붉게 익으며 맛이 좋다.

- 분류 장미과
- 꽃 5~6월
- 열매 7~8월
- 자라는 곳 산과 들
- 쓰임새 식용, 약용

▲ 붉게 익은 멍석딸기

▶ 뱀딸기

뱀딸기

장미과에 딸린 여러해살이풀로 우리 나라 각지의 햇볕이 잘 드는 들이나 길가에서 자란다.
줄기에는 긴 털이 있고 땅 위로 뻗으며 꽃이 필 때는 작으나 열매가 익을 무렵에는 마디에서 뿌리가 내려 약 60㎝ 정도로 길게 뻗는다.
잎은 어긋나고 세 장의 작은잎으로 이루어진 겹잎이다.
4~5월에 잎겨드랑이에서 노란 꽃이 핀다.
열매는 둥글고 붉게 익으며, 딸기와 비슷하나 맛은 좋지 않다.

- 분류 장미과
- 꽃 4~5월
- 열매 6~7월
- 자라는 곳 들, 길가
- 쓰임새 식용

짚신나물

장미과에 딸린 여러해살이풀로 우리 나라 각지의 들이나 길가에서 자란다.
높이는 30~150㎝이고 전체에 거친 털이 많이 난다.
잎은 어긋나고 5~7개의 작은잎으로 이루어진 깃꼴겹잎이다. 작은잎은 크기가 고르지 않고 가장자리에 날카로운 톱니가 있다.
6~8월에 줄기 끝과 가지 끝에서 노란 꽃이 이삭 모양으로 달린다.
열매에는 갈고리 같은 털이 있어 익으면 동물이나 사람의 옷에 잘 달라붙는다.
전체는 약용으로, 어린순은 식용한다.

- 분류 장미과
- 꽃 6~8월
- 자라는 곳 들, 길가
- 쓰임새 식용, 약용

▲ 노란 꽃이 핀 짚신나물

국수나무

장미과에 딸린 갈잎떨기나무로 함경북도를 제외한 우리 나라 각지의 산과 들에서 자란다.
높이는 1~2m 정도이며 가지 끝이 밑으로 처진다.
잎은 어긋나는데 넓은 달걀 모양으로 끝이 뾰족하며 굵은 톱니가 있고 잎 뒷면에는 잔털이 있다.
5~6월에 새 가지 끝에서 연한 노란색 꽃이 원뿔 모양으로 모여핀다.
열매는 단단하며 익으면 한쪽이 터지면서 씨가 나온다.

- 분류 장미과
- 열매 9월
- 쓰임새 관상용
- 꽃 5~6월
- 자라는 곳 산과 들

▲ 국수나무의 잎과 꽃

◀ 산사나무의 꽃

산사나무

장미과에 딸린 갈잎큰키나무로 우리 나라 각처의 개울 둑이나 마을 근처에서 자란다.
높이는 6m에 이르고 가지에는 가시가 약간 있다.
잎은 어긋나며 깃 모양으로 얕게 갈라지고 가장자리에 거친 톱니가 있다.
꽃은 흰색으로 5월에 무리지어 핀다. 아가위라고도 부르는 열매는 둥근 모양으로 10월에 붉게 익는다. 열매는 날것으로 먹기도 하고, 한방에서 건위·소화제로도 사용한다.

- 분류 장미과
- 열매 9~10월
- 쓰임새 관상용, 식용, 약용
- 꽃 5월
- 자라는 곳 둑, 마을 근처

▲ 공원이나 고궁에서 흔히 볼 수 있는 산사나무

제비꽃

제비꽃과에 딸린 여러해살이풀로 우리 나라 각지의 산과 들에서 자란다.
오랑캐꽃·앉은뱅이꽃·반지꽃이라고도 한다.
원줄기가 없고 뿌리에서 긴 자루가 있는 잎이 자라서 옆으로 비스듬히 퍼진다.
잎은 긴 타원형으로 끝이 뭉뚝하고 가장자리에 둔한 톱니가 있다.
4~5월에 잎 사이에서 5~20cm의 꽃줄기가 나와 보라색 꽃이 핀다. 꽃잎은 5장으로 긴 타원형이며 약간 뒤로 젖혀지고 안쪽에는 몇개의 줄무늬가 있다.
제비꽃에는 여러 종류가 있는데, 흰제비꽃·노랑제비꽃 외에도 꽃색깔이 3가지로 된 삼색제비꽃, 잎이 깃꼴겹잎인 남산제비꽃 등이 있다.

- 분류 제비꽃과
- 열매 6~7월
- 쓰임새 식용, 약용
- 꽃 4~5월
- 자라는 곳 산과 들

▲ 보라색의 제비꽃

◀ 태백제비꽃

▼ 깃꼴겹잎을 가진 남산제비꽃

◀ 노랑제비꽃

▶ 종지제비꽃

▲ 원예 품종인 삼색제비꽃

진달래

◀ 진달래의 꽃

진달랫과에 딸린 갈잎떨기나무로 우리 나라 각지의 산간 양지에 나는데 정원수나 관상용으로 심기도 한다.

높이는 2~3m이고 작은 가지가 많이 나와 뻗으며 가지와 잎에는 가는 털이 있다.

잎은 어긋나고 타원형이며 톱니가 없고 양면에 비늘조각이 흩어져 있다. 5월경에 가지 끝에서 깔때기 모양의 분홍색 꽃이 3~5송이씩 피는데 끝이 다섯 갈래로 얕게 갈라진다.

흰 꽃이 피는 것을 흰진달래, 잎에 털이 있는 것을 털진달래라고 한다. 꽃은 식용하고 꽃말은 '사랑의 즐거움'이다.

- 분류 진달랫과
- 꽃 4~5월
- 열매 10월
- 자라는 곳 집 주변
- 쓰임새 관상용, 식용, 약용

▲ 잎보다 꽃이 먼저 피는 진달래

철쭉

진달랫과에 딸린 갈잎떨기나무로 우리 나라 각지 및 일본·만주 등지에 분포한다. 산지의 숲 속에서 자라는데 화단이나 공원에 심기도 한다.

높이는 1~2m 정도이고 어린 가지에는 털이 있으나 없어지며 회갈색으로 된다.

잎은 어긋나고 양면에 갈색의 잔털이 있으며 가장자리는 밋밋하다.

5월경에 가지 끝에서 분홍색 꽃이 2~3송이씩 핀다. 흰색 꽃이 피는 것을 흰철쭉이라고 한다.

열매는 동그란 모양이며 10월경에 익는다. 꽃에는 독이 있어 먹지 못한다. 꽃말은 '사랑의 기쁨'이다.

- 분류 진달랫과
- 꽃 5월
- 열매 10월
- 자라는 곳 산지, 화단
- 쓰임새 관상용

▶ 흰철쭉 ◀ 겹철쭉

▲ 산지의 숲 속에서 자라는 철쭉

만병초

진달랫과에 딸린 늘푸른떨기나무로 높은 산 숲 속에서 자란다.
높이는 1~4m 정도이며 줄기는 갈색이다.
잎은 어긋나지만 줄기 끝에서는 모여나기도 한다. 잎 가장자리는 밋밋하고 뒤로 말리며, 앞면은 짙은 녹색이고, 뒷면에는 연한 갈색 털이 빽빽하게 나 있다.
꽃은 7월에 흰색으로 피는데, 줄기 끝에 10~20송이가 무리지어 달린다.
잎은 만병이라 하여 신경통 약재로 사용한다.

- 분류 진달랫과
- 꽃 7월
- 열매 9월
- 자라는 곳 산
- 쓰임새 관상용, 약용

▲ 원예 품종인 보라색의 만병초 꽃

▼ 천남성의 꽃

천남성

천남성과에 딸린 여러해살이풀로 산지의 나무 그늘에서 자란다. 높이는 15~50cm이며 수염뿌리가 사방으로 퍼진다. 줄기의 겉은 녹색이지만 때로는 자주색 반점이 있고, 1개의 잎이 달리는데 5~11개의 작은잎으로 갈라진다.
5~7월경에 꽃이 피며, 윗부분이 모자처럼 앞으로 구부러진 불염포가 꽃을 감싼다.
열매는 붉게 익으며 옥수수 알처럼 달린다.

- 분류 천남성과
- 꽃 5~7월
- 열매 9~10월
- 자라는 곳 산지
- 쓰임새 관상용, 약용

두루미천남성

천남성과의 여러해살이풀로 산지의 풀밭에서 자란다.
높이는 50cm 정도이며 땅 속의 알뿌리는 3~6cm이고 수염뿌리가 사방으로 퍼진다.
잎은 헛줄기 끝에서 1개가 나오는데 잎자루가 길고 잎몸은 새의 발 모양으로 갈라진다.
5~6월에 꽃처럼 생긴 불염포가 두루미 목처럼 길게 자라며, 꽃차례축에 녹색의 수많은 잔꽃이 붙어 핀다.
열매는 긴 타원형으로 붉게 익는다.

- 분류 천남성과
- 꽃 5~6월
- 열매 8~9월
- 자라는 곳 길가
- 쓰임새 관상용, 약용

▲ 두루미가 날아가고 있는 모양을 한 두루미천남성

털쥐손이

쥐손이풀과에 딸린 여러해살이풀로 우리 나라 각지의 고산지대 풀밭에서 자란다.

높이는 50cm 가량이고 식물 전체에 거친 털이 많이 나 있다.

잎은 손바닥 모양으로 5~7갈래로 갈라져 있으며 가장자리에는 불규칙한 톱니가 있다.

7~8월에 줄기 끝에서 연보라색 꽃이 여러 송이 나오는데 꽃지름은 3cm 가량이다.

열매는 익으면 저절로 벌어져 씨가 나온다.

- 분류 쥐손이풀과
- 꽃 7~9월
- 열매 9~10월
- 자라는 곳 높은 산
- 쓰임새 관상용

▲ 연보라색 꽃이 아래를 향해 피는 털쥐손이

◀ 앞에서 본 모양

이질풀

쥐손이풀과에 딸린 여러해살이풀로 우리 나라 각지와 일본·타이완 등지에 분포되어 있으며 산이나 들에서 자란다.

줄기는 높이 50~100cm 정도인데 옆으로 비스듬히 뻗으며 뿌리가 여러 개로 갈라진다.

잎은 마주나고 손바닥 모양으로 3~5갈래로 갈라지며 갈래의 가장자리에는 톱니가 있다.

8~9월에 잎겨드랑이에서 자주색 또는 흰색 꽃이 1~3송이씩 달린다.

열매는 5개로 갈라져서 위로 말리며 5개의 씨가 들어 있다.

위장약이나 이질·설사의 약재로 쓰인다.

- 분류 쥐손이풀과
- 꽃 8~9월
- 열매 9~10월
- 자라는 곳 산과 들
- 쓰임새 관상용, 약용

▲ 자주색의 이질풀 꽃

◀ 흰색의 이질풀 꽃

동백나무

차나뭇과에 딸린 늘푸른큰키나무로 우리 나라 남부 지방의 해안 근처와 마을 부근에서 자라는데 관상용으로 재배하기도 한다.

높이는 7m에 달하는 큰키나무이나 밑에서 가지가 갈라져서 떨기나무로 되는 것이 많다.

잎은 어긋나고 끝이 뾰족한 타원형이며 잔 톱니가 있다. 앞면은 짙은 녹색으로 윤기가 있고 뒷면은 황록색이다.

2~4월경에 가지 끝마다 붉은색의 큰 꽃이 핀다. 열매는 둥근 모양이며 늦가을에 붉게 익고 2개의 씨가 들어 있다.

씨는 기름을 짜서 등잔 기름, 머릿기름으로 썼으며 약용으로도 사용했다.

꽃말은 '자랑' 이다.

- 분류 차나뭇과
- 꽃 2~4월
- 열매 10월
- 자라는 곳 해안
- 쓰임새 관상용

▲ 빨간색의 동백나무 꽃

▲ 분홍색의 동백나무 꽃

차나무

차나뭇과에 딸린 늘푸른떨기나무로 동부 아시아가 원산지이고 우리 나라 남부 지방에서 많이 재배한다.

높이는 60~90cm 정도이며 가지가 많이 갈라진다. 잎은 어긋나고 긴 타원형이며 가장자리에는 톱니가 있다. 잎의 질은 단단하고 약간 두꺼우며 표면에 광택이 난다.

10~11월에 잎겨드랑이에서 흰 꽃이 한두 송이씩 핀다. 세모진 열매에는 씨가 3개씩 들어 있고 다음해 가을에 익는다.

봄철에 나온 어린잎은 녹차나 홍차의 원료로 쓰이며 열매는 기름을 짜는 데 사용한다.

▲ 차나무의 잎

▶ 차나무의 꽃

- 분류 차나뭇과
- 꽃 10~11월
- 열매 다음해 10월
- 자라는 곳 밭
- 쓰임새 잎은 차용, 열매는 기름용

질경이

질경잇과에 딸린 여러해살이풀로 우리 나라 각지의 길가나 빈터에서 자란다.
줄기가 없고 많은 잎이 뿌리에서 나와 비스듬히 퍼지며 잎자루는 길이가 일정하지 않다.
잎은 타원형이며 세로로 잎맥이 보인다.
6~8월에 잎 사이에서 긴 꽃줄기가 나와 그 끝에서 작은 깔때기 모양의 흰꽃이 무리지어 핀다. 씨는 한약재로 쓰이며, 어린잎은 삶아서 나물로 먹는다.

- 분류 질경잇과
- 꽃 6~8월
- 열매 9~10월
- 자라는 곳 길가
- 쓰임새 식용

▲ 길가에서 자라는 질경이

고사리

고사릿과에 딸린 여러해살이풀로 우리 나라 중북부의 산이나 들에서 저절로 자란다.
굵은 뿌리줄기가 옆으로 뻗으면서 군데군데에서 잎이 나오며 높이는 40~100cm이다.
뿌리줄기에서 나는 어린싹은 잎자루가 통통하며 꼭대기가 말려 있다.
잎은 세모꼴로 깃꼴겹잎이다.
어린잎은 나물로 먹고 뿌리줄기에서 녹말을 채취하기도 한다.

- 분류 고사릿과
- 자라는 곳 길가
- 쓰임새 식용, 약용

◀ 고사리의 잎

▲ 나물로 먹는 고사리순

초롱꽃

초롱꽃과에 딸린 여러해살이풀로 우리 나라 중북부의 산이나 들에서 저절로 자란다.
높이는 40~100cm 정도이고, 줄기는 곧게 서며 전체에 거친 털이 있다. 잎은 어긋나며 긴 달걀 모양인데 끝이 뾰족하고 가장자리에 불규칙한 톱니가 있다.
6~8월에 가지 끝에서 종 모양의 흰 꽃이 아래로 늘어져 2~3송이씩 핀다. 열매는 타원형으로 익으면 저절로 벌어져서 씨가 떨어진다. 어린잎은 나물로 먹는다.

- 분류 초롱꽃과
- 꽃 6~8월
- 열매 9~10월
- 자라는 곳 산과 들
- 쓰임새 관상용, 식용

▼ 종 모양의 초롱꽃

섬초롱꽃

초롱꽃과에 딸린 여러해살이풀로 울릉도의 해안 지대에서 자란다.

높이는 40~60cm 정도이고 전체에 거친 털이 있다. 뿌리잎은 잎자루가 길고 심장 모양이며 줄기잎은 잎자루가 없고 긴 타원형으로 거친 톱니가 있다. 6~7월에 줄기의 위쪽 잎겨드랑이에서 종 모양의 연한 자주색 꽃이 아래를 향해 몇 송이씩 핀다. 흰색 바탕에 짙은 색의 반점이 있는 것을 흰섬초롱꽃, 꽃이 자주색인 것을 자주섬초롱꽃이라 한다.

- 분류 초롱꽃과
- 꽃 6~7월
- 열매 8~9월
- 자라는 곳 해안
- 쓰임새 관상용

▲ 섬초롱꽃

▼ 설악산에 많이 피는 금강초롱 꽃

금강초롱

초롱꽃과에 딸린 여러해살이풀로 우리 나라 특산종이며 설악산·태백산·금강산 등 높은 산지에서 자란다.

높이는 30~70cm 정도이며, 식물 전체에 털이 없다. 잎은 긴 타원형이고, 줄기의 중간에서 4~5장이 어긋나며 잎가장자리에는 불규칙한 톱니가 있다.

8~9월경에 종 모양의 연한 보라색 꽃이 밑을 향해 달린다. 꽃이 피는 장소에 따라 보라·연보라·흰색 등으로 색깔이 달라진다.

흰꽃이 피는 것을 흰금강초롱이라고 한다.

- 분류 초롱꽃과
- 꽃 8~9월
- 열매 9~10월
- 자라는 곳 높은 산
- 쓰임새 관상용

잔대

초롱꽃과에 딸린 여러해살이풀로 우리 나라 각지의 산지에서 흔히 자란다.

높이는 50~100cm 정도이고 뿌리가 굵으며 잔털이 있다. 뿌리잎은 원형이고 긴 잎자루가 있으며 꽃이 필 때쯤 되면 없어진다. 줄기잎은 마주나거나 어긋나며 끝이 뾰족하고 긴 타원형으로 톱니가 있다.

7~9월경에 줄기 끝에서 보라색 꽃이 핀다.

연한 잎과 뿌리는 생으로 먹으며 뿌리는 해독 및 거담제로 사용한다.

- 분류 초롱꽃과
- 꽃 7~9월
- 열매 10월
- 자라는 곳 산지
- 쓰임새 식용, 약용

▲ 보라색 꽃이 아래를 향해 피는 잔대

모싯대

초롱꽃과에 딸린 여러해살이풀로 우리 나라 중부 이남 및 일본·중국 등지에 분포되어 있으며 숲 속의 약간 그늘진 곳에서 자란다.
높이는 40~90㎝ 정도이고, 뿌리는 도라지처럼 살이 두툼하다.
잎은 어긋나고 갸름한 타원형 또는 심장 모양이며 끝이 뾰족하고 가장자리에 날카로운 톱니가 있다.
7~9월경에 줄기 끝이나 잎겨드랑이에서 종 모양의 보라색 꽃이 아래를 향해 달린다.
열매는 익으면 저절로 벌어져서 씨가 땅으로 떨어진다.
봄에 어린잎은 나물로 먹으며, 뿌리는 한방에서 해독·거담제로 쓰고 있다.

- 분류 초롱꽃과
- 꽃 7~9월
- 열매 10월
- 자라는 곳 숲 속
- 쓰임새 관상용, 식용, 약용

▲ 종 모양의 모싯대 꽃

도라지

초롱꽃과에 딸린 여러해살이풀로 우리 나라 각지 및 중국·일본 등지에 분포되어 있으며 산이나 들에 저절로 나기도 하고 밭에 심어서 재배하기도 한다.
높이는 40~100㎝ 정도이고 뿌리는 굵고 줄기는 한 대 또는 여러 대가 모여나며 줄기를 자르면 우유 같은 액체가 나온다.
잎은 어긋나거나 돌려붙어나고 타원형이며 끝이 뾰족하다. 가장자리에는 톱니가 있으며 잎자루가 거의 없다.
7~8월에 줄기 끝이나 가지 끝에서 종 모양의 보라색 또는 흰색 꽃이 한 송이씩 달린다.
뿌리는 날것으로 먹거나 나물로 만들어 먹으며, 한방에서는 치통·설사·거담·기관지염 등에 쓰고 있다.
꽃말은 '영원한 사랑·소망' 이다.

▶ 백도라지의 꽃

▲ 보라색의 도라지꽃

- 분류 초롱꽃과
- 꽃 7~8월
- 열매 9~10월
- 자라는 곳 산과 들, 밭
- 쓰임새 관상용, 식용, 약용

더덕

초롱꽃과에 딸린 여러해살이 덩굴식물로 우리 나라 각지의 숲 속에서 자란다.
뿌리는 도라지처럼 굵으며 덩굴은 2m 정도이고 다른 물체를 감아 올라가는데 자르면 우유 같은 액체가 나온다.
잎은 어긋나지만 3~4개가 마주나므로 모여 달린 것 같고 잎자루는 거의 없다.
8~9월에 가지 끝에서 종 모양의 자주색 꽃이 아래를 향해 달린다.
봄에 어린잎을, 가을에는 뿌리를 식용하고 한방에서는 뿌리를 해열·거담·진해 등에 쓰고 있다.

- 분류 초롱꽃과
- 꽃 8~9월
- 자라는 곳 숲 속
- 쓰임새 식용, 약용

▲더덕의 꽃

산괴불주머니

현호색과에 딸린 두해살이풀로 우리 나라 각지 산의 습한 곳에서 자란다.
높이는 50cm 정도로 곧게 서고 가지가 갈라지며 속은 비어 있다. 잎은 어긋나며 깃 모양으로 갈라지고 끝이 뾰족하다.
4~6월에 줄기와 가지 끝에 노란 꽃이 무리지어 핀다.

- 분류 현호색과
- 꽃 4~6월
- 자라는 곳 산지
- 쓰임새 관상용

◀산괴불주머니의 잎과 꽃

▼산이나 들에서 자라는 현호색

현호색

현호색과에 딸린 여러해살이풀로 우리 나라 각지의 산이나 들에서 자란다.
땅 속에 있는 덩이줄기에서 줄기가 나와 20cm 정도 자란다. 밑부분에 포 같은 잎이 1개 달리고 거기서 가지가 갈라진다.
잎은 어긋나고 잎자루가 길며 긴 타원형이다.
4월에 줄기 끝이나 가지 끝에 연한 자주색이나 청색 꽃이 핀다.
덩이줄기는 한방에서 월경 불순·산후 복통에 사용한다.

▶현호색의 꽃

- 분류 현호색과
- 꽃 4~5월
- 열매 6~7월
- 자라는 곳 산과 들
- 쓰임새 관상용, 약용

칠엽수

칠엽수과에 딸린 갈잎큰키나무로 일본이 원산지이며 가로수나 정원수로 많이 심는다.
높이는 20~30m 정도이며 나무껍질은 회갈색이고 매끈하다.
잎은 마주나고 손 모양의 겹잎이다. 작은잎은 5~7개이고 긴 타원형인데, 작은잎이 보통 7개이므로 칠엽수라고 한다. 밑부분의 잎은 작으나 가운데의 잎은 크며, 앞면에는 털이 없고 뒷면에 갈색의 털이 있다.
5~6월에 흰꽃이 가지 끝에 원뿔 모양으로 더부룩하게 모여핀다.
열매는 10월에 익으며 3개로 갈라지고 갈색의 씨가 들어 있다.
타닌(tannin)을 빼낸 열매를 식용한다.

- 분류 칠엽수과
- 꽃 5~6월
- 열매 9~10월
- 자라는 곳 정원
- 쓰임새 관상용, 식용

▲ 칠엽수의 잎과 꽃

◀ 칠엽수의 열매

백량금

자금우과에 딸린 늘푸른떨기나무로 우리 나라의 제주도와 남부 섬의 골짜기나 숲의 그늘진 곳에서 자란다.
높이는 1m 가량이며, 윗부분에서 가지가 갈라진다.
잎은 어긋나고 끝이 뾰족한 타원형이며 물결 모양의 톱니가 있고 윤기가 난다.
6~8월경에 줄기 또는 가지 끝에서 흰 꽃이 핀다. 열매는 둥글고 붉은색으로 9월에 익으며 다음해 꽃이 필 때까지 달려 있다.

- 분류 자금우과
- 꽃 6~8월
- 열매 9~2월
- 자라는 곳 골짜기
- 쓰임새 관상용

▲ 빨간색의 백량금 열매

때죽나무

▲ 눈꽃처럼 흰 꽃이 온 나무를 덮는 때죽나무

◀ 때죽나무의 꽃

때죽나뭇과에 딸린 갈잎중키나무로 황해도 이남 산중턱 아래의 양지바른 곳에서 자란다.
큰 나무의 키는 10m에 이른다. 잎은 어긋나며 끝이 뾰족한 타원형으로 앞면은 녹색, 뒷면은 연두색이고 어릴 때는 털이 있다.
5~6월에 잎겨드랑이에서 흰 꽃이 두세 송이씩 줄줄이 늘어서서 피고 아래쪽을 향한다. 꽃이 아름다워 정원수로도 심으며 나무는 세공재, 열매는 약용, 열매로 짠 기름은 등유용으로 쓰인다.

- 분류 때죽나뭇과
- 꽃 5~6월
- 열매 7~10월
- 자라는 곳 산지
- 쓰임새 관상용, 세공용, 등유용

미모사

콩과에 딸린 한해살이풀로 브라질이 원산지이다.
높이는 30cm 정도이고 줄기에 잔털과 가시가 있다.
잎은 어긋나고 겹잎이며 잎자루 끝에서 4개로 갈라져 작은잎이 깃모양으로 붙는다.
6~9월에 잎겨드랑이에서 연분홍색의 작은 꽃이 공 모양으로 모여 달린다.
잎은 밤이면 오므라드는데 낮에도 손으로 건드리면 닫혀져 아래로 늘어진다.
열매에는 마디가 있으며 겉에 털이 나고 2개의 세로선을 따라 터져 씨가 나온다.

- 분류 콩과
- 꽃 6~9월
- 자라는 곳 들
- 쓰임새 관상용

◀ 건드리면 오므라드는 미모사의 잎

▲ 미모사의 연분홍색 꽃과 잎

토끼풀

콩과에 딸린 여러해살이풀로 유럽이 원산지이며 클로버라고도 한다.
높이는 20㎝ 가량이고 줄기의 일부분은 땅 위에서 40~50㎝ 정도 뻗으며 마디에서 뿌리를 내린다.
잎은 어긋나며 3개의 작은잎으로 이루어진 겹잎이고 작은잎은 타원형이다.
4~7월에 잎겨드랑이에서 나온 긴 꽃줄기 끝에 흰 꽃이 모여 달려서 전체가 둥글다.
조경용 식물로 많이 심으며 동물의 먹이로 재배하기도 한다.
사람들은 작은잎이 4개인 네잎 클로버를 찾으면 행운이 온다는 믿음을 갖고 있다.

- 분류 콩과   • 꽃 4~7월   • 열매 9월
- 자라는 곳 들   • 쓰임새 관상용, 사료용

◀ 토끼풀의 꽃   ◀ 붉은토끼풀

▲ 클로버라고도 불리는 토끼풀

◀ 꽃을 확대하여 본 모양

아까시나무

콩과에 딸린 갈잎큰키나무로 북아메리카가 원산지이며 세계 각지의 산이나 들에서 자란다.
높이는 20m 정도이고 가시가 많으며 나무껍질은 황갈색이고 세로로 갈라진다.
잎은 어긋나고 깃꼴겹잎인데, 작은잎은 7~19장이며 타원형이다.
5~6월에 잎겨드랑이에서 흰꽃이 늘어져 피는데 향기가 매우 좋다. 열매는 타원형이며 5~10개의 씨가 들어 있다.
나무는 철도 침목·기구재로 쓰이며 꽃에서는 꿀을 얻고, 잎은 사료 및 약용으로 사용된다. 꽃말은 '쾌락'이다.
아카시아라고도 하나 이는 열대 지방 원산인 아카시아와는 다르다.

▲ 흰 꽃이 아래로 늘어져 피는 아까시나무

- 분류 콩과   • 꽃 5~6월
- 열매 9~10월   • 자라는 곳 산과 들
- 쓰임새 관상용, 약용, 철도 침목용, 사방 공사용, 기구재

자귀나무

콩과에 딸린 갈잎작은키나무로 우리 나라 중부 이남의 산기슭 양지바른 곳에서 자란다.
높이는 3~5m이고 가지가 드문드문 옆으로 길게 퍼진다. 잎은 어긋나고 깃꼴겹잎인데 작은잎은 낫같이 굽으며 가장자리가 밋밋하다.
6~7월에 가는 실처럼 길고 붉은 꽃이 가지 끝에서 핀다. 열매는 9~10월에 익으며 꼬투리에 5~6개의 씨가 들어 있다.
밤중에 잎이 접혀지기 때문에 자귀나무라고 한다. 한방에서는 나무껍질을 신경쇠약·불면증에 사용한다. 꽃말은 '환희' 이다.

- 분류 콩과
- 꽃 6~7월
- 열매 9~10월
- 자라는 곳 산기슭
- 쓰임새 관상용, 약용

▶ 밤에는 잎이 오므라드는 자귀나무
▶ 자귀나무의 꽃

칡

▶ 칡의 꽃

콩과에 딸린 갈잎덩굴식물로 우리 나라 각지 산 속의 양지바른 곳에서 자란다.
덩굴이 길게 자라 다른 물체를 감아 올라가며 갈색 또는 흰색 털이 있다.
잎은 어긋나고 잎자루가 길며 3개의 작은잎이 있다. 작은잎은 넓고 둥글며 2~3갈래로 얕게 갈라진다.
8월에 자주색 꽃이 잎겨드랑이에 많이 달린다. 열매는 9~10월에 익는다.
한방에서 뿌리를 갈근이라고 하여 발한·해열에 사용한다. 뿌리의 녹말은 식용하고, 줄기로는 밧줄이나 섬유를 만든다.

- 분류 콩과
- 꽃 8월
- 열매 9~10월
- 자라는 곳 산 속
- 쓰임새 식용, 약용

싸리

콩과에 딸린 갈잎떨기나무로 산지에서 자란다.
높이는 3m 정도이고 줄기와 가지는 겨울에 반 이상이 죽는다. 잎은 3개의 작은잎으로 된 겹잎으로, 작은잎은 끝이 조금 갈라져 있으며, 가장자리가 밋밋하다.
7~8월에 짙은 자주색의 꽃이 잎겨드랑이 또는 가지 끝에 무리지어 핀다.
열매는 10월경에 익으며 긴 꼬투리를 맺는다. 나무는 땔감으로 사용하고 나무껍질은 섬유로 사용한다.
새로 자란 줄기는 농촌에서 여러가지 물품을 만드는 데 사용하고 싸리비도 만든다.

- 분류 콩과
- 꽃 7~8월
- 열매 10월
- 자라는 곳 산지
- 쓰임새 관상용, 약용

▼ 싸리나무의 잎과 꽃

자운영

콩과에 딸린 두해살이풀로 중국이 원산지이며 우리 나라 남부 지방에서 거름용으로 많이 재배한다.
높이는 10~25cm 정도이고 밑에서 가지가 많이 갈라지며 옆으로 자라다가 곧게 선다.
잎은 어긋나며 깃꼴겹잎인데 작은잎은 9~11개이며 끝이 오목하고 타원형이다.
4~6월에 잎겨드랑이에서 나온 꽃줄기 끝에서 자주색 또는 흰색 꽃이 핀다.
어린잎과 줄기는 식용 또는 동물의 사료·비료로 사용한다

- 분류 콩과
- 꽃 4~6월
- 자라는 곳 논, 밭
- 쓰임새 식용, 비료용, 사료용

▲ 논의 거름용으로 많이 쓰이는 자운영

▼ 나비 모양의 노란 꽃이 피는 골담초

골담초

콩과에 딸린 갈잎떨기나무로 중국이 원산지이며 경북 및 중부 지방의 산지에서 자란다.
높이는 2m 정도이고 줄기에는 가시가 있다.
잎은 어긋나고 4개의 작은잎으로 된 깃꼴겹잎이다. 작은잎은 타원형이며 끝은 대개 움푹 들어가고 가장자리는 밋밋하다.
5월에 나비 모양의 노란 꽃이 잎겨드랑이에 한 송이씩 피는데 후에 붉은색으로 변한다.
열매는 원기둥 모양으로 털이 없으며 익으면 세로선이 갈라지면서 씨가 나온다.
관상용으로 정원에 심으며, 뿌리는 약용한다.

- 분류 콩과
- 꽃 5월
- 열매 8~10월
- 자라는 곳 산지
- 쓰임새 관상용, 약용

박태기나무

콩과에 딸린 갈잎떨기나무로 중국이 원산지이고 절이나 민가에서 심는다.
높이는 3~5m 정도이고 작은가지는 껍질눈이 많고 흰색이지만 연갈색으로 변한다.
잎은 어긋나고 둥글며 심장 모양으로 끝이 뾰족하고 잎자루가 길다.
꽃은 4월에 잎이 피기 전에 피는데, 나비 모양의 붉은 자주색 꽃이 7~8송이, 많으면 20~30송이씩 한군데 모여 달린다.
줄기는 약재로 사용한다.

- 분류 콩과
- 꽃 4월
- 열매 10월
- 자라는 곳 길가
- 쓰임새 관상용, 약용

▼ 박태기나무의 잎과 꽃

고욤나무

감나뭇과에 딸린 갈잎큰키나무로 중국이 원산지이며 황해도 이남에서 자란다.
높이는 10m 정도이고 열매는 감과 비슷하나 감보다 훨씬 작다.
잎은 어긋나며 긴 타원형으로 앞면은 녹색인데 뒷면은 회녹색이고 구부러진 털이 있다.
5~6월에 연한 녹색 꽃이 잎겨드랑이에서 2~3송이씩 달린다.
열매는 10월에 노란색에서 검은색으로 익는다. 맛이 달아 먹기도 하고 약재로도 사용한다.

- 분류 감나뭇과
- 꽃 5~6월
- 열매 10월
- 자라는 곳 산
- 쓰임새 식용, 약용, 기구재

▲ 감나무와 비슷한 고욤나무

▶ 괭이밥

괭이밥

괭이밥과에 딸린 여러해살이풀로 밭이나 길가에서 자란다. 높이는 10~30cm이고 전체에 잔털이 있다.
줄기는 옆으로 비스듬히 자라며 가지가 많이 갈라진다.
잎은 어긋나고 긴 잎자루가 있으며 세 갈래로 갈라진 겹잎이다. 작은잎은 거꾸로 된 심장 모양으로 가장자리에 톱니가 없다.
7~8월에 잎겨드랑이에서 꽃줄기가 나와 그 끝에서 노란 꽃이 1~6송이씩 달린다.
어린잎은 식용하고 식물 전체를 말린 것을 한방에서 임질·부스럼 약으로 쓴다.

- 분류 괭이밥과
- 꽃 7~8월
- 열매 9월
- 자라는 곳 밭, 길가
- 쓰임새 식용, 약용

▼ 계수나무의 줄기와 잎

계수나무

계수나뭇과에 딸린 갈잎큰키나무로 일본이 원산지이다. 높이는 10m 정도이고, 잎은 마주나며 넓은 타원형이고 가장자리에 둔한 톱니가 있다.
5~6월경에 작은 흰 꽃이 잎보다 먼저 잎겨드랑이에서 핀다. 열매는 3~5개씩 달리고 씨는 편평하며 한쪽에 날개가 있다.
가을철에 단풍이 매우 아름다우며 꽃이 필 때 향기가 있어 관상용으로 많이 재배한다. 나무껍질은 계피라고 하며 한약재·향료의 원료로 사용한다.

- 분류 계수나뭇과
- 꽃 5~6월
- 열매 8월
- 자라는 곳 공원, 집 주변
- 쓰임새 관상용, 약용

치자나무

꼭두서닛과에 딸린 늘푸른떨기나무로 우리 나라 중부 이남·중국·타이완·일본 등지에 분포하며 관상용으로 정원에 심기도 한다.
높이는 2~3m 정도이고 작은가지는 어릴 때 먼지 같은 털이 있다. 잎은 마주나고 긴 타원형으로 윤기가 나며 가장자리가 밋밋하다.
6~7월에 크고 흰 꽃이 가지 끝에 한 송이씩 달린다. 열매는 타원형이며 꽃받침에 싸여 주황색으로 익는다.
열매를 치자라고 하며 이뇨제로 쓰이고 물감의 원료로 사용하기도 한다.

- 분류 꼭두서닛과
- 꽃 6~7월
- 열매 9월
- 자라는 곳 집 주변
- 쓰임새 관상용, 약용, 염료용

▲ 천연 염료로 쓰이는 치자나무의 열매

▲ 원예 품종인 꽃치자나무

화살나무

노박덩굴과에 딸린 갈잎떨기나무로 우리 나라 각지 및 일본·중국 등지에 분포하며 산기슭이나 산허리의 암석 지대에서 자란다.
줄기에 화살의 깃처럼 생긴 코르크의 날개가 길게 발달하여 화살나무라고 한다.
높이는 3m 정도이고 가지가 갈라지며 작은가지에는 2~4줄의 날개가 있다.
잎은 마주나며 타원형이고 가장자리에 날카로운 톱니가 있다.
5~6월에 연한 초록색의 꽃이 잎겨드랑이에서 무리지어 핀다.
열매는 10월에 붉은색으로 익으며 12월까지 나무에 달려 있고 씨는 흰색이다.
어린잎은 식용하고, 가지의 날개는 약용, 나무는 활과 지팡이를 만드는 데 쓰인다.

▲ 가지에 날개가 있는 화살나무

▶ 화살나무의 꽃

- 분류 노박덩굴과
- 꽃 5~6월
- 열매 10월
- 자라는 곳 산지
- 쓰임새 관상용, 식용, 약용

생강나무

녹나뭇과에 딸린 갈잎중키나무로 우리 나라 중남부의 산기슭에서 자라며 높이는 3m 정도이다.
잎은 어긋나고 달걀 모양 또는 심장 모양이며 윗부분이 3~5개로 갈라진다.
암수딴그루로 2~3월에 잎겨드랑이에서 잎보다 먼저 노란꽃이 모여 핀다.
열매는 둥글고 9월에 검게 익는다.
꽃과 가지를 꺾으면 생강 냄새가 나기 때문에 생강나무라고 한다.
가지는 약용하고 열매는 기름을 짜서 머릿기름으로 사용한다.

- 분류 녹나뭇과
- 꽃 2~3월
- 열매 9월
- 자라는 곳 산기슭
- 쓰임새 관상용, 약용, 작설차용

▲ 생강 냄새가 나는 생강나무

머루

포도과에 딸린 갈잎덩굴나무로 산기슭 및 산골짜기 숲속에서 자란다.
덩굴손이 나와 다른 물체를 감아 올라가면서 자란다. 잎은 어긋나며 넓은 달걀 모양으로 끝이 5개로 갈라진다.
꽃은 작고 황록색이며 5~6월에 핀다.
열매인 머루는 동그랗고 진한 보라색으로 익는다. 다소 신맛이 도나 식용하고, 술을 빚기도 한다.

- 분류 포도과
- 꽃 5~6월
- 열매 9~10월
- 자라는 곳 산
- 쓰임새 식용

◀ 머루의 열매와 잎

백선

운향과에 딸린 여러해살이풀로 중국이 원산지이며 우리 나라 각지의 산기슭에서 자란다.
높이는 60~80cm 정도이고 잎은 깃꼴겹잎으로 중간축에 좁은 날개가 붙고 작은잎은 긴 타원형이다.
5~6월에 잎 사이에서 긴 꽃줄기가 나와 흰색이나 연분홍색 꽃이 아래에서 위로 피어 올라간다.
꽃의 길이는 6~7cm 정도이며 자주색의 줄이 있고 꽃받침은 5장이다. 꽃과 잎에서 강한 향기가 난다.
열매는 길이 6cm 쯤이고 바나나 모양과 비슷하다.
잎과 뿌리는 황달·소갈의 약재로 사용한다.

- 분류 운향과
- 꽃 5~6월
- 열매 8월
- 자라는 곳 길가
- 쓰임새 관상용, 약용

▲ 꽃과 잎에서 강한 향기가 나는 백선

닭의장풀

닭의장풀과에 딸린 한해살이풀로 들이나 길가에서 자란다. 달개비라고도 한다. 높이는 15~30㎝ 정도이고 줄기는 마디가 굵고 길게 뻗어나간다.
잎은 어긋나며 길쭉한 타원형이고 끝이 뾰족하다.
7~9월에 잎겨드랑이에서 나온 꽃줄기 끝에 보라색 꽃이 핀다.
열매는 달걀 모양이며 익으면 3개로 갈라져 씨가 땅 위에 떨어진다.
식물 전체를 나물로 먹기도 하며, 한방에서는 해독·해열·이뇨 등의 치료에 쓴다. 꽃에서 푸른색 염료를 뽑아 종이를 염색하기도 한다.
꽃말은 '순간의 즐거움' 이다.

- 분류 닭의장풀과
- 꽃 7~9월
- 열매 9~10월
- 자라는 곳 들, 길가
- 쓰임새 식용, 관상용, 염색용, 약용

▲ 나비 모양의 닭의장풀 꽃

◀ 연보라색의 애기닭의장풀

자주달개비

닭의장풀과에 딸린 여러해살이풀로 북아메리카가 원산지이며 관상용으로 심는다.
높이는 50㎝ 정도이고 많은 줄기가 모여난다. 줄기는 푸른빛이 도는 녹색으로 지름은 1㎝ 정도이다.
잎은 어긋나고 긴 칼 모양으로 길이 30㎝ 가량이며 끝은 뾰족하다. 윗부분은 움푹 패어져 있고 활처럼 뒤로 젖혀진다.
꽃은 5월경에 피기 시작하고 자줏빛이 돌며 꽃줄기 끝에 모여 달린다.
닭의장풀과 비슷하지만 꽃의 색이 짙어 자주달개비라고 한다.
식물학에서는 세포 실험 재료로 사용한다.

- 분류 닭의장풀과
- 꽃 5월
- 자라는 곳 화단
- 쓰임새 관상용

▲ 자주달개비의 꽃

단풍나무

단풍나뭇과에 딸린 갈잎큰키나무로 우리 나라의 제주도·전남의 백양사 등지에 저절로 나며 정원수 또는 관상용으로 전국에서 널리 가꾼다.
높이는 10m 정도이고 작은가지는 털이 없으며 붉은 갈색이다.
잎은 마주나고 손바닥 모양이며 5~7개로 깊이 갈라져 있다.
꽃은 5월에 무리지어 피는데, 한 꽃에 암술 또는 수술만 있거나 2가지 모두 있다. 꽃잎은 암꽃과 수꽃 모두 없고 꽃받침잎 5장이 꽃잎처럼 보인다.
열매는 길이가 1cm 정도이고 털이 없으며 9~10월에 익는다.
가을에는 잎이 붉은색으로 아름답게 물든다.

- 분류 단풍나뭇과
- 꽃 4~5월
- 열매 9~10월
- 자라는 곳 집 주변
- 쓰임새 관상용, 식용

▼ 빨갛게 물든 단풍나무의 잎

▶ 여름철의 단풍나무 잎

◀ 단풍나무의 열매

고로쇠나무

단풍나뭇과에 딸린 갈잎큰키나무로 충청 북도를 제외한 우리 나라 각지 및 일본·중국·만주 등지에 분포한다.
산지의 숲 속에서 자라며 높이는 20m 정도이다.
잎은 마주나며 손바닥 모양으로 얕게 5갈래로 갈라져 있다. 잎 끝이 뾰족하고 뒷면에 가는 털이 있다.
4~5월에 연한 초록색의 꽃이 새 가지 끝에서 잎보다 먼저 핀다. 열매는 9~10월에 익으며 잎은 가을철에 노란색으로 물든다.
이른 봄에 나무줄기에 상처를 내면 수액이 흘러내리는데 한방에서는 이 수액을 약수라 하여 신경통·위장병 환자들에게 마시게 한다.
나무는 장식 및 가구재로 쓰인다.

▲ 단풍나무와 비슷한 고로쇠나무

- 분류 단풍나뭇과
- 꽃 4~5월
- 열매 9~10월
- 자라는 곳 길가
- 쓰임새 가구재, 약용

기린초

돌나물과에 딸린 여러해살이풀로 중부 이남의 산이나 들의 바위틈에서 자란다.
높이는 5~30cm 정도이고 줄기는 빽빽이 모여나며 뿌리는 굵다.
잎은 어긋나고 긴 타원형이며 끝이 둥글고 가장자리에 둔한 톱니가 있다.
6~7월에 노란색의 작은 꽃이 줄기 끝에 모여 핀다.
관상용으로 재배하기도 하며 어린순은 식용한다.

- 분류 돌나물과
- 자라는 곳 산과 들
- 꽃 6~7월
- 쓰임새 관상용, 식용

▲ 바위틈에서 자라는 기린초

▶ 꿩의비름

꿩의비름

돌나물과에 딸린 여러해살이풀로 양지바른 산지에서 자란다.
높이는 50cm 정도이고 줄기는 둥글며 곧게 자란다.
잎은 어긋나거나 마주나고 타원형이며 가장자리에 둔한 톱니가 있다.
8~9월경에 줄기 끝에서 분홍색 꽃 한 송이가 피고 그 밑에 많은 꽃이 모여핀다. 관상용으로 재배하기도 하며 잎은 부스럼약으로 사용한다.

- 분류 돌나물과
- 꽃 8~9월
- 자라는 곳 산지
- 쓰임새 관상용, 약용

▼ 돌나물의 잎과 노란색의 꽃

돌나물

돌나물과에 딸린 여러해살이풀로 우리 나라 각지 산이나 들의 습기가 있는 곳에서 자란다.
줄기는 땅 위로 뻗고 마디에서 뿌리가 나온다.
잎은 3개씩 돌려나는데 잎자루가 없으며 타원형 또는 피침형이다.
5~6월경 꽃줄기 끝에 노란 꽃이 무리지어 핀다.
어린잎과 줄기는 식용하고 잎에서 짜낸 즙은 독충에 물리거나 쏘인 데 약으로 쓰인다.

- 분류 돌나물과
- 열매 8월
- 쓰임새 식용, 약용, 관상용
- 꽃 5~6월
- 자라는 곳 산과 들

소리쟁이

마디풀과에 딸린 여러해살이풀로 들의 습지에서 저절로 자란다.
높이는 50~100cm 정도이고 줄기는 곧게 서며 뿌리는 살이 많다.
잎은 어긋나고 긴 타원형으로 가장자리는 물결 모양이다.
꽃은 6~7월에 피고 연한 녹색이며 층층으로 달리지만 전체가 원뿔 모양으로 된다. 어린잎은 나물로 먹고 뿌리는 건위제로 사용한다.

- 분류 마디풀과
- 꽃 6~7월
- 열매 8~9월
- 자라는 곳 들의 습지
- 쓰임새 식용, 약용

▲ 들의 습지에서 자라는 소리쟁이

며느리배꼽

▶ 며느리배꼽

마디풀과에 딸린 한해살이 덩굴식물로 우리 나라 각지의 들이나 길가에서 자란다.
길이는 2m 정도 뻗으며 밑으로 향한 가시가 있어 다른 물체에 잘 붙는다.
잎은 어긋나고 긴 잎자루가 약간 올라붙어서 배꼽같이 보인다고 하여 배꼽이라는 이름이 생겼다.
7~9월에 가지 끝에서 녹백색의 잔꽃이 이삭 모양으로 핀다.
열매는 둥글고 10월에 청보라색으로 익는다.
어린잎은 식용, 큰잎은 약용으로 사용한다.

- 분류 마디풀과
- 꽃 7~9월
- 열매 10월
- 자라는 곳 들, 길가
- 쓰임새 식용, 약용

수영

▶ 신맛이 나는 수영

마디풀과에 딸린 여러해살이풀로 우리 나라 각지의 들이나 길가에서 자란다.
높이는 40~80cm 정도이고 줄기는 둥근 기둥 모양이며 자줏빛이 돌고 잎과 더불어 신맛이 난다.
뿌리잎은 모여나고 잎자루가 길며, 줄기잎은 어긋나고 잎자루가 짧거나 없다. 암수딴그루로 녹색 또는 분홍색 꽃이 원뿔 모양으로 줄기 끝에 모여 핀다.
열매는 세모진 타원형이며 검은 갈색이고 윤기가 있다. 줄기잎은 식용하고 뿌리는 즙을 내어 약으로 사용한다.

- 분류 마디풀과
- 꽃 5~6월
- 열매 8~9월
- 자라는 곳 들, 길가
- 쓰임새 식용, 약용

고마리

마디풀과에 딸린 한해살이풀로 우리 나라 각지의 들이나 냇가에서 자란다.
높이는 30~100㎝이고, 옆으로 기면서 자라며 줄기에는 밑으로 향한 거친 가시들이 나 있다.
잎은 어긋나고 창 모양의 삼각형이다.
8~9월에 흰색 또는 분홍색 꽃이 가지 끝이나 잎겨드랑이에 모여 핀다.
열매는 세모진 달걀 모양이고 주황색이며 1개의 씨가 들어 있다.
줄기와 잎은 지혈제로 사용한다.

- 분류 마디풀과   ● 꽃 8~9월   ● 열매 10~11월
- 자라는 곳 들, 냇가   ● 쓰임새 관상용

▲ 지혈제로 사용하는 고마리

▼ 습지나 냇가에서 자라는 여뀌

여뀌

마디풀과에 딸린 한해살이풀로 우리 나라 각지의 습지 또는 냇가에서 자란다.
높이는 40~60㎝ 정도이고 털이 없으며 가지가 많이 갈라진다. 잎은 어긋나며 잎자루는 거의 없고 잎가장자리는 밋밋하다. 꽃은 6~9월에 가지 끝이나 잎겨드랑이에 무리지어 핀다.
열매는 검은색이며 작은 점이 있고 꽃받침으로 싸여 있다.
어린잎은 나물로 먹고, 한방에서는 해열제 · 해독제 · 지혈제 등으로 쓴다. 잎은 매운 맛을 가지므로 향신료를 만드는 데 쓰인다.

- 분류 마디풀과   ● 꽃 6~9월   ● 열매 10~11월
- 자라는 곳 산과 들   ● 쓰임새 약용, 식용

▼ 으름덩굴의 꽃

으름덩굴

으름덩굴과에 딸린 갈잎덩굴식물로 황해도 이남의 산과 들에서 자란다.
나무를 감싸며 길이가 5m까지 뻗어 자란다. 잎은 손바닥 모양의 겹잎이고 작은잎은 5장으로 타원형이다.
암수한그루로 5~8월에 잎겨드랑이에서 검은 자주색의 꽃이 모여 핀다.
열매는 긴 타원형으로 살이 많아 식용하며 뿌리와 가지는 약용으로 쓰인다.

- 분류 으름덩굴과   ● 꽃 5~8월   ● 열매 10월
- 자라는 곳 산과 들   ● 쓰임새 식용, 약용

깽깽이풀

매자나뭇과에 딸린 여러해살이풀로 경상 북도 이북의 산지에서 자란다.
뿌리줄기는 짧고 옆으로 뻗으며 잔뿌리가 많이 달린다. 뿌리에서 잎이 모여나는데 둥근 모양으로 가장자리에 굴곡이 있다.
4~5월에 밑동에서 잎보다 먼저 꽃줄기가 나오고 그 끝에서 보라색 꽃이 한 송이씩 달린다.
열매는 넓은 타원형이고 끝이 부리처럼 길다. 관상용으로 재배하기도 하며 뿌리는 건위제로 사용한다.

- 분류 매자나뭇과
- 꽃 4~5월
- 열매 7월
- 자라는 곳 산지
- 쓰임새 관상용, 약용

▲ 관상용으로 재배하기도 하는 깽깽이풀

삼지구엽초

매자나뭇과에 딸린 여러해살이풀로 우리 나라 중북부 산지의 나무 그늘에서 자란다. 높이는 30cm 정도이고 한 포기에서 여러 대가 나와 곧게 자란다.
잎은 어긋나며 3개씩 2회 갈라진 겹잎이다. 작은잎은 달걀 모양으로 가는 톱니가 있고 끝이 뾰족하다.
5월에 노란빛을 띤 흰색 꽃이 줄기 끝에 밑을 향해 달린다.
관상용으로 재배하기도 하며, 한방에서 풀 전체를 말린 것을 음양곽이라 하여 강정제로 사용한다.

- 분류 매자나뭇과
- 꽃 5월
- 열매 8월
- 자라는 곳 산지
- 쓰임새 관상용, 약용

▲ 삼지구엽초의 잎과 꽃

쇠뜨기

속샛과에 딸린 여러해살이풀로 들이나 밭의 양지에서 자란다.
옆으로 뻗으며 자라는 땅속줄기에서 모가 진 땅위줄기가 나온다. 땅위줄기는 포자를 만드는 홀씨줄기와 포자를 형성하지 않는 영양줄기의 두 종류이다. 영양줄기는 마디마다 많은 가지들이 모여 달려 마치 우산을 펴놓은 것처럼 보인다.
홀씨줄기는 영양줄기가 나오기 전인 4월 무렵에 나오는데, 마디마다 비늘 같은 잎들이 돌려날 뿐 가지들이 달리지 않는다.
어린 홀씨줄기는 '뱀밥'이라 하여 먹을 수 있고 영양줄기는 이뇨제로 사용한다.
소가 잘 뜯어먹어 '쇠뜨기'라는 이름이 붙었다.

- 분류 속샛과
- 자라는 곳 들, 밭
- 쓰임새 식용, 약용

◀ 쇠뜨기의 영양줄기   ▼ 쇠뜨기의 홀씨줄기

메꽃

메꽃과에 딸린 여러해살이 덩굴풀로 흔히 들에서 자란다.
흰색의 땅속줄기가 사방으로 길게 뻗으며 군데군데에서 순이 나온다. 줄기는 가늘고 길며 다른 물체를 감아 올라간다.
잎은 어긋나고 화살촉 모양이다.
6~8월에 잎겨드랑이에서 나팔 모양의 분홍색 꽃이 한 송이씩 핀다.
열매는 익으면 저절로 벌어져 씨가 밖으로 나온다.
땅속줄기는 날로 먹거나 익혀 먹으며 어린순은 나물로 먹는다.
모래땅에 나는 갯메꽃은 잎이 콩팥 모양이고 꽃에 흰 무늬가 있다.

- 분류 메꽃과
- 열매 9~10월
- 쓰임새 관상용, 식용
- 꽃 6~8월
- 자라는 곳 들

▲ 나팔꽃과 비슷한 메꽃

▶ 하얀 무늬가 있는 갯메꽃

◀ 유홍초의 꽃

유홍초

메꽃과에 딸린 한해살이 덩굴풀로 열대 아메리카가 원산지이며 들에서 자라는데 관상용으로 심기도 한다.
줄기는 1~2m 정도이고 덩굴이 왼쪽으로 감으면서 다른 물체에 기어 올라간다.
잎은 어긋나고 자루가 있으며, 빗살같이 갈라진다.
7~8월에 잎겨드랑이에서 긴 꽃줄기가 나와 그 끝에 흰색 또는 주홍색의 꽃이 나팔 모양으로 한 송이씩 달린다.
잎이 갈라지지 않고 꽃줄기 끝에 3~5개의 꽃이 달리는 것을 둥근잎유홍초라고 한다.

- 분류 메꽃과
- 열매 10월
- 쓰임새 관상용
- 꽃 7~8월
- 자라는 곳 들, 정원

▲ 왼쪽으로 감아 올라가는 둥근잎유홍초

산수유나무

층층나뭇과에 딸린 갈잎큰키나무로 우리 나라 중부 이남의 산기슭이나 집 주변에서 자란다.
높이는 3m 정도이고 나무껍질은 불규칙하게 벗겨지며 연한 갈색이다. 잎은 마주나고 긴 달걀 모양이며 톱니가 없다.
꽃은 3~4월에 잎보다 먼저 노란색으로 핀다. 열매는 타원형으로 8~10월에 붉게 익는다.
열매나 씨를 말린 것을 산수유라 하여 강장제로 쓰인다.

- 분류 층층나뭇과
- 꽃 3~4월
- 열매 8~10월
- 자라는 곳 산기슭
- 쓰임새 관상용, 약용

◀ 산수유의 열매

▲ 이른 봄 잎보다 먼저 노란 꽃이 피는 산수유

▼ 층을 이루어 꽃이 피는 층층나무

층층나무

층층나뭇과에 딸린 갈잎큰키나무로 산기슭이나 골짜기에서 자란다. 높이는 20m 정도이고 나무껍질은 얕게 세로로 홈이 져서 터지고 가지는 층층이 돌려나며 붉은빛이 돈다. 잎은 어긋나며 넓은 타원형이고 끝이 뾰족하다. 잎가장자리는 밋밋하고 뒷면에는 털이 있다.
5월에 가지 끝에서 여러 송이의 흰 꽃이 모여 핀다.
열매는 둥글며 10월에 붉은색에서 검은색으로 익는다.

- 분류 층층나뭇과
- 꽃 5월
- 열매 10월
- 자라는 곳 산기슭
- 쓰임새 관상용

산딸나무

층층나뭇과에 딸린 갈잎큰키나무로 우리 나라 중부 이남의 산지 숲 속에서 자란다.
높이는 7~12m이고 가지들이 층을 이루며 달린다. 잎은 마주나며 달걀 모양이고 가장자리가 밋밋하거나 물결 모양의 톱니가 약간 있다.
꽃은 6월에 가지 끝에서 20~30 송이가 모여 핀다.
열매는 10월에 붉은색으로 익으며, 맛이 좋아 날 것으로 먹을 수 있다.
정원수로도 심으며 나무는 기구재로 사용한다.

- 분류 층층나뭇과
- 꽃 6월
- 열매 10월
- 자라는 곳 숲 속
- 쓰임새 관상용

▼ 정원수로 심기도 하는 산딸나무

주목

주목과에 딸린 늘푸른큰키나무로 높은 산에서 자라는데 정원수로 심기도 한다.
높이는 15m 정도이며 가지가 사방으로 퍼진다. 잎은 어긋나고 바늘 모양으로 끝이 뾰족하다. 앞면은 녹색이고 뒷면은 흰 빛을 띤 연두색이며 2~3년 만에 떨어진다.
암수딴그루로 4월경에 가지 끝 잎겨드랑이에서 수꽃 이삭이 붙고 암꽃은 한 송이씩 핀다.
열매는 9~10월에 붉게 익는다.
가지와 잎은 약용으로, 나무는 가구·조각·건축재로 쓰인다.

- 분류 주목과
- 꽃 4월
- 열매 9~10월
- 자라는 곳 높은 산
- 쓰임새 관상용, 가구·조각·건축재

◀ 주목의 열매

▲ 바늘 모양의 잎을 가진 주목

가죽나무

▼ 가죽나무의 잎과 꽃

소태나뭇과에 딸린 갈잎큰키나무로 산과 들에서 나는데 정원수로 심기도 한다.
높이는 20m 정도이며 줄기는 밋밋하게 자라고 성장이 빠르다.
잎은 어긋나고 깃꼴겹잎이다. 작은잎은 13~15개이고 넓은 칼 모양이다.
암수딴그루로 6월에 가지 끝에서 연두색의 작은 꽃이 모여 핀다. 열매는 3~5개씩 달리고 붉은 갈색이며 씨가 한 개 들어 있다.

- 분류 소태나뭇과
- 꽃 6월
- 열매 9월
- 자라는 곳 산과 들
- 쓰임새 관상용

명아주

▼ 명아주의 잎과 꽃

명아줏과에 딸린 한해살이풀로 우리 나라 각지의 들이나 길가에서 흔히 자란다.
높이는 60~90cm 정도이며 줄기는 곧게 서고 가지를 친다. 잎은 어긋나며 세모진 달걀 모양이고 가장자리에 물결 모양의 톱니가 있다. 어린잎에는 붉은 자줏빛의 가루가 덮여 있다.
6~7월에 줄기 끝이나 잎겨드랑이에서 황록색의 작은 꽃이 이삭 모양으로 핀다.
어린순은 식용, 잎은 건위 및 강장제로 사용한다.

- 분류 명아줏과
- 꽃 6~7월
- 열매 8~9월
- 자라는 곳 들, 길가
- 쓰임새 식용, 약용

참나무

갈참나무·굴참나무·상수리나무·떡갈나무 등을 통틀어 참나무라고 한다.
갈참나무는 갈잎큰키나무로 높이는 30m 정도 자란다. 잎은 어긋나고 긴 타원형으로 잎가장자리에는 물결 모양의 톱니가 있다. 5월에 노란 수꽃이 늘어져 피고 열매인 도토리는 갈색으로 익는다.
나무는 단단하여 건축용이나 기구의 재료로 쓰이며 숯을 만드는 데 쓰인다. 도토리로는 묵을 만들어 먹는다.
굴참나무는 나무 껍질이 두꺼워 코르크를 만들거나 굴피집의 지붕을 이을 때 기와 대신 사용한다.
상수리나무의 열매는 상수리라고 하며, 묵을 만드는 데 쓰고, 목재는 마차의 바퀴를 만드는 데 사용한다.

▲ 산기슭에서 자라고 있는 떡갈나무

▶ 떡갈나무의 잎

- 분류 참나뭇과
- 꽃 5월
- 열매 10월
- 자라는 곳 산기슭
- 쓰임새 식용, 약용, 기구재

◀ 도토리보다 납작한 신갈나무의 열매

▲ 갈참나무의 꽃

◀ 갈참나무의 열매인 도토리

개불알풀

현삼과에 딸린 두해살이풀로 경상도·전라도·충청도 지방의 들이나 밭에서 자란다.
높이는 10~20㎝ 정도이고 부드러운 잔털이 있으며 밑부분에서 가지가 갈라져 옆으로 비스듬히 자라거나 곧게 선다.
잎은 아래쪽은 마주나고, 위쪽은 어긋나며 타원형이다. 잎가장자리에는 굵은 톱니가 있다.
5~6월에 잎겨드랑이에서 보라색 꽃이 한 송이씩 핀다. 열매는 콩팥 모양이며 전면에 부드러운 털이 있다.

- 분류 현삼과
- 꽃 5~6월
- 열매 8~9월
- 자라는 곳 길가
- 쓰임새 관상용

▲ 우리 나라 남부 지방에서 자라는 개불알풀꽃

▶ 꽃며느리밥풀

꽃며느리밥풀

현삼과에 딸린 한해살이풀로 산지의 숲 가장자리에서 자란다.
높이는 30~50㎝ 정도이고 줄기는 네모지고 부드러운 잔털이 있다.
잎은 마주나며 긴 타원형으로 끝이 뾰족하고 가장자리가 밋밋하다.
7~9월에 줄기 위쪽의 잎겨드랑이에서 밥풀과 같은 흰 무늬가 있는 빨간 꽃이 핀다.
열매는 달걀 모양이며 익으면 벌어져 씨를 땅에 떨어뜨린다.

- 분류 현삼과
- 꽃 7~9월
- 열매 10월
- 자라는 곳 산지

주름잎

현삼과에 딸린 한해 또는 두해살이풀로 밭이나 냇가의 습기가 있는 곳에서 자란다.
높이는 5~20㎝ 정도이고 밑부분에서 줄기가 모여나며 온몸에 잔털이 많다.
잎은 마주나는데 주걱 모양이며 끝이 둥글고 가장자리에 거친 톱니가 있다.
5~8월에 줄기 끝에서 연한 자주색 꽃이 피는데 가장자리는 흰색이다.
어린순은 식용한다.

- 분류 현삼과
- 꽃 5~8월
- 자라는 곳 밭, 냇가
- 쓰임새 식용, 관상용

▲ 냇가의 습기가 있는 곳에서 자라는 주름잎

냉초

현삼과에 딸린 여러해살이풀로 우리 나라 중부 이북의 산지 습한 곳에서 자라며 높이는 50~90cm이다.
잎은 3~8개씩 여러 층으로 돌려나며 긴 타원형으로 끝이 뾰족하고 가장자리에 잔 톱니가 있다.
꽃은 7~8월에 피며 밑에서부터 피어 올라간다.
열매는 끝이 뾰족한 넓은 달걀 모양이며 밑부분에 꽃받침이 달려 있다. 어린순은 식용하고 뿌리는 류머티즘·관절염 등에 쓰인다.

- 분류 현삼과
- 자라는 곳 산지
- 꽃 7~8월
- 쓰임새 식용, 약용
- 열매 9~10월

▲ 산지에서 저절로 자라는 냉초

▼ 오동나무의 꽃

오동나무

현삼과에 딸린 갈잎큰키나무로 평안 남도 이남 산지의 비옥한 땅에서 자란다. 높이는 10~15m 정도이고 가지는 굵고 퍼지며 어린가지에는 털이 있다.
잎은 마주나며 달걀 모양이고 뒷면에 갈색의 짧은 털이 있다.
5~6월에 가지 끝에서 종 모양의 보라색 꽃이 원뿔 모양으로 모여 달린다.
열매는 둥글고 털이 없으며 10월에 익는다.
나무는 장롱·악기·상자 등을 만드는 데 쓰이고 정원수로도 많이 심는다.

- 분류 현삼과
- 자라는 곳 산지
- 꽃 5~6월
- 쓰임새 관상용, 악기·가구용
- 열매 10월

◀ 오동나무의 열매

▼ 개오동나무의 잎과 꽃

개오동나무

능소화과에 딸린 갈잎큰키나무로 냇가에서 많이 자라는데 정원수로 심기도 한다.
높이는 20m 정도이고 잎은 마주나거나 돌려나며 넓은 달걀 모양인데 끝이 뾰족하다.
6~7월에 흰색의 많은 꽃이 가지 끝에 모여 핀다.
열매는 3cm 정도로 10월에 익으며 씨는 양쪽에 털이 있고 갈색이다.
가지와 열매는 신장병의 약재로 사용된다.

- 분류 능소화과
- 자라는 곳 냇가
- 꽃 6~7월
- 쓰임새 관상용, 약용
- 열매 10월

족두리풀

쥐방울덩굴과에 딸린 여러해살이풀로 산지의 숲 속에서 자란다.
뿌리줄기는 마디가 많고 매운 맛이 있으며 줄기 끝에서 2개의 잎이 나와 마주 퍼지고 모여난 것처럼 보인다.
잎은 심장 모양으로 끝이 뾰족하고 뒷면에 잔털이 있으며 가장자리는 밋밋하다.
4~5월에 잎 사이에서 긴 꽃줄기가 나와 검은 자주색 꽃이 한 송이씩 핀다.
한방에서 뿌리를 세신이라 하여 발한·거담·진통 등에 사용한다.

- 분류 쥐방울덩굴과　● 꽃 4~5월
- 열매 8~9월　● 자라는 곳 숲 속　● 쓰임새 약용

▲ 족두리 모양의 꽃이 피는 족두리풀

홀아비꽃대

홀아비꽃댓과에 딸린 여러해살이풀로 산골짜기 숲 속에서 자란다.
높이는 20~30cm 정도이며 곧게 서고 자줏빛을 띤다. 줄기 밑부분에는 비늘 같은 잎이 달리며 윗부분에는 4개의 잎이 난다. 잎은 타원형으로 마주나지만 마디 사이가 짧아서 마치 돌려나는 것처럼 보인다.
4~5월에 가지 끝에 흰 꽃이 이삭 모양으로 달린다.

- 분류 홀아비꽃댓과
- 꽃 4~5월
- 열매 9~10월
- 자라는 곳 숲 속
- 쓰임새 관상용

▲ 홀아비꽃대

쥐똥나무

물푸레나뭇과에 딸린 갈잎떨기나무로 우리 나라 각지의 산이나 들에서 자란다.
높이는 2m 정도 자라며 가지는 가늘고 잔털이 있으나 2년 된 가지에서는 없어진다.
잎은 마주나고 끝이 뾰족한 타원형이며 톱니가 없다.
5~6월에 가지 끝에서 대롱 모양의 작은 흰 꽃이 핀다. 열매는 둥글고 10월에 까맣게 익는데, 그 모양이 쥐똥같이 생겼다 하여 쥐똥나무라고 한다. 큰 도로의 울타리용으로 많이 심는다.

- 분류 물푸레나뭇과　● 꽃 5~6월　● 열매 10월
- 자라는 곳 산과 들, 도로가　● 쓰임새 관상용

▼ 길가의 울타리로 많이 가꾸는 쥐똥나무

영춘화

물푸레나뭇과에 딸린 갈잎떨기나무로 중국이 원산지이며 관상용으로 심는다.
높이는 1~1.5m 정도이고 가지를 많이 치며 가지는 가늘고 아래로 늘어진다.
잎은 마주나며 3개의 작은잎으로 된 겹잎이고 작은잎은 가장자리가 밋밋하다.
3~4월에 노란색 꽃이 잎보다 먼저 핀다. 꽃은 깔때기 모양이고 꽃잎은 6개로 갈라져서 납작하게 퍼지며 향기가 없다.
영춘화란 '봄을 맞이하는 꽃' 이라는 뜻이다.

- 분류 물푸레나뭇과
- 꽃 3~4월
- 자라는 곳 길가, 정원
- 쓰임새 관상용

▲ 이른 봄에 피는 영춘화

◀ 함박꽃나무의 꽃

함박꽃나무

목련과에 딸린 갈잎중키나무로 우리 나라 각지 및 일본·중국 등지에 분포하며 산골짜기 숲 속에서 자란다.
잎과 꽃이 목련과 비슷하여 산목련이라고도 한다. 목련은 꽃이 잎보다 먼저 피지만 함박꽃나무는 잎이 먼저 난다.
높이는 7m 정도이고 가지는 갈색이며 어린가지와 겨울눈에는 윤기있는 털이 있다. 잎은 어긋나고 긴 타원형으로 두껍고 윤기가 있으며 뒤쪽은 백록색을 띤다.
5~6월에 흰색의 큰 꽃이 아래 또는 옆을 향해 탐스럽게 피는데, 향기가 진하다.
열매는 9~10월에 붉은색으로 익으며 씨는 타원형이고, 익으면 터져 나와 흰색 줄에 매달린다.

▲ 산목련이라고도 불리는 함박꽃나무

- 분류 목련과
- 꽃 5~6월
- 열매 9~10월
- 자라는 곳 산골짜기
- 쓰임새 관상용

배롱나무

부처꽃과에 딸린 갈잎중 키나무로 중국 남부가 원산지이고 우리 나라·일본·오스트레일리아에 분포하며 관상용으로 심는다.

높이는 5m 정도 자라고 줄기는 연한 갈색이며 껍질이 벗겨진 자리는 흰색이다.

잎은 마주나고 타원형이며 잎자루가 없다. 7~9월에 붉은색의 꽃이 가지 끝에 모여 핀다.

열매는 타원형이고 털이 있으며 다음해 가을에 익는다. 품종에 따라 흰 꽃·자주 꽃이 있으며 붉은빛을 띠는 나무껍질 때문에 백일홍나무 또는 목백일홍이라고도 한다. 씨는 기름을 짜고 목재는 도구재·세공재로 사용한다.

- 분류 부처꽃과
- 열매 10월
- 쓰임새 관상용
- 꽃 7~9월
- 자라는 곳 공원, 고궁

◀ 배롱나무의 꽃

▲ 공원이나 고궁에 많이 심는 배롱나무

부처꽃

부처꽃과에 딸린 여러해살이풀로 제주·충북·강원·경기 및 일본에 분포하고 산과 들의 습지나 냇가에서 자란다.

높이는 1m 정도이고 곧게 자라며 전체에 털이 거의 없다.

잎은 마주나고 잎자루가 없으며 뾰족한 칼 모양으로 가장자리는 밋밋하다.

5~8월에 붉은 자주색 꽃이 잎겨드랑이에 모여 핀다.

식물 전체를 말린 것을 천굴채라 하여 한방에서 설사약으로 사용한다.

- 분류 부처꽃과
- 열매 9월
- 쓰임새 관상용, 약용
- 꽃 5~8월
- 자라는 곳 산과 들, 냇가

▲ 수십 송이의 자주색 꽃이 잎겨드랑이에 모여 피는 부처꽃

갯버들

버드나뭇과에 딸린 갈잎떨기나무로 개울가에 많이 나며 높이는 1~2m이다. 잎은 피침형이며 뒷면에 털이 있고 가장자리에 잔톱니가 있다.
3~4월에 지난해의 가지 잎겨드랑이에서 잎보다 먼저 꽃이 핀다. 수꽃이삭은 넓은 타원형이며 암꽃이삭은 원기둥 모양이다. 열매는 달걀 모양으로 털이 빽빽이 나 있다. 버들강아지라고 하는 갯버들의 꽃은 꽃꽂이에 흔히 쓰이며, 가지와 잎은 풋거름용으로 쓰이고 열매는 식용한다.

- 분류 버드나뭇과
- 꽃 3~4월
- 열매 4~5월
- 자라는 곳 개울가
- 쓰임새 방수림, 식용, 풋거름용

◀ 갯버들의 꽃

▲ 냇가에서 자라는 갯버들

▶ 버드나무

버드나무

버드나뭇과에 딸린 갈잎큰키나무로 들이나 개울가 습지에서 자란다. 높이는 20m 정도이고 줄기는 검은 갈색이다.
잎은 어긋나고 피침형이며 양끝이 뾰족하고 잔 톱니가 있다.
4월에 잎보다 먼저 검은 자주색 꽃이 핀다. 열매는 5월에 익어 흰 솜털이 있는 씨가 바람에 날려 흩어진다.
나무는 세공제로 쓰이며 가로수로 많이 심는다.

- 분류 버드나뭇과
- 꽃 4월
- 열매 5월
- 자라는 곳 개울가
- 쓰임새 가로수

수양버들

버드나뭇과에 딸린 갈잎중키나무로 중국이 원산지이며 아시아·유럽에 분포하고 냇가나 길가에 심는다.
높이는 5~10m 정도이고 가지는 길게 밑으로 늘어진다. 잎은 어긋나고 피침형이며 가장자리에는 잔톱니가 있다.
암수딴그루로 4월에 잎보다 꽃이 먼저 피며 수꽃은 노란색이고 암꽃 이삭은 황록색이다. 열매는 6월에 익고 솜털을 날린다.

- 분류 버드나뭇과
- 꽃 4월
- 열매 6월
- 자라는 곳 냇가, 길가
- 쓰임새 가로수, 정원수

▼ 가지가 밑으로 늘어지는 수양버들

▶ 수양버들의 꽃

미루나무

버드나뭇과에 딸린 갈잎큰키나무로 북아메리카가 원산지이며 강변이나 둑에서 많이 자란다.
높이는 30m, 지름이 1m 정도이고 곧게 자라며 성장이 빠르고 나무의 질이 우수하다.
줄기는 껍질이 터지면서 검은 갈색으로 되며 작은가지는 털이 없고 갈색이다.
잎은 세모진 달걀 모양이며 끝이 뾰족하고 가장자리에 둔한 톱니가 있다.
꽃은 3~4월에 피고 열매는 5월에 익는다.
나무는 제지용·조각재 또는 젓가락·성냥개비 등을 만드는 데 사용한다.
나무껍질은 약용으로 쓰인다.

- 분류 버드나뭇과
- 꽃 3~4월
- 열매 5월
- 자라는 곳 강변, 둑
- 쓰임새 제지용, 조각재, 약용

▶ 미루나무의 잎

▲ 강변이나 냇가의 둑에서 자라는 미루나무

돌단풍

범의귓과에 딸린 여러해살이풀로 우리 나라 중부 이북 냇가나 산의 바위틈에서 자란다.
높이는 30cm 정도로 뿌리는 굵고 짧으며 비늘 같은 조각으로 덮여 있다.
잎은 뿌리에서 모여나고 잎자루가 길며 5~7갈래로 갈라진 단풍잎 모양이다. 가장자리에는 작은 톱니가 있고 털이 없으며 앞면은 윤기가 있다.
꽃은 보통 흰색이고 엷은 홍색을 띠기도 하며 5월에 줄기 끝에 모여 핀다. 관상용으로 정원에 심기도 하며, 어린잎은 식용한다.

▲ 단풍잎과 비슷한 모양의 돌단풍 잎

◀ 돌단풍의 꽃

- 분류 범의귓과
- 꽃 5월
- 열매 7~8월
- 자라는 곳 산, 냇가
- 쓰임새 관상용, 식용

바위취

범의귓과에 딸린 여러해살이풀로 산의 바위틈에서 자란다.
높이는 60cm 정도이고 짧은 뿌리줄기에서 잎이 모여난다.
잎이 없는 가는줄기 끝에서 새싹이 나오며 몸 전체가 솜털로 덮여 있고 자주색을 띤다.
잎은 둥글거나 타원형이며 앞면은 녹색이지만 연한 색의 무늬가 있고 뒷면은 자줏빛이 도는 붉은색이다.
5월에 꽃줄기 위에서 흰색의 꽃이 모여 핀다.
식물 전체를 생즙을 내어 백일해·화상·동상 등의 약재로 사용한다.

- 분류 범의귓과
- 꽃 5월
- 자라는 곳 산
- 쓰임새 관상용, 약용

◀ 바위취의 꽃

▲ 원예 품종인 붉은꽃바위취

▲ 산의 바위틈에서 자라는 바위취

산수국

범의귓과에 딸린 갈잎떨기나무로 우리 나라 중부 이남 및 타이완·일본에 분포하며 산골짜기 숲 속에서 자란다. 높이는 1m 정도이고 작은 가지에 잔털이 있다.
잎은 마주나고 길쭉한 타원형으로 끝이 뾰족하며 가장자리에는 거친 톱니가 있다.
7~8월에 푸른 자주색 꽃이 가지 끝에 수평을 이루어 모여 피는데 가장자리의 꽃이 먼저 피고 안쪽의 꽃이 나중에 핀다.
둘레에 있는 흰색의 무성화는 지름 2~3cm이며 꽃받침잎은 꽃잎 같고 3~5장이다.

- 분류 범의귓과
- 열매 9~10월
- 쓰임새 관상용
- 꽃 7~8월
- 자라는 곳 산골짜기

▲ 산골짜기 숲 속에서 자라는 산수국

괭이눈

범의귓과에 딸린 여러해살이풀로 우리 나라 각지 산의 습기가 많은 곳에서 자란다.
높이는 5~20cm로 줄기는 땅 위를 뻗어 가며 마디에서 뿌리를 내리고 뿌리잎은 없다.
잎은 어긋나며 둥근 모양으로 둔한 톱니가 있고 꽃 바로 옆의 잎은 노란색을 띤다.
4~5월에 꽃줄기 끝에서 연노란색의 꽃이 피는데 깊게 둘로 갈라져 마치 고양이 눈과 같아 괭이눈이라고 한다. 씨는 갈색이고 조그만 돌기들이 나 있다.

- 분류 범의귓과
- 꽃 4~5월
- 자라는 곳 산
- 쓰임새 관상용

▲ 괭이눈의 잎과 꽃

▼ 숙은노루오줌의 꽃

숙은노루오줌

범의귓과에 딸린 여러해살이풀로 우리 나라 각지의 산과 들에서 저절로 자란다.
높이는 60cm 정도이고 갈색의 긴 털이 있고 뿌리줄기는 굵고 옆으로 뻗는다.
잎은 3개씩 2~3회 갈라진 겹잎이며 작은 잎은 넓은 타원형이고 가장자리에 날카로운 톱니가 있다.
꽃은 6~7월에 연분홍색으로 모여 피는데, 옆으로 처지기 때문에 숙은노루오줌이라고 한다.
열매가 익으면 2개로 갈라져 씨가 밖으로 나온다.

- 분류 범의귓과
- 꽃 6~7월
- 자라는 곳 산과 들

▼ 흰 꽃이 피는 바위말발도리

바위말발도리

범의귓과에 딸린 갈잎떨기나무로 우리 나라 각지 산 중턱의 골짜기 바위틈에서 자라는데 관상용으로 재배하기도 한다.
높이는 1m에 달하고 작은가지에 털이 있다.
잎은 마주나고 타원형이며 양면에는 털이 있고 가장자리에 잔 톱니가 있다.
4~5월에 흰색의 잔꽃이 새 가지 끝에 1~3개씩 달리며 꽃줄기는 길이 2cm 정도이다.
열매는 3줄의 홈이 있고 털 모양의 돌기가 있다.

- 분류 범의귓과
- 꽃 4~5월
- 열매 9월
- 자라는 곳 산 중턱
- 쓰임새 관상용

억새

볏과에 딸린 여러해살이풀로 우리 나라 각지의 산이나 들에서 자란다.
높이는 1~2m로 뿌리줄기는 굵고 옆으로 뻗으며 줄기는 곧게 자란다.
잎은 긴 칼 모양으로 아랫 부분이 줄기를 감싼다.
7~9월에 꽃이삭이 패어 자줏빛을 띤 잔꽃이 많이 달린다.
줄기와 잎은 소나 양의 사료로 사용하고 뿌리는 이뇨제로 쓰인다.

- 분류 볏과
- 꽃 7~9월
- 자라는 곳 산과 들
- 쓰임새 관상용, 약용

▶ 물가에서 자라는 물억새

▲ 산이나 들에서 자라는 억새

수크령

볏과에 딸린 여러해살이풀로 우리 나라 각지 들이나 둑의 양지바른 곳에서 자란다.
높이는 30~80㎝ 정도이고 억센 뿌리가 사방으로 퍼지며 줄기 윗 부분의 끝에 털이 있다.
잎은 거칠고 억세며 가늘고 긴 모양이며 끝이 뾰족하다.
8~9월에 잎 사이에서 원기둥 모양의 이삭이 나와 검은 자주색 꽃이 핀다. 작은이삭은 7㎜ 정도이며 밑부분에 자주색 털이 빽빽하게 나 있다.

- 분류 볏과
- 꽃 8~9월
- 열매 9~10월
- 자라는 곳 들, 둑

▲ 수크령의 꽃

▼ 소의 먹이로 쓰이는 갈풀

갈풀

볏과에 딸린 여러해살이풀로 양지바른 물가에서 자란다.
높이는 70~180㎝ 정도이고 곧게 서며 뿌리줄기가 옆으로 뻗으면서 번식한다.
5~6월에 녹색이 도는 흰색의 작은 이삭꽃이 줄기 끝에 핀다. 작은이삭은 다닥다닥 붙어 있으며 납작한 달걀 모양이고 끝이 뾰족하다.
풀 전체는 소의 먹이로 쓰인다.

- 분류 볏과
- 꽃 5~6월
- 열매 10월
- 자라는 곳 물가
- 쓰임새 소의 먹이

강아지풀

벼과에 딸린 한해살이풀로 열대 지방을 제외한 전세계에 분포하며 길가나 들에서 자란다.
높이는 20~70cm 정도이고 털이 없으며 마디가 길다.
잎은 가늘고 길며 잎깍지로 줄기를 싸고 있다. 꽃은 7월에 피는데 강아지 꼬리와 비슷한 이삭이 나와 자주색 또는 녹색의 작은 꽃이 많이 핀다.
씨는 식용하고, 한방에서는 여름에 식물 전체를 채취하여 말린 것을 약용한다.
영어명은 팍스테일(Foxtail)로 여우 꼬리라는 뜻이다.

- 분류 벼과
- 꽃 7~9월
- 자라는 곳 들, 길가

◀ 금강아지풀

▲ 강아지 꼬리 모양의 강아지풀

뚝새풀

벼과에 딸린 한해 또는 두해살이풀로 우리 나라 각지와 아시아 동부에 분포하며 논이나 밭에서 자란다.
높이는 20~30cm 정도이고 털이 없다.
잎은 작은 칼 모양이며 가장자리가 밋밋하다. 4~5월에 6cm 가량의 이삭이 나와 갈색의 잔꽃이 많이 핀다.
퇴비용이나 소·말 등의 사료로 사용되는데 꽃이 핀 것은 잘 먹지 않는다.

- 분류 벼과
- 꽃 4~5월
- 열매 6월
- 자라는 곳 논과 밭
- 쓰임새 퇴비, 사료

▲ 논이나 밭에서 자라는 뚝새풀

피

벼과에 딸린 한해살이풀로 중부 이북 밭이나 논의 습한 곳에서 자란다.
높이는 1m에 이르며 뿌리는 깊게 내린다. 잎은 벼의 잎과 비슷하지만 잎혀와 잎귀가 없어 구별된다.
8~9월에 줄기 끝에서 녹색 또는 붉은 갈색의 꽃이 원뿔 모양으로 핀다. 이삭은 10~20cm 정도이고 작은이삭은 3mm의 넓은 타원형이다.
사료로 쓰기 위해 재배하기도 한다.

- 분류 벼과
- 꽃 8~9월
- 열매 10~11월
- 자라는 곳 논과 밭
- 쓰임새 사료

▼ 흉년이 들 때 식량으로 쓰였던 피

대

대나무 또는 대라고 하며 가장 대표적인 왕대를 비롯하여 오죽·이대·조릿대 등을 통틀어 일컫는 말이다.
대나무의 줄기는 곧게 자라며 속이 비었는데 군데군데 막힌 부분은 마디를 이루고 마디에서 가지가 나온다.
잎은 작은 칼 모양이며 잎자루가 짧다.
꽃은 오랜 간격을 두고 주기적으로 피는데 꽃이 핀 다음에는 말라 죽는다.

▶ 죽순

▲ 강가에 바람막이로 심어 놓은 대나무(왕대)

▼ 왕대의 줄기와 잎

왕대

볏과에 딸린 늘푸른나무로 중국이 원산지이며 우리나라 중부 이남의 집 주변에서 재배한다.
높이는 10~20m 정도이며 줄기는 곧게 자라는데 녹색에서 황록색으로 변한다. 잎은 가지 끝에 1~5장씩 달리고 작은 칼 모양이며 잔 톱니가 있다.
꽃은 60년 주기로 피며 6~7월경에 양성화와 단성화가 2~5송이로 된 작은 꽃이삭이 달린다. 줄기는 세공용으로 쓰이고 죽순은 식용 또는 약용한다.

- 분류 볏과
- 꽃 6~7월
- 열매 가을
- 자라는 곳 집 주변
- 쓰임새 죽세공용, 식용, 약용

오죽

볏과에 딸린 대나무의 한 종류로 중국이 원산지이며 전북·경남 등지의 마을 근처에서 자란다.
높이는 3~20m 정도인데 줄기는 처음에는 녹색이나 다음해부터 검정색으로 변한다. 잎은 작은 칼 모양으로 가지의 마디에서 1~5개가 모여난다.
6~7월에 녹자색 꽃이 원뿔 모양으로 피며 꽃이삭은 넓은 타원형이다. 약 60주년 주기로 꽃이 피는데 꽃이 핀 후에 말라 죽는다.

- 분류 볏과
- 꽃 6~7월
- 열매 가을
- 자라는 곳 집 주변
- 쓰임새 관상용, 죽세공용

▲ 줄기가 검은색으로 변하는 오죽

이대

볏과에 딸린 대나무의 한 종류로 우리 나라 중부 이남의 산과 들, 해안 지대에서 자란다.
높이는 2~5m이며 줄기의 지름은 1cm 정도이고 위에서 5~6개의 가지가 갈라진다.
잎은 작은 칼 모양이고 털이 없으며 10~30cm이다. 5~7월에 가지 끝에서 털이 있고 자줏빛이 도는 꽃이 원뿔 모양으로 5~10개가 핀다.
5월에 죽순이 나오고, 열매는 가을에 익는다. 열매와 죽순은 먹고, 줄기는 화살을 만들거나 담뱃대를 만드는 데 사용한다.

- 분류 볏과
- 꽃 5~7월
- 열매 10월
- 자라는 곳 해안
- 쓰임새 관상용, 식용, 죽세공용

▲ 산과 들, 해안지대에서 자라는 이대

▶ 조릿대

조릿대

볏과에 딸린 대나무의 한 종류로서 우리 나라 각지의 산중턱 아래 숲 속에서 자라며 높이는 1~2m 정도이다.
잎은 긴 칼 모양이고 가장자리는 전체적으로 밋밋하지만 잔 톱니가 있으며 뒷면에 털이 있다.
꽃은 4월에 피고 열매는 5~6월에 익는다. 보통 5년 만에 열매를 맺는데 열매를 맺은 다음 말라 죽는다. 줄기는 조리를 만드는 데 쓰며 잎은 약재로 사용하고 열매는 식용한다.

- 분류 볏과
- 꽃 4월
- 열매 5~6월
- 자라는 곳 산
- 쓰임새 약용, 식용

바랭이

볏과에 딸린 한해살이풀로 밭이나 길가에서 자란다.
높이는 30~90cm이고, 줄기 밑부분이 땅 위로 뻗으면서 마디에서 뿌리가 내리고 곁가지와 더불어 곧게 자란다.
잎은 연한 녹색이며 퍼진 털이 있다.
꽃은 7~8월에 피며 5~6갈래로 갈라진 꽃이 삭을 내는데 연한 녹색 바탕에 자주색이 돈다. 가축의 사료나 비료를 만드는 데 사용한다.

- 분류 볏과
- 꽃 7~8월
- 자라는 곳 밭, 길가
- 쓰임새 사료, 비료

◀ 바랭이의 꽃   ▲ 길가에서 자라는 바랭이

박주가리

박주가릿과에 딸린 여러해살이 덩굴풀로 우리 나라 각지 들의 양지바른 곳에서 자란다.
줄기는 길이가 3m 정도이며 땅속줄기로 번식하고 줄기나 잎을 꺾으면 하얀 즙이 나온다.
잎은 마주나며 두껍고 긴 심장 모양으로 가장자리가 밋밋하다.
7~8월에 잎겨드랑이에서 여러 개의 연한 보라색 꽃이 어긋나게 붙어서 아래에서 위로 피어 올라간다.
열매는 타원형으로 길이 10㎝ 정도이다.
봄에 어린줄기와 잎을 나물로 먹으며, 한방에서는 가을에 열매를 따서 말린 것을 위장병에 쓴다.
잎에서 즙을 내어 벌레 물린 데에 바르기도 한다.

- 분류 박주가릿과
- 꽃 7~8월
- 열매 10월
- 자라는 곳 들
- 쓰임새 식용, 약용

▲ 박주가리의 잎과 꽃

◀ 리기다소나무

소나무

소나뭇과에 딸린 늘푸른큰키나무로 우리 나라 각지의 산에서 자란다.
높이는 30m 정도이고 나무껍질은 검붉은 비늘 모양이며 가지가 퍼진다.
바늘 모양의 잎은 한 눈에 2개씩 모여 달리며 2년 후에 떨어진다.
암수한그루로 5월에 꽃이 피는데 수꽃이삭은 타원형의 누런 빛이고 암꽃이삭은 달걀 모양의 자줏빛이다.
열매는 달걀형으로 다음해 9월에 익는다.
나무는 건축재·도구재로 쓰이고 꽃가루는 식용, 잎은 약용과 식용으로 쓰이며 송진은 약용 또는 공업용으로 사용된다.

▲ 소나무

◀ 소나무의 꽃

- 분류 소나뭇과
- 꽃 5월
- 열매 다음해 9월
- 자라는 곳 산
- 쓰임새 관상용, 건축재, 식용, 약용, 공업용

백송

소나뭇과에 딸린 늘푸른큰키나무로 천연 기념물로 지정되어 있다.
나무껍질은 밋밋하나 자라면서 점차 비늘처럼 벗겨져 떨어지고 회백색을 띠기 때문에 백송이라고 한다.
높이는 15m 정도이며, 가지가 많아 나무가 둥그렇게 보인다.
바늘 모양의 잎은 세 개씩 모여난다. 암수한그루로 꽃은 5월에 피는데 수꽃이삭은 길둥근 모양이고 암꽃이삭은 달걀 모양이다.
중국이 원산지이다.

- 분류 소나뭇과
- 꽃 5월
- 열매 다음해 10월
- 쓰임새 정원수

◀ 백송의 줄기

▲ 천연 기념물로 지정되어 있는 백송

전나무

소나뭇과에 딸린 늘푸른큰키나무로 우리 나라 중부와 북부의 산지에서 자란다. 젓나무라고도 한다.
높이는 20~30m 정도로 곧게 자라며 나무껍질은 잿빛을 띤 갈색이다. 잎은 바늘 모양으로 끝이 뾰족하다.
암수한그루로 꽃은 4월경에 피는데 수꽃은 원통 모양, 암꽃은 타원형이다. 가을에 솔방울 같은 열매를 맺는다.
나무는 건축용·가구용·제지용·펄프재 등 다양한 용도로 쓰이며 정원수로도 심는다.

- 분류 소나뭇과
- 꽃 4월
- 열매 10월
- 자라는 곳 산지
- 쓰임새 관상용, 건축용, 가구용, 제지용

▲ 여러 가지 용도로 쓰이는 전나무

낙엽송

소나뭇과에 딸린 갈잎큰키나무로 일본이 원산지이며 인공림으로 산지에 심는다. 일본잎갈나무라고도 한다.
높이는 20m 정도 자라며 지름이 1m 가량이다. 잎은 바늘 모양인데 20~30개씩 무더기로 난다. 가을에 노랗게 물들며 떨어지기 때문에 낙엽송이라고 한다.
5월에 수꽃과 암꽃이 한 나무에 피고, 열매는 방울 모양이며 9~10월에 다갈색으로 익는다.
나무는 건축재·침목·전봇대·선박재·펄프재 등에 쓰이며 나무껍질은 물감의 원료로 사용된다.

- 분류 소나뭇과
- 꽃 5월
- 열매 9~10월
- 자라는 곳 산지
- 쓰임새 건축재, 선박재, 펄프재

◀ 낙엽송의 잎   ▲ 산에서 자라는 일본잎갈나무

가문비나무

소나뭇과에 딸린 늘푸른큰키나무로 우리 나라의 높은 산에서 자란다. 높이는 40m 정도이고 지름이 1m에 달하며 나무껍질은 비늘처럼 벗겨진다.

잎은 가늘고 길며 촘촘히 나 있다. 꽃은 암수한그루로 6월에 핀다. 수꽃은 원통 모양으로 황갈색이고 암꽃은 타원형이며 자주색이다.

열매는 황녹색으로 둥글고 10월에 익는다. 목재는 펄프를 만드는 중요한 자원이며, 건축재·기구재·정원수·선박재 등으로 쓰인다.

- 분류 소나뭇과
- 꽃 6월
- 열매 10월
- 자라는 곳 높은 산
- 쓰임새 관상용, 건축재, 기구재

▲ 높은 산에서 자라는 가문비나무

구상나무

소나뭇과에 딸린 늘푸른큰키나무로 우리 나라 특산종이며 제주도와 백두산 및 덕유산 이남에서 자란다.

높이는 18m에 달하며 오래된 줄기의 껍질은 거칠다.

잎은 바늘 모양이며 끝이 조금 오목하다.

암수한그루로 암꽃이삭은 짙은 자줏빛이며 자라서 타원형의 솔방울이 된다. 수꽃이삭은 타원형으로 길이 1㎝ 정도이다.

나무는 건축재나 펄프재로 쓰이고, 정원수 또는 크리스마스 트리로도 많이 이용된다.

- 분류 소나뭇과
- 꽃 6월
- 열매 10월
- 자라는 곳 길가
- 쓰임새 관상용, 건축재, 펄프재

▶ 구상나무

잣나무

소나뭇과에 딸린 늘푸른큰키나무로 우리 나라 각지의 산 중턱이나 골짜기 사이의 기름진 땅에서 자란다. 높이는 30m 정도이고 지름이 1m에 달한다.

잎은 바늘 모양이며 다섯 개씩 뭉쳐난다.

암수한그루로 5월에 연한 녹색의 꽃이 이삭 모양으로 핀다.

원통 모양의 열매는 다음해 10월에 익는다. 씨는 잣이라 하며 식용한다.

- 분류 소나뭇과
- 꽃 5월
- 열매 다음해 10월
- 자라는 곳 산 중턱
- 쓰임새 관상용, 건축재, 악기용, 식용, 약용

◀ 섬잣나무   ▲ 산 중턱 기름진 땅에서 자라는 잣나무

개암나무

자작나뭇과에 딸린 갈잎떨기나무로 우리 나라·일본 등지에 분포하며 산기슭 양지쪽에 자란다.
잎은 어긋나며 타원형이고 잎가장자리는 약간 갈라졌으며 갈라진 곳은 잔 톱니처럼 되어 있다.
꽃은 암수한그루로 3월에 피는데 작은 꽃이 이삭 모양으로 늘어져 달리며 수꽃은 황갈색이고 암꽃은 붉은색이다.
열매는 10월에 갈색으로 익으며 개암이라 하여 생으로 먹거나 강장제로 쓰인다.

- 분류 자작나뭇과
- 꽃 3월
- 열매 10월
- 자라는 곳 산기슭
- 쓰임새 식용, 약용

▲ 개암나무의 잎과 열매

▶ 개암나무의 꽃

까치박달

자작나뭇과에 딸린 갈잎큰키나무로 전남 및 만주·일본 등지에 분포하며 숲 속에서 자란다.
높이는 15m, 지름은 60cm 정도이다.
나무껍질은 푸른색이 도는 회색이며 어린가지에는 털이 있으나 점차 없어진다.
잎은 어긋나고 타원형 또는 달걀 모양이며 가장자리에 불규칙한 톱니가 있다. 앞면은 털이 없으며 뒷면은 털이 있거나 없다.
꽃은 5월에 잎과 함께 피며 암수한그루이다.
열매는 타원형으로 두꺼운 껍질에 싸여 있으며 털이 없고 10월에 익는다.
정원수로 심기도 한다.

- 분류 자작나뭇과
- 꽃 5월
- 열매 10월
- 자라는 곳 숲 속
- 쓰임새 관상용

▲ 까치박달의 잎과 꽃

버섯

담자균류에 딸린 고등 균류를 통틀어 버섯이라고 한다. 대부분 우산 모양으로 생겼으며 밑의 주름 속에는 많은 홀씨가 붙어 있다.

버섯에는 독이 있는 것과 독이 없는 것이 있다. 송이버섯처럼 독이 없는 것은 고급 요리의 재료가 되나 독이 있는 버섯은 몸에 몹시 해롭다.

버섯은 영양 기관인 균사체와 번식 기관인 포자를 지닌 자실체로 되어 있다. 균사체는 고등 식물의 뿌리·줄기·잎에 해당되며, 자실체는 꽃에 해당된다.

버섯은 엽록소가 없어서 양분을 만들지 못하고 산과 들의 그늘이나 나무에 붙어서 자란다.

버섯의 종류로는 송이버섯·느타리버섯·싸리버섯·영지버섯 등 여러 가지가 있다.

먹을 수 있는 버섯

▲고급 요리에 쓰이는 송이버섯

◀팽이버섯의 머리

▲전골 요리에 많이 쓰이는 팽이버섯

▲약용으로 쓰이는 영지버섯

▲ 표고버섯

▲ 느타리버섯

먹을 수 없는 버섯

▶ 구름버섯

▲ 미치광이버섯

▲ 긴대주발버섯

◀ 삿갓버섯

이끼

이끼는 꽃이 피지 않는 민꽃식물로 물가나 폭포 옆, 또는 산지의 바위나 고목 등 습기가 많은 곳에서 자란다. 뿌리와 줄기·잎이 뚜렷하게 구별되지 않으나 엽록체를 가지고 있어 스스로 양분을 만들어 살아갈 수 있다.
이끼는 생김새에 따라 우산이끼류와 솔이끼류로 나뉘어진다. 우산이끼는 암수딴그루인데 몸 전체가 잎 모양으로 헛뿌리가 있으며 홀씨를 만들어 번식한다.
솔이끼는 암수한그루 또는 암수딴그루로 잎이 뾰족하고 헛뿌리·줄기·잎이 어느 정도 모양을 갖추고 있다. 솔이끼 무리를 선류, 우산이끼 무리를 태류라고 한다.
이끼는 꽃이 피지 않기 때문에 홀씨나 작은 이끼 조각이 바람이나 물을 타고 퍼져서 번식을 한다.
이끼는 생명력이 강해서 열대 지방이나 한대 지방 어디에서든지 잘 자란다.
나무껍질이나 바위에 붙어서 사는 이끼팡이 무리는 엽록소를 갖고 있지 않으며 잎과 줄기의 구별이 분명하지 않으나 헛뿌리가 있는 것도 있다.

▲ 우산 모양의 우산이끼

▼ 폭포 옆 바위에 붙어서 자라는 이끼

◀ 물을 잘 흡수하는 물이끼

▲ 산지의 습지에서 무리지어 자라는 솔이끼

제3장

과일·곡식·채소

사과나무

장미과에 딸린 갈잎큰키나무로 높이가 10m 정도이고 어린가지는 겨울눈과 더불어 처음에는 털이 있고 자줏빛이 돈다.

잎은 어긋나며 타원형 또는 달걀 모양이고 가장자리에 얕고 둔한 톱니가 있다. 잎자루는 길이 2~3cm로 털이 있으며 떡잎은 일찍 떨어진다.

4~5월에 잎과 함께 가지 끝 잎겨드랑이에서 흰색 또는 연분홍색 꽃이 핀다.

열매를 사과라 하며 비타민 C가 풍부하고 맛이 좋다. 홍옥은 빨간빛으로 단맛·신맛이 있으며 향기가 좋으나 병충해에 약하고, 국광은 신맛이 적고 보관하기에 편리하여 많이 재배한다. 꽃말은 '유혹'이다.

- 분류 장미과
- 꽃 4~5월
- 열매 9~10월
- 자라는 곳 과수원
- 쓰임새 식용

▲ 빨갛게 익은 사과

▼ 사과나무의 꽃

▼ 연녹색의 인도사과

◀ 과수원에서 재배되는 사과나무

▲ 사과보다 훨씬 작은 능금

배나무

장미과에 딸린 갈잎중키나무로 중국이 원산지이다.
예로부터 중요한 과실나무로 널리 재배해 왔으며 여러 가지 품종이 있다.
나무의 키는 2~3m 정도이며 어린가지는 검은 갈색이다.
잎은 어긋나는데 넓은 달걀 모양이며 톱니가 있고 잎꼭지가 길다.
4~5월에 흰 꽃이 잎겨드랑이에서 세 송이씩 한데 뭉쳐서 핀다.
열매는 배라고 하는데 익으면 작은 반점이 생기고 옅은 갈색 또는 갈색을 띤다.
배는 당분이 많아 맛이 달며 살이 연하고 수분이 많아 시원하다.

- 분류 장미과
- 꽃 4월
- 열매 9~10월
- 자라는 곳 과수원
- 쓰임새 식용, 가구재

◀ 탐스럽게 익은 배

▲ 배가 열린 배나무

▲ 꽃을 가까이 본 모양

◀ 꽃이 핀 과수원의 배나무

복숭아나무

장미과에 딸린 갈잎중키나무로 중국이 원산지이며 과수원에서 재배한다. 높이는 3~6m이며 잎은 어긋나고 끝이 뾰족한 타원형으로 가장자리에 둔한 잔 톱니가 있다.
꽃은 4~5월에 잎보다 먼저 흰색 또는 분홍색으로 피며 꽃잎은 5장이다.
열매는 큰 공 모양으로 7~8월에 분홍색 또는 노란색으로 익는데 복숭아 라고 하며 맛이 달고 수분이 많아 식용한다.
정원수로도 심으며 씨는 약재로 사용한다.

- 분류 장미과
- 열매 7~8월
- 쓰임새 식용, 약용
- 꽃 4~5월
- 자라는 곳 과수원

▼ 복숭아나무의 꽃

▶ 잘 익은 복숭아

◀ 어린 열매

딸기

장미과에 딸린 여러해살이풀로 열매를 먹기 위해 밭에서 재배한다. 줄기 전체에 꼬불꼬불한 털이 있다.
잎은 뿌리에서 나오며 잎자루는 길고 3개의 잎으로 이루어진 겹잎이다. 작은잎은 둥글며 가장자리에 톱니가 있다.
5~6월경 꽃줄기 끝에 흰색 꽃이 피는데 꽃잎은 5~6개로 꽃받침보다 길며 꽃받침잎은 5~6개로 작은 칼 모양이고 끝이 뾰족하며 녹색이다.
꽃이 진 다음에 딸기가 빨간색으로 익으며 움푹 패인 곳에 씨가 들어 있다.
딸기는 날로 먹거나 잼 또는 주스의 원료로 쓰인다.

▲ 빨갛게 익어 가는 딸기

◀ 딸기의 꽃

- 분류 장미과
- 열매 6월
- 쓰임새 식용
- 꽃 4~5월
- 자라는 곳 밭

모과나무

장미과에 딸린 갈잎큰키나무로 중국이 원산지이며 우리 나라 중부 이남 및 일본 등지에서 정원수로 심는다.

높이는 6~10m 정도이고 어린 가지에는 털이 있으며 2년 된 가지는 갈색으로 윤기가 있다.

잎은 어긋나고 끝이 뾰족한 타원형이며 가장자리에 잔 톱니가 있다.

꽃은 5월에 분홍색으로 피고 꽃잎은 5 장이다. 열매는 타원형으로 9월에 노랗게 익으며 향기가 좋으나 신맛이 강하다.

모과는 술을 빚기도 하며 기침의 약재로도 사용한다.

- 분류 장미과
- 꽃 5월
- 열매 9월
- 자라는 곳 집 주변
- 쓰임새 관상용, 약용

◀ 모과나무의 꽃

▲ 노랗게 익어 가는 모과나무의 열매

앵두나무

▼ 앵두나무의 열매

장미과에 딸린 갈잎떨기나무로 우리 나라 각지 및 일본·만주 등지에 분포하며 집 주변에 심는다.

높이는 3m 정도이고 가지가 많이 갈라진다. 나무 껍질은 검은 갈색이고 어린 가지에는 잔털이 빽빽하게 나 있다.

잎은 어긋나고 달걀 모양이며 양면에 잔털이 있고 가장자리에는 톱니가 있다.

꽃은 4월에 잎보다 먼저 피며 흰색 또는 연분홍색이다.

열매는 작고 둥글며 6월에 붉은색으로 익는데 맛이 좋다.

- 분류 장미과
- 꽃 4월
- 열매 6월
- 자라는 곳 집 주변
- 쓰임새 관상용, 식용

◀ 앵두나무의 꽃

살구나무

장미과에 딸린 갈잎큰키나무로 중국이 원산지이며 우리 나라 각지의 산기슭에서 자라는데 마을 부근에서 재배하기도 한다.

높이는 5m 정도이고 어린가지는 붉은 갈색이다. 잎은 어긋나고 달걀 모양이며 가장자리에 잔 톱니가 있다.

4월에 잎보다 먼저 연분홍색의 꽃이 1~2송이씩 핀다.

열매인 살구는 작은 공 모양이며 7월에 노랗게 익는데 날로 먹거나 통조림을 만든다. 씨는 행인이라 하여 약재로 사용하고 나무는 도구재로 쓴다.

- 분류 장미과
- 꽃 4월
- 열매 7월
- 자라는 곳 산기슭
- 쓰임새 식용, 약용, 정원수, 도구재

▲ 매화꽃과 거의 비슷한 살구나무의 꽃

◀ 살구나무의 열매

▼ 신맛이 나는 자두나무의 열매

자두나무

장미과에 딸린 갈잎큰키나무로 중국이 원산지이며 과일나무로 재배한다.

높이는 5~10m 정도 자라고 어린가지는 붉은 갈색이며 윤기가 있다.

잎은 어긋나고 긴 타원형이며 가장자리에 톱니가 있다.

4월에 잎보다 먼저 흰색 꽃이 2~3송이씩 모여 핀다.

열매는 둥글며 7~8월에 자주색 또는 노란색으로 익는다. 열매는 식용하며 신맛이 강하게 난다.

- 분류 장미과
- 꽃 4월
- 열매 7~8월
- 자라는 곳 집 주변
- 쓰임새 관상용, 식용

▶ 자두나무의 꽃

귤나무

운향과에 딸린 늘푸른중키나무로 일본이 원산지이고 제주도에서 가장 많이 재배하며 따뜻한 남부 지방에서 과일나무 또는 관상용으로 가꾼다.
높이는 3~5m 정도이고 가지가 퍼지며 잎은 어긋나고 타원형으로 가장자리가 밋밋하다.
6월에 잎겨드랑이에서 향기가 있는 작은 흰 꽃이 한 송이씩 핀다.
열매는 둥글고 익으면 노랗게 되는데 신맛이 나면서도 달콤하고 향기가 있어 날로 먹는다.
열매 껍질은 익기 전에 말린 것을 청피, 익어서 말린 것을 진피라 하며 약재로 사용한다.
제주도에서 개량한 감귤은 더욱 단맛이 난다.

- 분류 운향과
- 꽃 6월
- 열매 10월
- 자라는 곳 집 주변
- 쓰임새 식용, 약용, 관상용

▼ 귤나무의 잎과 열매

▶ 단맛이 나는 감귤

▼ 밤나무의 수꽃

▼ 아람이 벌어진 밤

밤나무

참나뭇과에 딸린 갈잎큰키나무로 산기슭이나 냇가, 마을 부근에서 자란다.
높이는 5~15m 정도이고 나무껍질은 세로로 갈라지며 어린가지는 붉은색으로 털이 있으나 없어진다.
잎은 마주나고 길쭉한 타원형이며 가장자리에 톱니가 있다.
암수한그루로 꽃은 5~6월경에 피며, 긴 꽃이삭에는 수꽃이 달리고 그 아래에 암꽃이 피는데 특이한 향기가 난다.
열매는 9~10월에 익으며 가시가 많이 난 껍질에 싸여 2~3개씩 들어 있다.
나무는 선박·침목·토목·건축·조각재 등으로 사용하고 열매는 식용 또는 약용으로 쓰인다.

- 분류 참나뭇과
- 꽃 5~6월
- 열매 9~10월
- 자라는 곳 집 주변
- 쓰임새 식용, 약용, 토목·건축재

▲ 밤나무의 잎과 어린 열매

포도나무

포도과에 딸린 갈잎덩굴나무로 서부 아시아가 원산지이며 온대 지방에서 재배한다.
줄기는 덩굴손으로 다른 물체를 감아 올라가며 어린가지에는 털이 있다.
잎은 어긋나고 손바닥 모양으로 깊게 갈라졌다. 앞면에는 털이 없으나 뒷면에는 잔털이 빽빽하게 나며 가장자리에 톱니가 있다.
초여름에 황록색의 잔꽃이 원뿔 모양으로 모여 피며, 꽃이 진 다음 둥근 열매가 다닥다닥 붙어 가을에 검은 자주색 또는 연두색으로 익는다.
열매는 포도라고 하는데 비타민·포도당 등이 많이 함유되어 있어 날로 먹거나 말려서 건포도 또는 포도주를 만들어 먹는다.
꽃말은 '은혜'이다.

- 분류 포도과
- 꽃 6월
- 열매 9월
- 자라는 곳 과수원
- 쓰임새 식용, 약용, 관상용

▶ 잘 익은 포도

◀ 녹색에서 보라색으로 익어 가는 포도

▲ 포도나무의 줄기와 잎

▲ 포도나무의 꽃

무화과나무

뽕나뭇과에 딸린 갈잎떨기나무로 우리 나라 중남부 및 제주도에서 자라며 정원수로 많이 심는다.
높이는 3m 정도로 가지는 굵고 녹색 또는 갈색이다.
잎은 손바닥 모양으로 3~5갈래로 갈라졌으며 뒷면에 잔털이 있다. 잎에 상처를 내면 우유 같은 흰 액체가 나온다.
6~7월에 붉은 꽃이 둥근 알 모양의 꽃주머니 속에서 핀다. 수꽃은 위쪽에 암꽃은 아래쪽에 위치하는데 겉에서 꽃이 보이지 않아 무화과라고 부른다.
열매는 생으로 또는 말려서 먹고 잎에서 나오는 액체는 회충약·신경통의 약재로 쓰인다.

- 분류 뽕나뭇과
- 꽃 6~7월
- 열매 9~10월
- 자라는 곳 집 주변
- 쓰임새 관상용, 식용, 약용

▲ 붉게 익어 가는 무화과

▲ 무화과의 잎과 열매

석류나무

석류나뭇과에 딸린 갈잎중키나무로 인도·페르시아가 원산지이며 우리 나라 중부와 남부에서 자란다.
높이는 5~10m 정도이며 짧은 가지의 끝이 가시가 된다. 잎은 마주나고 타원형으로 양면에 털이 없다.
5~6월에 가지 끝이나 잎겨드랑이에서 깔때기 모양의 주황색 꽃이 핀다.
열매는 석류라고 하는데 9~10월에 빨갛게 익으며 불규칙하게 갈라져 연분홍색의 투명한 씨를 드러낸다.
씨는 몹시 신맛이 나지만 식용하고, 나무껍질·뿌리·열매는 말려서 구충제로 사용한다. 꽃말은 '자손 번영'이다.

- 분류 석류나뭇과
- 꽃 5~6월
- 열매 9~10월
- 자라는 곳 집 주변
- 쓰임새 관상용, 식용, 약용

▼ 꽃이 진 후에 열린 석류

▼ 석류의 꽃

▲ 빨갛게 익은 석류

호두나무

가래나뭇과에 딸린 갈잎큰키나무로 중부 이남의 동네 근처에 많이 심는다.
높이는 10~20m이고 나무껍질은 회백색이다. 잎은 어긋나며 깃꼴겹잎이고 작은잎은 3~7개이며 긴 타원형이다.
4~5월에 수꽃이삭은 잎겨드랑이에 달려 늘어지고 암꽃이삭은 1~3개가 가지 끝에 달린다.
열매는 둥글며 가을에 익고 속에 울퉁불퉁하고 단단한 씨가 있다. 씨의 알맹이는 고소하고 맛이 있어 식용하며 목재는 가구재로 쓰인다.

- 분류 가래나뭇과
- 꽃 4~5월
- 열매 9~10월
- 자라는 곳 집 주변
- 쓰임새 식용, 가구재

◀ 겉껍질을 벗긴 호두

▲ 호두나무의 잎과 열매

대추나무

갈매나뭇과에 딸린 갈잎큰키나무로 남부 유럽이 원산지이며 집 근처에 심는다.
높이는 5m 정도이고 가지에는 가시가 듬성듬성 있다.
잎은 어긋나고 타원형이며 윤기가 있고 가장자리에 둔한 톱니가 있다.
꽃은 연한 초록색이며 6월경에 잎겨드랑이에서 핀다. 열매인 대추는 가을에 붉게 익는다.
대추는 날 것으로 먹거나 요리에 이용하며, 한방에서는 자양강장 · 진해 등에 쓴다.

- 분류 갈매나뭇과
- 꽃 6월
- 열매 9월
- 자라는 곳 집 주변
- 쓰임새 식용, 약용

▲ 대추나무의 잎과 열매   ▶ 대추나무의 꽃

키위

다래나뭇과에 딸린 갈잎덩굴식물로 중국 · 타이완이 원산지이며 우리 나라에서도 재배한다. 양다래라고도 한다.
높이는 5~10m이며 잎은 둥근 모양 또는 타원형으로 뒷면에 털이 있고 가장자리에는 톱니가 있다.
꽃은 3~4cm로 처음에는 흰색이나 후에 황갈색으로 변한다. 열매는 달걀 모양 또는 둥근 모양이며 지름은 3~5cm이고 껍질에는 털이 많이 나 있다.
정원수로도 심으며 열매는 식용한다.

- 분류 다래나뭇과
- 자라는 곳 온실
- 쓰임새 관상용, 식용

▼ 키위의 열매

감나무

감나뭇과에 딸린 갈잎큰키나무로 우리 나라 중부 이남과 중국·일본·만주 등지에 분포하며 동네 근처에 많이 심는다.
높이는 10m 정도이며 잎은 어긋나고 질기며 타원형이다.
5~6월에 잎겨드랑이에서 노란빛을 띤 흰 꽃이 핀다. 열매는 10월에 주황색 또는 붉은색으로 익는다. 열매는 단감과 떫은감으로 구별하지만 익으면 모두 달다. 감은 그냥 먹거나 껍질을 벗기고 말려 곶감을 만들고 나무는 가구재로 쓰인다.
꽃말은 '경의'이다.

- 분류 감나뭇과
- 꽃 5~6월
- 열매 10월
- 자라는 곳 집 주변
- 쓰임새 관상용, 식용

▼ 납작한 모양의 감
▼ 길쭉한 모양의 감
▲ 감이 주렁주렁 열린 감나무

바나나

파초과에 딸린 여러해살이풀로 인도·말레이시아가 원산지이며 우리 나라에서는 온실에서 재배하거나 관상용으로 가꾼다.
높이는 6~7m 정도 자라고 땅 속의 알줄기에서 죽순 모양의 싹이 나와 긴 타원형의 잎이 8~10개가 모여난다.
여름에 커다란 꽃줄기가 나와 노란색의 잔꽃이 이삭 모양으로 핀다.
열매는 한 꼭지에 20~40개 정도가 달리며 초승달 모양이다. 익으면 노랗게 되며 맛이 있고 향기가 좋다.
씨는 싹트지 않으며 땅 속에서 나온 싹을 포기나 누기로 번식한다.

- 분류 파초과
- 꽃 7~8월
- 자라는 곳 온실
- 쓰임새 식용, 관상용

▼ 노랗게 익은 바나나

토마토

가짓과에 딸린 한해살이풀로 남아메리카가 원산지이다. 높이는 1m 정도이고 가지가 많이 갈라지며 흰색 털이 빽빽하게 난다.

잎은 어긋나며 깃꼴겹잎이다. 작은잎은 9~19개이며 타원형으로 끝이 뾰족하고 둔한 톱니가 있다.

4~5월에 마디 사이에서 꽃자루가 나와 노란 꽃이 무리지어 핀다.

7~8월에 열매가 익는데 토마토 또는 일년감이라고 하며 비타민이 풍부하고 맛이 좋아 식용한다.

- 분류 가짓과
- 꽃 3~4월
- 열매 7~8월
- 자라는 곳 밭
- 쓰임새 식용, 관상용

▲ 빨갛게 익은 토마토

▲ 토마토의 잎과 줄기

◀ 토마토의 꽃

파인애플

파인애플과에 딸린 여러해살이풀로 열대 아메리카가 원산지이다.

잎은 뿌리에서 모여나고 칼 모양이며 가장자리에 가시와 함께 톱니가 있다. 잎의 앞면은 뿌연 녹색이고 뒷면은 하얀 가루가 있다.

여름에 잎 사이에서 나온 꽃줄기 끝에 솔방울 모양의 자주색 꽃이 핀다.

꽃은 포와 함께 달리는데, 각각 중앙의 중심축에 붙어 있으며 살이 많아지고 융합되어 열매를 만든다. 열매는 꽃이 피고 5~6개월이 지나 익는데, 처음에는 녹백색이었다가 익으면 황갈색으로 변하고 향기가 매우 좋다.

열매는 날로 먹거나 통조림 또는 주스를 만들어 먹는다.

- 분류 파인애플과
- 자라는 곳 온실
- 쓰임새 식용

▼ 향기가 좋은 파인애플

수박

박과에 딸린 한해살이 덩굴식물로 길이는 4~5m 정도이다. 줄기는 땅으로 뻗으면서 가지가 갈라지며 덩굴손이 있고 줄기와 잎에는 흰색 털이 있다.
잎은 어긋나고 긴 심장 모양이며 3~4쌍으로 깊게 갈라지고 불규칙한 톱니가 있다.
암수한그루로 5~6월에 노란 꽃이 피며 꽃부리는 다섯 갈래로 깊이 갈라진다.
열매는 공처럼 둥글고 크며 녹색 바탕에 검은 녹색의 줄무늬가 있다. 속살은 붉은색이며 검은색의 씨가 500개 정도 들어 있다.
수분이 많고 당도가 높아 한방에서는 대소변을 순하게 하는 데 사용하고 신장염의 약재로 쓰인다.
우리 나라의 우장춘 박사가 개량한 씨 없는 수박도 있다.

- 분류 박과
- 꽃 5~6월
- 열매 7~8월
- 자라는 곳 밭
- 쓰임새 식용

▲ 검은 녹색의 줄무늬가 있는 수박

◀ 수박의 꽃

참외

박과에 딸린 한해살이 덩굴식물로 인도가 원산지이며 우리 나라 전역에서 재배하지만 성환·부여가 명산지이다.
줄기는 땅 위로 뻗으며 덩굴손으로 감으면서 다른 물체에 붙는다.
잎은 어긋나고 털이 있는 긴 잎자루가 있으며 심장 모양으로 얕게 갈라지고 가장자리에 톱니가 있다.
암수한그루로 6~7월에 잎겨드랑이에서 노란 꽃이 핀다.
열매는 타원형으로 노란색·황록색·녹색으로 익으며 납작한 씨가 많이 들어 있다.
달고 향이 있어 식용한다.

▲ 참외의 꽃과 열매

- 분류 박과
- 꽃 5~6월
- 열매 7~8월
- 자라는 곳 집 주변
- 쓰임새 식용

오이

박과에 딸린 한해살이 덩굴식물로 인도가 원산지이며 우리 나라 각지의 밭에서 재배한다.
줄기는 다른 물체를 덩굴손으로 감으면서 길게 뻗고 줄기와 잎 전체에 거친 털이 있다.
잎은 어긋나고 손바닥 모양으로 얕게 갈라지며 갈라진 끝이 뾰족하고 가장자리에 톱니가 있다.
암수한그루로 5~6월에 노란 꽃이 피는데 꽃부리는 5개로 갈라진다. 수꽃은 3개의 수술이 있고 암꽃은 밑부분에 긴 씨방이 있다.
열매인 오이는 원기둥 모양이고 처음엔 녹색인데 익으면 누렇게 된다.
열매는 생으로 먹거나 반찬으로 먹으며 오이의 즙은 데었을 때 약으로 쓴다.

- 분류 박과
- 꽃 5~6월
- 열매 7~8월
- 자라는 곳 밭
- 쓰임새 식용, 약용

▶ 꽃이 시들면서 열린 오이

▲ 오이의 꽃과 열매

▼그물 무늬가 있는 머스크멜론

멜론

박과에 딸린 한해살이 덩굴식물로 서양의 참외라고 할 수 있다. 유럽과 북아메리카에서 많이 재배하는데 머스크멜론(Muskmelon), 칸탈로우프(Cantaloupe), 허니듀(Honey Dew) 등 여러 종류가 있다.
덩굴성으로 구불구불 뻗으면서 자라며 줄기에 거친 털이 있다. 잎은 어긋나고, 3~7개로 갈라진 손바닥 모양이며 지름 2.5㎝ 정도 되는 노란 꽃이 핀다.
열매는 공처럼 둥글며 향기와 단맛이 있고 살이 부드러워서 식용한다.
주로 많이 재배되는 머스크멜론은 열매의 겉에 그물 모양의 무늬가 나 있고 향기가 강하며, 칸탈로우프는 그물 무늬가 없고 작은 돌기가 있으며 세로 홈이 나 있다.
따뜻한 지방의 습기가 적은 곳에서 잘 자라며 우리 나라에서는 온실에서 재배한다.

- 분류 박과
- 자라는 곳 밭, 온실
- 쓰임새 식용

호박

박과에 딸린 한해살이 덩굴식물로 열대 아메리카가 원산지이며 우리 나라 각지에서 재배한다.
줄기는 5각형으로 거친 털이 있으며 덩굴손으로 감아 올라간다. 잎은 어긋나고 심장 모양으로 가장자리가 5개로 얕게 갈라지며 갈라진 부분에 톱니가 있다.
암수한그루로 꽃은 여름부터 서리가 내릴 때까지 계속 피는데 종 모양의 노란 꽃이 잎겨드랑이에 한 송이씩 핀다.
열매는 크고 길거나 둥근 모양이고 누런색으로 익으며 품종에 따라 모양과 빛깔이 각기 다르다. 어린 것은 애호박이라 하고 잘 익은 것은 청둥호박이라고 한다.
씨는 타원형으로 두꺼우며 마르면 흰빛이 되고 껍질을 벗기고 먹으면 고소한 맛이 난다.
열매와 잎·씨는 식용한다.

- 분류 박과
- 꽃 6~10월
- 열매 7~11월
- 자라는 곳 밭
- 쓰임새 식용

▲ 길쭉한 모양의 호박

◀ 누렇게 익은 호박

◀ 크게 자란 호박

▼ 꽃이 지고 난 후에 열린 호박

▲ 관상용으로 가꾸는 화초호박

▶ 호박의 꽃

가지

가짓과에 딸린 한해살이풀로 인도가 원산지이다. 열대 지방에서는 여러해살이풀이며 세계 각국에서 가꾼다.
높이는 60~90cm 정도이며 줄기와 잎은 검은 자주색이고 회색 털이 있다.
잎은 어긋나고 달걀 모양인데 잎자루가 길며 가장자리가 밋밋하다.
6~9월에 마디와 마디 사이에서 꽃줄기가 나와 보라색 꽃이 2~4송이쯤 핀다. 꽃은 얕은 잔 모양으로 끝이 5갈래로 갈라진다.
열매는 9~10월에 검은 자줏빛으로 익으며 식용한다.

- 분류 가짓과
- 꽃 6~9월
- 열매 9~10월
- 자라는 곳 밭
- 쓰임새 식용, 약용

◀ 가지의 꽃

▲ 긴 원통 모양의 가지

감자

▼ 감자의 잎과 자주색 꽃

▶ 덩이줄기인 감자

◀ 흰색의 감자꽃

가짓과에 딸린 여러해살이풀로 남아메리카의 칠레가 원산지이고 세계 각지에서 재배한다. 찬 기후에서도 비교적 잘 자라고 성장이 빠르다.
높이는 60cm 정도이며 땅속줄기 끝이 덩이줄기로 되며 독특한 향기가 난다.
잎은 어긋나고 잎자루가 길며 깃꼴겹잎이다.
5~6월에 줄기 위쪽 잎겨드랑이에서 자주색 또는 흰색 꽃이 핀다. 열매는 황록색이고 향기가 있으나 많이 열리지 않는다.
덩이줄기는 감자라고 하며 전분이 많아 식용이나 식품 가공용으로 사용한다.

- 분류 가짓과
- 꽃 5~6월
- 열매 10월
- 자라는 곳 밭
- 쓰임새 식용

고추

가짓과에 딸린 한해살이풀로 남아메리카가 원산지이고 열대에서 온대까지 널리 재배한다.
열대 지방에서는 여러해살이풀로 밭에 심어서 가꾼다.
높이는 60~90㎝ 정도이며 가지가 많이 갈라지고 잎과 줄기에 털이 약간 있다.
잎은 어긋나고 잎자루가 길며 타원형으로 끝이 뾰족하다.
여름철에 잎겨드랑이에서 흰 꽃이 한 송이씩 밑을 향해 달린다.
열매는 긴 원통 모양의 녹색이지만 익어가면서 빨갛게 된다. 익은 열매는 가루로 만들어 조미료로 사용하며 잎은 나물로 만들어 먹고 씨는 기름을 짜서 향신료로 사용한다.

- 분류 가짓과
- 꽃 7~8월
- 열매 9~10월
- 자라는 곳 밭
- 쓰임새 식용

▼ 고추의 잎과 열매

▶ 녹색의 풋고추

◀ 고추의 꽃

피망

가짓과에 딸린 한해살이풀로 남아메리카가 원산지이며 맵지 않고 단맛이 나는 고추 품종을 피망이라고 한다.
높이는 60㎝ 정도 자라는데 가지는 적게 생기고 굵다. 잎은 7~12㎝ 정도로 보통 고추보다 크고 두꺼우며 여름에 잎겨드랑이에서 흰색 꽃이 핀다. 열매는 짧은 원통 모양으로 매운 맛이 없으며 껍질은 두껍고 녹색이며 울퉁불퉁하다.
풋것은 여러 가지 요리의 재료로 쓰이며 붉은색으로 완전히 익은 것은 향신료로 사용한다.

- 분류 가짓과
- 열매 9~10월
- 쓰임새 식용
- 꽃 7~8월
- 자라는 곳 밭, 온실

▲ 단맛이 나는 피망

참깨

참깻과에 딸린 한해살이풀로 인도 및 이집트가 원산지이며 밭에 심어 가꾸는 농작물이다.
높이는 1m 정도이며 줄기는 4각형이고 곧게 자라는데 줄기와 잎에 짧은 털이 있고 향기가 있다. 아래쪽의 잎은 마주나고 위쪽의 잎은 어긋나며 긴 타원형으로 끝이 뾰족하다.
7~8월에 연분홍빛이 도는 흰 대롱 모양의 꽃이 잎겨드랑이에 한 송이씩 핀다.
열매는 9~10월에 익는데 품종에 따라 흰색·노란색·검은색의 씨가 들어 있다. 씨는 참깨라 하여 양념으로 사용하며 기름을 짜서 조미료로 쓰인다.
잎은 나물로 만들어 먹으며 깻묵은 사료나 비료로 사용한다.

- 분류 참깻과
- 꽃 7~8월
- 열매 9~10월
- 자라는 곳 밭
- 쓰임새 식용

▲ 참기름의 원료로 쓰이는 참깨

◀ 참깨의 열매와 꽃

들깨

꿀풀과에 딸린 한해살이풀로 동남 아시아가 원산지이며 밭에 심어 가꾼다.
높이는 1m 정도이고 줄기는 곧게 자라며 긴 털이 있다. 잎은 마주나며 넓은 달걀 모양으로 가장자리에 톱니가 있고 잎자루는 길다.
7~8월에 줄기 끝에서 흰색의 작은 꽃이 핀다. 꽃이 진 뒤 4개의 잔씨가 들어 있는 열매를 맺는다.
잎은 독특한 냄새가 있어 반찬으로 쓰고, 씨는 기름을 짜서 식용한다.

▲ 잎은 먹고 씨는 기름을 짜는 들깨

◀ 들깨의 꽃

- 분류 꿀풀과
- 꽃 7~8월
- 열매 9~10월
- 자라는 곳 밭
- 쓰임새 식용

상추

국화과에 딸린 한해 또는 두해살이 풀로 유럽이 원산지이며 세계 각지에서 재배한다.
높이는 1m 정도이며 가지가 갈라지고 줄기와 잎에는 털이 없다.
뿌리잎은 크고 타원형이다. 줄기잎은 어긋나고 잎자루가 없으며 가장자리에 불규칙한 톱니가 있다.
6~7월에 가지 위쪽에서 노란 꽃이 아래에서 위로 피어 올라간다.
열매는 끝에 긴 부리가 있고 흰색의 갓털이 낙하산처럼 퍼져 있다.
잎은 쌈을 싸서 먹는데 자르면 흰 즙이 나온다.

- 분류 국화과
- 꽃 6~7월
- 열매 9~10월
- 자라는 곳 밭
- 쓰임새 식용

▲ 상추밭

▶ 상추의 잎

◀ 상추의 꽃

쑥갓

국화과에 딸린 한해 또는 두해살이풀로 지중해 연안이 원산지이며 밭에서 재배한다.
줄기는 30~60㎝ 정도이고 독특한 향기가 난다.
잎은 어긋나고 2회 깃 모양으로 갈라지며 잎자루가 없다.
6~8월에 노란색 꽃이 줄기와 가지 끝에 한 송이씩 달린다. 간혹 끝부분에 흰 무늬가 있는 것도 있다.
열매는 3각 기둥 또는 4각 기둥 모양이며 짙은 갈색이다.
비타민 A가 많이 함유되어 있어 쌈으로 먹거나 나물로 먹고 각종 탕을 끓일 때 함께 사용한다.

▲ 쑥갓의 잎과 꽃

- 분류 국화과
- 꽃 6~8월
- 자라는 곳 밭
- 쓰임새 식용

꽃상추

국화과에 딸린 한해 또는 두해살이풀로 지중해 동부가 원산지이다.
높이는 40~90cm이고 드물게 털이 나 있으며 가지를 친다.
뿌리잎은 모여나고 줄기잎은 어긋나며 아래쪽이 줄기를 감싼다. 잎의 가장자리는 꼬불꼬불하며 굵은 톱니가 있다. 품종에 따라서는 길둥근 모양의 밋밋한 잎을 가진 것도 있다.
5월에 파란색 꽃이 피며 잎은 쌈으로 먹거나 샐러드를 만들 때 쓰인다.

- 분류 국화과
- 열매 10월
- 쓰임새 식용
- 꽃 5월
- 자라는 곳 밭, 온실

▲ 꼬불꼬불하게 생긴 꽃상추의 잎

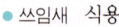

◀ 향신료로 쓰이는 생강

생강

생강과에 딸린 여러해살이풀로 열대 아시아가 원산지이다.
높이는 30~50cm 정도 자라고 잎은 2줄로 어긋나며 칼 모양으로 갸름하고 밑부분은 줄기를 감싼다.
대체로 꽃은 피지 않으나 따뜻한 지방에서는 땅속줄기에서 20cm 정도의 꽃줄기가 나와 황록색의 잔꽃이 핀다.
땅속줄기는 울퉁불퉁한 덩이로 되며 갈색인데 매운맛이 나고 향기가 좋아 향신료로 쓰인다. 생선 비린내를 없애는 데도 사용하며 생강차를 끓여 먹기도 한다.
한방에서는 건위제로 사용한다.

▲ 생강의 잎

- 분류 생강과
- 자라는 곳 밭
- 꽃 8~9월
- 쓰임새 식용, 약용

무

십자화과에 딸린 한해 또는 두해살이풀로 밭에서 재배한다.

뿌리는 희고 살이 많으며 원기둥 모양인데 무라고 한다. 잎은 뿌리에서 뭉쳐 나고 깃꼴겹잎이며 털이 있다.

꽃줄기는 1m 정도이고 4~5월에 연한 자주색 또는 흰색의 작은 꽃이 핀다.

씨는 봄·가을에 뿌리는데 봄무는 씨를 받기 위해 뿌리고, 가을무는 김장용으로 사용하기 위해 뿌린다.

무에는 소화 작용을 하는 디아스타제가 들어 있고 잎에는 비타민 C가 많이 함유되어 있다.

무와 잎은 식용하고 씨는 건위제와 거담제로 쓰인다.

- 분류 십자화과
- 꽃 4~5월
- 열매 6~7월
- 자라는 곳 밭
- 쓰임새 식용, 약용

▼ 잘 자란 무

▶ 무의 뿌리

▶ 무의 꽃

◀ 갓의 꽃

▼ 밭에서 자라고 있는 갓

갓

십자화과에 딸린 두해살이풀로 중국에서 들여왔으며 밭에서 채소로 재배한다.

높이는 1m 정도이고 가지와 잎이 무성하며 윗부분에서 가지가 갈라진다.

뿌리잎은 넓은 타원형이고 끝이 둥글며 밑이 좁아져서 짧은 잎자루로 된다. 가장자리에는 불규칙한 톱니가 있다. 줄기잎은 칼 모양이며 가장자리가 밋밋하거나 희미한 톱니가 있고 자주색이다.

봄부터 여름까지 노란 꽃이 많이 피며 꽃잎은 4개이다. 매운맛이 있는 줄기잎은 김치를 담그고, 씨는 겨자씨처럼 겨자를 만드는 재료로 쓰이는데 겨자보다 매운 맛이 적으나 향기가 있다.

- 분류 십자화과
- 꽃 봄~여름
- 자라는 곳 밭
- 쓰임새 식용

배추

십자화과에 딸린 두해살이풀로 잎이 뿌리에서 나와 여러 겹으로 포개져 자라며 길둥근 모양이다. 속잎은 노란빛을 띤 흰색이고 겉잎은 연한 녹색 또는 녹색이며 가장자리가 주름져 있다.

4월에 꽃줄기가 자라서 그 꼭대기에 노란 꽃이 무리지어 핀다.

열매는 긴 원기둥 모양이며 끝에 긴 부리가 있고 익으면 벌어져서 검은 갈색의 동그란 씨가 나온다.

잎·줄기·뿌리를 모두 먹으며 김장을 담그어 오랫동안 저장해 두고 반찬으로 사용한다.

우리 나라를 대표하는 김치는 세계적으로 널리 알려져 있다.

- 분류 십자화과
- 열매 6월
- 쓰임새 식용
- 꽃 4월
- 자라는 곳 밭

◀ 배추의 꽃
◀ 다 자란 배추
▲ 밭에서 자라고 있는 배추

양배추

십자화과에 딸린 두해살이 채소로 지중해 동부와 아시아가 원산지이며 전세계에서 많이 재배한다.

잎은 두껍고 털이 없으며 흰빛이 도는 녹색이고 가장자리에 물결 모양의 톱니가 있다. 서로 겹쳐지고 가운데에 있는 잎은 단단하게 포개져서 공처럼 둥글게 된다.

5~6월에 2년 된 뿌리에서 60㎝ 정도의 꽃줄기가 자라 그 끝에서 십자 모양의 연노랑색 꽃이 아래에서 위로 피어 올라간다.

봄·가을에 씨를 뿌리며 온실에 옮겨 심기도 한다. 관상용의 원예 품종도 있다.

▲ 양배추의 잎
▶ 동그란 모양의 양배추

- 분류 십자화과
- 열매 9~11월
- 쓰임새 식용
- 꽃 7~9월
- 자라는 곳 밭

고구마

메꽃과에 딸린 여러해살이풀로 줄기는 땅 위를 따라 길게 뻗으면서 뿌리를 내린다.
잎은 어긋나고 잎자루가 길며 심장 모양이다.
7~8월에 잎겨드랑이에서 긴 꽃줄기가 나와 그 끝에 자주색의 꽃이 5~6개 달린다.
뿌리는 타원형의 덩이로 변하고 고구마라고 한다.
고구마는 전분이 많아 식용하거나 공업용으로 사용하며 잎과 줄기는 나물로 쓰인다.

- 분류 메꽃과
- 꽃 7~8월
- 자라는 곳 밭
- 쓰임새 식용

◀ 덩이뿌리인 고구마

▲ 밭에서 자라고 있는 고구마의 잎

마늘

백합과에 딸린 여러해살이풀로 땅 속에 둥근 비늘줄기를 가지는데 연한 갈색 껍질로 싸여 있으며 5~6쪽으로 갈라진다.
높이는 50~60cm이고 3~4개의 잎이 어긋나며 길고 가늘다.
7월경에 잎 사이에서 속이 빈 원기둥 모양의 꽃줄기가 나와 흰 꽃이 핀다.
열매를 맺지 못하므로 비늘줄기인 마늘을 저장해 두었다가 봄이나 가을에 심는다
마늘은 매운 맛과 향기가 있어 양념과 반찬으로 쓰이며 건위제ㆍ이뇨제로 사용한다.

- 분류 백합과
- 꽃 7월
- 열매 맺지 못함
- 자라는 곳 집 주변
- 쓰임새 식용, 약용

▲ 마늘의 잎
▶ 비늘줄기인 마늘

부추

백합과에 딸린 여러해살이풀로 중국ㆍ인도가 원산지이며 비늘줄기 밑부분에 짧은 뿌리줄기가 달리고 겉은 연한 갈색의 섬유로 덮여 있다.
잎은 가늘고 길며 무더기로 모여난다. 길이는 20~30cm 정도 자라고 선명한 초록색을 띠며 독특한 냄새를 지닌다.
7~8월에 잎 사이에서 긴 꽃줄기가 나와 흰색의 작은 꽃이 모여 핀다.
잎을 식용하기 위해 널리 재배하고 있으며, 열매는 구자라고 하여 이뇨제로 쓰인다.

- 분류 백합과
- 꽃 7~8월
- 열매 10월
- 자라는 곳 밭
- 쓰임새 식용, 약용

▼ 부추의 꽃

파

백합과에 딸린 여러해살이풀로 높이는 30~60㎝ 정도이다.
잎은 속이 비어 있고 둥근 기둥 모양이며 끝이 뾰족하고 밑부분은 흰빛이다.
6~7월에 원기둥 모양의 꽃줄기 끝에 흰 꽃이 촘촘하게 둥근 모양으로 핀다.
특이한 냄새와 맛이 있어 조미료로 많이 사용한다.
뿌리와 비늘줄기는 기침·거담·이뇨·구충제로 쓰인다.

- 분류 백합과
- 자라는 곳 길가
- 꽃 6~7월
- 쓰임새 식용, 약용

◀ 파의 꽃

▲ 속이 빈 파의 잎

양파

백합과에 딸린 두해살이풀로 페르시아가 원산지이며 땅 속에 덩이로 된 비늘줄기가 발달하여 공 모양을 이룬다.
비늘잎의 겉은 붉은 갈색이고 안쪽에 있는 것은 희고 두꺼우며 층층이 겹쳐져 매운 맛이 난다.
잎은 가늘고 길며 원통 모양으로 속이 비어 있다.
9월에 잎 사이에서 나온 꽃줄기 끝에서 흰색 또는 분홍색 꽃이 공 모양으로 둥글게 여러 송이가 모여 핀다.
비늘줄기는 비타민 C·칼슘·당질·염분 등이 들어 있다.

- 분류 백합과
- 자라는 곳 밭
- 꽃 9월
- 쓰임새 식용

▲ 양파의 잎과 비늘줄기

근대

명아줏과에 딸린 두해살이 채소로 남유럽이 원산지이다.
줄기는 1m 정도 곧게 자라고 가지를 친다.
뿌리잎은 달걀 모양 또는 긴 타원형으로 두껍고 연하며 줄기잎은 긴 타원형 또는 칼 모양이고 끝이 뾰족하다.
6월에 가지 위에서 황록색의 많은 잔꽃이 모여 핀다.
열매는 딱딱한 껍질 속에 싸여 있고 그 속에 1개의 씨가 들어 있다. 줄기와 잎은 국을 끓이거나 무쳐서 나물로 먹는다.

- 분류 명아줏과
- 자라는 곳 밭
- 꽃 6월
- 쓰임새 식용

▲ 근대의 잎과 꽃

212

시금치

명아줏과에 딸린 한해 또는 두해살이풀로 서남아시아가 원산지이며 추위에 강하여 전세계에서 재배하고 있다.
높이는 30~60㎝ 정도이며 뿌리는 붉고 굵으며 줄기는 곧게 자란다.
잎은 어긋나고 삼각형 또는 달걀 모양이며 밑부분의 잎은 깃 모양으로 깊게 갈라진다.
암수딴그루이며 5월에 연한 노란색 꽃이 핀다.
꽃받침과 같은 포로 싸여 있는 열매는 2개의 가시가 달려 있다.
잎에 비타민과 철분이 많아 나물로 먹거나 국을 끓여 먹는다.

- 분류 명아줏과
- 자라는 곳 밭
- 꽃 5월
- 쓰임새 식용

▲ 나물로 먹는 시금치의 잎

◀ 시금치의 꽃

◀ 뿌리줄기인 토란

▲ 토란의 잎

토란

천남성과에 딸린 여러해살이풀로 열대 아시아가 원산지이다.
땅 속의 뿌리줄기가 타원형의 덩이를 이루며 습기가 있는 곳에서 잘 자란다.
잎은 두껍고 넓은 방패 모양인데 밑부분이 오목하게 들어가 있으며 잎자루는 연하고 살이 많다.
꽃은 피지 않으나 간혹 꽃이 피는 것이 있는데 8~9월에 꽃줄기 둘레에 잔꽃이 많이 붙어 피며 윗부분은 암꽃, 아랫부분은 수꽃이 핀다.
뿌리줄기를 토란이라 하는데 당질·칼슘·염분이 많아 잎자루와 함께 식용한다.

- 분류 천남성과
- 열매 맺지 못함
- 쓰임새 식용
- 꽃 8~9월
- 자라는 곳 밭

미나리

산형과에 딸린 여러해살이풀로 습지나 냇가에서 절로 나기도 하고 논밭에서 재배하기도 한다.
높이는 30㎝ 정도 자라고 밑에서 가지가 갈라져 옆으로 퍼진다.
잎은 어긋나고 깃꼴겹잎으로 작은잎은 달걀 모양이며 톱니가 있다.
7~8월에 줄기 끝에 희고 작은 꽃이 모여핀다.
잎과 줄기는 독특한 향기가 있어 식용한다.

- 분류 산형과
- 꽃 7~8월
- 열매 9~10월
- 자라는 곳 논밭, 냇가, 습지
- 쓰임새 식용

▲ 미나리의 잎과 꽃

당근

산형과에 딸린 한해 또는 두해살이풀로 홍당무라고도 한다. 아프가니스탄이 원산지이며 채소로 밭에 심는다.
높이는 1m 정도로 곧게 자라고 잎은 뿌리에서 나며 깃꼴겹잎이다. 7~8월에 줄기 끝과 가지 끝에 작은 흰 꽃이 모여 핀다.
뿌리는 원뿔 모양으로 주황색이며 비타민 A와 비타민 C가 많고 맛이 달아 여러 가지 요리에 많이 쓰인다. 한방에서는 뿌리를 이질·백일해·해수 등의 약재로 쓴다.

- 분류 산형과
- 꽃 7~8월
- 열매 9~10월
- 자라는 곳 밭
- 쓰임새 식용·약용

◀ 당근의 잎과 뿌리

▼ 서양 요리에 쓰이는 파슬리

파슬리

산형과에 딸린 두해살이풀로 유럽 남동부와 아프리카 북부가 원산지이다.
줄기는 곧게 자라면서 가지가 많이 갈라진다.
잎은 짙은 녹색으로 둥근 모양이며 여러 갈래로 갈라진 깃꼴겹잎이다. 작은 잎은 가장자리가 꼬불꼬불하고 윤기가 난다.
4월경에 황록색의 작은 꽃이 모여 핀다.
식물 전체에 진한 향기가 있어 수프의 향료로 쓰이거나 서양 요리와 샐러드 등에 사용된다.

- 분류 산형과
- 꽃 4월
- 자라는 곳 길가
- 쓰임새 식용

아욱

아욱과에 딸린 한해살이풀로 북부 유럽이 원산지이며 우리 나라 각지 습기가 있는 밭에서 재배한다.
높이는 60~90cm 정도이다.
잎은 어긋나고 거의 둥근 모양이며 5~7개로 얕게 갈라지고 가장자리에 둔한 톱니가 있다.
6~7월에 잎겨드랑이에서 흰색 또는 연분홍색 꽃이 모여핀다.
열매는 익으면 저절로 벌어져 씨가 밖으로 나온다.
연한 줄기와 잎은 국을 끓여 먹고 한방에서 씨를 동규자하여 이뇨제로 사용한다.

- 분류 아욱과
- 꽃 6~7월
- 자라는 곳 밭
- 쓰임새 식용, 약용

▲ 국을 끓여 먹는 아욱

▶ 아욱의 꽃

당아욱

아욱과에 딸린 두해살이풀로 유럽과 아시아가 원산지이다.
식물의 전체 모양은 아욱과 거의 비슷한데 주로 꽃을 보기 위해 정원에 많이 심는다.
높이는 60~90cm 정도로 거친 털이 나고 가지를 많이 치며 더부룩하게 자란다.
잎은 어긋나고 잎자루가 길며 손바닥 모양으로 얕게 갈라지고 가장자리에 톱니가 있다.
5~6월에 자줏빛 바탕에 흰 무늬가 있는 아름다운 꽃이 잎겨드랑이에 두세 송이씩 달린다.
열매는 익으면 저절로 벌어져 씨가 나온다.

- 분류 아욱과
- 꽃 5~6월
- 자라는 곳 정원
- 쓰임새 관상용

▲ 주로 관상용으로 많이 가꾸는 당아욱

벼

볏과에 딸린 한해살이풀로 인도·말레이시아가 원산지이며 오랜 옛날부터 재배해 왔다.
높이는 50~100㎝ 정도이며 줄기의 속은 비어 있고 몇 개의 마디가 있다. 잎은 어긋나고 긴 칼 모양이다.
꽃은 8월경에 줄기 끝에서 원뿔 모양으로 피는데 꽃잎은 없고 암술은 1개, 수술은 3개이며 밑씨 1개가 있다.
열매는 가을에 익는데 벼라고 하며 벼를 찧은 것이 쌀이다.
쌀의 성분은 탄수화물 70~85%, 단백질 6.5~8.0%, 지방 1.0~2.0% 정도이고 전세계 인구의 절반 정도가 주식으로 사용하고 있다.

- 분류 볏과
- 꽃 8월
- 열매 10~11월
- 자라는 곳 논
- 쓰임새 식용

▲ 벼의 꽃

▼ 모내기를 하기 위해 논갈이를 하고 있는 모습

▲ 이앙기로 모내기를 하고 있는 모습

▲ 누렇게 익어 가고 있는 벼

▲ 경복궁에서 거행된 어린이들의 모내기 학습

보리

벼과에 딸린 한해 또는 두해살이풀로 높이는 1m 정도이다.
줄기는 곧고 속이 비었으며 원기둥 모양이고 마디 사이가 길다.
잎은 어긋나고 긴 칼 모양이며 밑부분이 줄기를 감싼다.
보리는 가을보리와 봄보리가 있는데 우리 나라는 주로 가을보리를 심는다.
가을보리는 10월에 씨를 뿌리며, 이듬해 5월경에 꽃줄기가 나와 이삭이 생긴다.
누런 색의 꽃이 피는데 이삭에는 긴 까락이 있으며 6월에 익는다.
보리의 열매를 찧은 것을 보리쌀이라고 하는데 쌀 다음가는 주식이며 메주·된장·빵 등의 원료로 사용한다.

- 분류 벼과
- 꽃 5월
- 열매 6월
- 자라는 곳 밭
- 쓰임새 식용

▼ 누렇게 익은 보리
▼ 보리의 꽃
▲ 이삭이 팬 보리

밀

벼과에 딸린 한해살이풀(봄밀) 또는 두해살이풀(가을밀)로서 페르시아가 원산지이다.
높이는 1m 정도이며 싹이 틀 때 3개의 씨뿌리가 나오고 후에 7~8개가 된다. 원뿌리는 보리보다 더 깊이 들어가므로 수분·양분의 흡수력이 강하여 가뭄이나 척박한 땅에서도 잘 견딘다. 줄기는 속이 비어 있고 마디가 길다.
잎은 가늘고 길며 활처럼 휘어진다.
5월에 줄기 끝에서 이삭이 나와 흰 꽃이 핀다.
세계에서 가장 많이 심는 농작물이며 우리 나라에서는 가을밀을 많이 심는다.
10월경에 씨를 뿌려 다음해 6월쯤 수확하는데 보리 이삭보다 이삭이 약간 길고 까락은 짧다.
밀가루는 서양의 주식으로 빵·국수·과자 등을 만들고 밀짚은 밀짚 모자를 만들거나 세공제로 사용한다.

▼ 누렇게 익은 밀
◀ 밀의 꽃
▲ 밭에서 자라고 있는 밀

- 분류 벼과
- 꽃 5월
- 열매 다음해 6월
- 자라는 곳 밭
- 쓰임새 식용

옥수수

볏과에 딸린 한해살이풀로 열대 아메리카가 원산지이며 세계 각지에서 재배한다.

높이는 2~3m 정도이고 곧게 자란다. 잎은 어긋나고 긴 칼 모양이며 앞면에 털이 있고 윗부분이 뒤로 젖혀진다. 암수한그루로 꽃은 7~8월에 피는데, 수꽃은 줄기 끝에 달리고 암꽃은 윗부분의 잎겨드랑이에 달린다.

유럽에서는 사료 작물로 중요시되나 아시아·아프리카에서는 식용으로 더 많이 쓰인다. 찌거나 구워서 먹으며, 녹말을 만들어 빵·과자 등을 만든다. 씨눈으로는 기름을 짜기도 한다. 암꽃에 달린 긴 수염이 신장병에 효과가 있는 것으로 알려져 있다.

- 분류 볏과
- 꽃 7~8월
- 열매 10월
- 자라는 곳 밭
- 쓰임새 식용, 약용, 사료

▲ 옥수수의 잎과 꽃

▲ 껍질을 벗긴 옥수수

▲ 옥수수의 열매

수수

볏과에 딸린 한해살이풀로 인도와 아프리카가 원산지이며 거친 땅에서도 잘 자란다.

높이는 1.5~2m 정도이며 줄기는 곧게 자라고 마디가 길다. 잎은 어긋나고 긴 칼 모양이며 끝이 밑으로 늘어진다. 처음에는 줄기와 잎 모두 녹색이지만 붉은갈색으로 변한다. 여름에 줄기 끝에서 이삭이 나와 꽃이 피고 열매는 10월경에 익는데 붉은 갈색이다.

열매는 떡이나 술·엿을 만드는 원료로 사용하고 줄기는 빗자루를 만드는 데 쓰인다.

- 분류 볏과
- 꽃 8월
- 열매 10월
- 자라는 곳 밭
- 쓰임새 식용

▲ 오곡 중의 하나인 수수   ▶ 수수의 익은 열매

조

벼과에 딸린 한해살이풀로 높이는 1~1.5m 정도 자란다.
잎은 어긋나고 긴 칼 모양이며, 9월경에 줄기 끝에서 10~20㎝ 정도의 이삭이 나와 작은 꽃들이 많이 모여 핀다.
10월경에 열매가 익는데 잘고 둥글며 누런색이다. 열매의 겉껍질을 벗긴 것을 좁쌀이라고 하며 단백질과 지방이 많아 좁쌀밥을 지어 먹으며 술·엿·과자·떡 등의 원료로 사용한다. 쌀·보리·조·콩·기장의 5가지 곡식을 오곡이라고 한다

- 분류 벼과
- 꽃 9월
- 열매 10월
- 자라는 곳 밭
- 쓰임새 식용

▲ 고개를 숙인 조 이삭

기장

▶ 기장

벼과에 딸린 한해살이풀로 인도가 원산지이며 높이는 1.2~1.6m 정도이고 곧게 자란다.
잎은 어긋나고 긴 칼 모양이다.
여름에 꽃줄기의 윗부분에서 작은 꽃이 이삭 모양으로 많이 붙어 핀다.
이삭은 9~10월에 익으며 아래로 늘어진다.
열매는 황실이라고 하는데 노란색이며 떡·술·과자·빵 등의 원료 또는 가축의 사료로 사용한다.

- 분류 벼과
- 꽃 7~8월
- 열매 9~10월
- 자라는 곳 밭
- 쓰임새 식용, 사료

율무

벼과에 딸린 한해살이풀로 중국이 원산지이며 우리 나라 각지에서 재배한다.
높이는 1~1.5m 정도이고 곧게 지리며 가지가 갈라진다.
잎은 어긋나며 긴 칼 모양으로 가장자리가 거칠고 녹색이다.
7~8월경에 잎겨드랑이에서 가늘고 짧은 꽃이삭이 나와 흰 꽃이 달린다.
열매는 둥글고 검은색으로 익으며 윤기가 있다.
율무차의 재료로 사용되며 이뇨·진통·건위제로 쓰인다.

- 분류 벼과
- 꽃 7~8월
- 열매 10월
- 자라는 곳 밭
- 쓰임새 식용, 약용

▶ 율무의 잎과 열매

메밀

마디풀과에 딸린 한해살이풀로 중앙아시아가 원산지이다. 밭에서 재배하는데 높이는 40~80cm 이고 줄기는 속이 비어 있으며 가지가 갈라지고 붉은 빛이 돈다.

잎은 어긋나고 잎자루가 길며 세모꼴의 심장 모양이고 끝이 뾰족하다.

7~10월경에 줄기나 가지의 잎겨드랑이에서 흰색 또는 분홍색의 작은 꽃이 핀다.

열매는 검게 익으며 세모꼴인데 전분이 풍부하여 국수나 묵을 만들어 먹고, 줄기는 가축의 먹이로 사용한다.

- 분류 마디풀과
- 꽃 7~10월
- 열매 11월
- 자라는 곳 밭
- 쓰임새 식용, 사료용

◀ 메밀의 꽃

▲ 묵을 만들어 먹는 메밀

콩

콩과에 딸린 한해살이풀로 중국이 원산지이며 우리나라 각지에서 밭에 심어 재배한다.

높이는 60~90cm 정도 자라며 잎과 줄기에는 갈색 털이 있다.

잎은 어긋나고 잎자루가 길며 3개의 작은 잎으로 된 겹잎이다.

7~8월경에 잎겨드랑이에서 자주색 또는 흰색의 꽃이 나비 모양으로 피고, 그 가운데 몇 개의 꽃이 결실하여 꼬투리가 된다. 꼬투리 속에는 1~3개의 씨가 들어 있는데, 단백질이 풍부하고 적당한 양의 철분과 비타민이 들어 있어 널리 식용하고 있다.

콩은 밥에 두어 먹기도 하며 간장·된장·콩기름·두부 등을 만드는 원료가 된다. 콩깻묵은 사료·비료로 쓰이며, 콩나물을 길러 먹기도 한다.

- 분류 콩과
- 꽃 7~8월
- 열매 10월
- 자라는 곳 밭
- 쓰임새 식용

▼ 콩의 꼬투리와 잎

◀ 콩의 꽃   ◀ 콩

강낭콩

콩과에 딸린 한해살이풀로 줄기는 1.5~2m 정도로 길게 뻗어 나가며 잔털이 있다.
잎은 어긋나며 잎자루가 길고 3개의 작은잎으로 된 겹잎이다. 작은잎은 넓은 달걀 모양이다.
7~8월경에 잎겨드랑이에서 흰색 또는 자주색 꽃이 나비 모양으로 핀다. 꽃이 진 뒤 가늘고 긴 꼬투리가 열리는데 품종에 따라 원형이나 타원형의 검정색·흰색·황갈색 또는 얼룩 무늬가 있는 씨가 들어 있다.
씨는 식용으로 밥에 두어 먹는다.

- 분류 콩과
- 열매 10월
- 쓰임새 식용
- 꽃 7~8월
- 자라는 곳 밭

◀ 강낭콩   ▲ 강낭콩의 잎과 열매

녹두

콩과에 딸린 한해살이풀로 밭에 심어 가꾼다.
높이는 40~60cm 정도이고 곧게 자라며 전체에 갈색 털이 있다.
잎은 어긋나고 긴 잎자루 끝에 3개의 작은잎이 달린다. 8월경에 잎겨드랑이에서 나비 모양의 노란색 꽃이 모여핀다. 꼬투리 열매 안에 녹색의 작은 씨가 들어 있으며 녹두라고 한다.
녹두는 빈대떡 또는 녹두죽을 만들어 먹으며 해독제로 사용하기도 한다.

- 분류 콩과
- 꽃 8월
- 열매 10월
- 자라는 곳 밭
- 쓰임새 식용

▶ 녹두

동부

콩과에 딸린 한해살이 덩굴식물로 중국이 원산지이며 줄기는 길게 뻗어나가 다른 물체를 감아 올라간다.
잎은 3개의 작은잎으로 된 겹잎이다.
8월에 잎겨드랑이에서 누런빛을 띤 여러 개의 자주색 꽃이 핀다.
꼬투리 안에는 16개 정도의 씨가 들어 있다. 동부는 시루떡·인절미 등의 고물로 쓰며 빈대떡의 원료로도 사용한다.

- 분류 콩과
- 열매 10월
- 쓰임새 식용, 사료용
- 꽃 8월
- 자라는 곳 밭

◀ 동부   ▲ 동부의 잎과 열매

완두

콩과에 딸린 한해 또는 두해살이풀로 세계적으로 널리 심고 있다.
높이는 1~2m이고 줄기는 속이 비어 있다.
잎은 어긋나고 깃꼴겹잎이며 작은잎 끝은 덩굴손으로 되어 감아 올라가면서 자란다.
5월경에 잎겨드랑이에서 나온 꽃줄기 끝에 흰색 또는 자주색 꽃이 나비 모양으로 두 송이씩 핀다.
꼬투리 안에 둥근 씨가 5~6개씩 들어 있는데 완두라고 한다. 밥에 두어 먹으며 잎은 가축의 사료로 사용한다.

- 분류 콩과
- 꽃 5월
- 열매 8월
- 자라는 곳 밭
- 쓰임새 식용

◀ 완두

▲ 밭에서 자라고 있는 완두

땅콩

콩과에 딸린 한해살이풀로 낙화생이라고도 한다. 브라질이 원산지이며 모래땅에서 잘 자란다. 길이는 60㎝ 정도이고 줄기는 밑부분에서 갈라져 사방으로 퍼지며 털이 있다.
잎은 어긋나고 깃꼴겹잎으로 작은잎은 달걀 모양이다.
7~9월에 나비 모양의 노란 꽃이 잎겨드랑이에서 핀다. 꽃이 진 뒤에 씨방의 자루가 자라 땅 속으로 들어가 커져서 땅콩이 된다.
땅콩은 볶아서 간식용으로 하고 땅콩 버터·과자용 등으로 널리 쓰이며, 식용유·마가린 등을 만드는 데도 이용된다.

- 분류 콩과
- 꽃 7~9월
- 열매 10월
- 자라는 곳 모래땅
- 쓰임새 식용

▼ 땅콩의 잎과 꽃

▶ 땅콩의 열매

팥

콩과에 딸린 한해살이풀로 인도가 원산지이며 높이는 30~50㎝ 정도이고 곧게 서거나 덩굴성이며 긴 털이 있다.
잎은 어긋나고 3개의 작은잎으로 된 겹잎으로 가장자리는 밋밋하거나 큰 톱니가 있다.
8월경에 잎겨드랑이에서 노란 나비 모양의 꽃이 핀다. 꼬투리 속에는 붉은 갈색·검정색 등의 광택이 나는 씨가 6~10개씩 들어 있는데 팥이라고 한다. 밥에 두어 먹거나 죽을 쑤어 먹으며 떡고물로 사용하기도 한다.

- 분류 콩과
- 꽃 8월
- 열매 10월
- 자라는 곳 밭
- 쓰임새 식용, 약용

▲ 팥의 잎과 열매   ▶ 팥

제4장

물가·바닷속 식물

연꽃

수련과에 딸린 여러해살이물풀로 늪이나 연못에서 자라며 재배하기도 한다.

높이는 1.5m 정도이고 줄기는 연두색이다.

뿌리는 옆으로 길게 뻗으며 둥근 기둥 모양으로 마디가 많고 가을철에 끝이 굵어진다.

잎은 뿌리에서 나와 물 위에 높이 솟고 원형이며 잎 가운데가 오목하게 들어가 있다. 잎에 물을 떨어뜨리면 묻지 않고 굴러 떨어진다.

7~8월에 가시가 있는 꽃줄기 끝에서 분홍색 또는 흰색 꽃이 한 송이씩 핀다.

열매는 도토리와 비슷하며 벌집 모양의 구멍 속에 들어 있다.

뿌리인 연근은 요리에 이용되고, 잎은 토혈제·야뇨증에 사용하며 열매는 식용 또는 부인병의 약재로 쓰인다

- 분류 수련과
- 꽃 7~8월
- 열매 9월
- 자라는 곳 연못, 늪
- 쓰임새 관상용, 식용, 약용

▲ 활짝 핀 연꽃

▼ 연꽃이 피는 모양

▼ 연꽃이 피어 있는 연못

▲ 연밥(연꽃의 씨가 들어 있는 열매)

수련

수련과에 딸린 여러해살이풀로 우리 나라 중부 이남의 연못이나 늪에서 저절로 자라는데 관상용으로 재배하기도 한다.

뿌리줄기는 굵고 짧으며 물 밑바닥으로 뻗어 나가고 수염뿌리가 많다. 잎은 뿌리에서 나오고 긴 잎자루를 가진 둥근 잎몸만 물 위에 뜬다. 7~8월경에 꽃줄기 끝에서 붉은색 또는 흰색의 꽃이 한 송이씩 피는데 아침에 피었다가 저녁에 오므라든다.

꽃이 진 뒤 꽃줄기는 굽어져서 물 속으로 들어가고 그 끝에서 열매를 맺으며 물 속에서 썩어 씨가 나와 번식한다.

꽃은 토혈 및 강장제로 사용하며 개량종으로는 노란 꽃·푸른 꽃 등 여러 가지가 있다. 꽃말은 '결백·신비' 이다.

- 분류 수련과
- 꽃 7~8월
- 열매 9~10월
- 자라는 곳 연못, 늪
- 쓰임새 관상용

▲ 붉은색의 수련 꽃

◀ 꽃을 위에서 본 모양

▲ 연못에 피어 있는 흰색의 수련 꽃

▲ 흰 수련 꽃을 가까이 본 모양

갈대

볏과에 딸린 여러해살이풀로 습지 또는 냇가에서 저절로 자란다.
높이는 1~3m이고 뿌리줄기는 길게 뻗으면서 마디에서 수염뿌리가 내린다.
줄기는 곧고 단단한데 마디가 있고 속이 비어 있다.
잎은 어긋나고 20~50㎝ 정도이며 긴 칼 모양으로 끝이 뾰족하다.
꽃은 8~10월에 피고, 수많은 작은 꽃이삭이 줄기 끝에 모여 피는데, 처음에는 자주색이다가 갈색으로 변한다. 수꽃에는 털이 있고 긴 까끄라기도 있어 가을 물가에서 날리는 갈대 이삭의 모습은 장관을 이룬다.
줄기는 갈대발을 만드는 데 쓰이며 뿌리는 토하는 것을 멈추게 하는 약재로 사용한다.
꽃말은 '신의·믿음·지혜'이다.

- 분류 볏과
- 꽃 8~10월
- 열매 10~11월
- 자라는 곳 습지, 냇가
- 쓰임새 관상용, 약용, 수공예품

▲ 습지나 냇가에서 자라는 갈대

▶ 갈대의 잎과 꽃

노랑꽃창포

붓꽃과에 딸린 여러해살이풀로 유럽이 원산지이며 냇가에서 자란다.
잎은 뿌리에서 모여나고 길이 60~100㎝ 정도이다.
5~6월에 노란색 꽃이 피며 꽃 아래에는 2개의 큰 포가 있다.
열매는 밑으로 늘어지며 삼각 모양의 타원형으로 끝이 뾰족하고 3개로 갈라져서 갈색의 씨가 나온다.
노랑꽃창포란 '노란꽃이 피는 창포'라는 뜻이다.

- 분류 붓꽃과
- 꽃 5~6월
- 자라는 곳 냇가
- 쓰임새 관상용

◀ 노랑꽃창포의 꽃

▲ 냇가의 바위틈에 피어 있는 노랑꽃창포

부들

부들과에 딸린 여러해살이풀로 연못가나 강가 또는 습기가 많은 곳에서 자란다.
뿌리줄기는 흰색이고 옆으로 뻗으며 수염뿌리가 내린다.
높이는 1~1.5m 정도이고 줄기는 원기둥 모양이다.
잎은 가늘고 긴 칼 모양으로 털이 없으며 밑부분이 줄기를 둘러싼다.
7월에 잎 사이에서 꽃줄기가 나와 노란 꽃이 무리지어 피는데 수꽃이삭은 위쪽에, 암꽃이삭은 아래쪽에 달린다.
잎과 줄기는 돗자리나 부채를 만드는 데 사용하며 어린잎은 식용하고, 꽃가루는 지혈제로 쓰인다.
꽃가루받이가 일어날 때 부들부들 떨기 때문에 부들이라는 이름이 붙었다고 한다.

- 분류 부들과
- 꽃 7월
- 자라는 곳 연못가, 강가
- 쓰임새 식용, 약용, 세공용

▼ 잎이 삼각 모양인 마름

▲ 연못가나 습지에서 자라는 부들

마름

마름과에 딸린 한해살이풀로 논이나 연못 등에서 자란다.
뿌리는 진흙 속에 있고 마디에서 깃털 모양의 뿌리가 내린다.
줄기는 물 속에서 가늘고 길게 자라서 물 위로 나온다. 잎은 삼각 모양의 마름모꼴이며 줄기 끝에서 여러 개가 사방으로 퍼지고 잎자루에 공기가 들어 있는 주머니가 있어 물 위에 뜬다.
7~8월에 지름 1cm 정도의 흰 꽃이 잎겨드랑이에서 핀다.
열매는 마름이라 하는데 날로 먹거나 가루로 만들어 먹는다.

- 분류 마름과
- 꽃 7~8월
- 자라는 곳 논, 연못
- 쓰임새 식용

▼ 가래의 잎과 꽃

가래

가랫과에 딸린 여러해살이풀로 우리 나라 중부 이남의 논이나 밭에서 자란다.
뿌리줄기는 진흙 속에서 옆으로 뻗으면서 번식한다.
물에 잠기는 잎은 가늘고 길며, 물 위에 뜨는 잎은 타원형이다.
7~8월경에 황록색의 많은 잔꽃이 잎겨드랑이에서 이삭 모양으로 달린다. 민간 요법으로 고기 먹고 체했을 때 잎과 줄기를 삶아서 마신다.

- 분류 가랫과
- 꽃 7~8월
- 열매 9월
- 자라는 곳 논·밭
- 쓰임새 약용

붕어마름

붕어마름과에 딸린 여러해살이풀로 솔잎말이라고도 한다. 전세계에 분포하며 물 속에서 자란다.
뿌리가 없고 가지가 변한 헛뿌리로 땅 속으로 들어간다.
줄기는 길이가 20~40㎝ 정도이고 가지가 드문드문 갈라지며 솔잎 같은 잎이 마디마다 빽빽하게 돌려난다.
암수한그루로 7~8월에 붉은색의 작은 꽃이 잎겨드랑이에서 한 송이씩 핀다.
얕은 물 속에 나는데 흔히 어항 속에 넣어 둔다.

- 분류 붕어마름과
- 꽃 7~8월
- 자라는 곳 물 속
- 쓰임새 관상용

▶ 위에서 본 모양

▲ 어항 속에 넣어 두는 붕어마름

개구리밥

개구리밥과에 딸린 여러해살이풀로 논이나 늪의 물 위에 떠돌아다니기 때문에 부평초라고도 한다.
늦가을에 작은 겨울눈이 물 속에 가라앉아 겨울을 보내고 다음해 봄에 물 위에 떠올라 번식한다. 식물체는 잎처럼 생긴 넓은 타원 모양이고 뒷면은 자줏빛이 돈다. 7~8월경에 흰 꽃이 피며 2개의 수술과 1개의 암술로 이루어져 있는데 꽃이 매우 작아 찾아보기 어렵다.
전체를 강장·해열·이뇨·해독제로 사용한다.

- 분류 개구리밥과
- 꽃 7~8월
- 자라는 곳 논, 늪
- 쓰임새 약용

▲ 물 위에 떠서 자라는 개구리밥

물수세미

개미탑과에 딸린 여러해살이풀로 경기 이북 지방에서 나며 연못 속에서 자란다.
줄기는 50㎝ 정도로 가늘고 길며 밑부분이 땅 속으로 들어가서 땅속줄기가 되며 위쪽 끝이 물 위로 뜬다.
잎은 4개씩 돌려나며 깃 모양으로 깊게 갈라져 있다.
5~7월에 물 위로 나온 잎겨드랑이마다 연노랑색의 작은 꽃이 한 송이씩 피는데 위쪽에는 수꽃, 아래쪽에는 암꽃이 달린다.
열매는 달걀 모양이며 4개의 홈이 있다.

- 분류 개미탑과
- 꽃 5~7월
- 자라는 곳 연못
- 쓰임새 어항용 수초

▼ 잎이 4개씩 돌려나는 물수세미

벗풀

택사과에 딸린 여러해살이풀로 우리 나라·일본 등지에 분포하며 연못이나 도랑에서 자란다.
옆으로 뻗는 줄기 끝에 알줄기가 달린다.
잎은 뿌리에서 모여나고 길이 30~60cm의 잎자루가 있으며 밑부분에서 서로 감싼다.
8~10월에 꽃줄기 끝에서 흰 꽃이 층층이 돌려 붙는데 원뿔 모양을 이룬다. 수꽃은 윗부분에 달리고 암꽃은 밑에 달린다.
열매는 양쪽에 날개가 있으며 납작하고 둥근 모양이다.
관상용으로 재배하기도 하며 재배 품종 중에 잎줄기가 큰 것은 식용한다.

- 분류 택사과
- 꽃 6~10월
- 자라는 곳 연못, 도랑
- 쓰임새 관상용, 식용

▲ 흰 꽃이 피는 벗풀

▶ 부레옥잠의 꽃

부레옥잠

물옥잠과에 딸린 여러해살이풀로 열대 아메리카가 원산지이다. 연못에서 떠다니며 자라고 관상용으로 가꾸기도 한다.
물 속에서 잔뿌리가 나오며 잎이 많이 달린다. 잎자루는 길이 10~20cm 정도로 가운데가 부풀어 부레같이 되며 물 위로 뜨기 때문에 부레옥잠이라고 한다.
잎은 달걀 모양이며 맑은 녹색으로 윤기가 있고 털이 없다.
꽃은 8~9월에 피는데 아래는 통같이 되고 위는 깔때기 모양이며 연한 보라색 바탕에 점이 있다.

▲ 물 위에 뜨는 부레옥잠의 잎

- 분류 물옥잠과
- 꽃 8~9월
- 자라는 곳 연못
- 쓰임새 관상용

물달개비

물옥잠과에 딸린 한해살이풀로 전국 각지에서 나며 논이나 연못에서 자란다.
높이는 20㎝ 정도이고 줄기는 5~6개가 뭉쳐난다.
잎은 끝이 뾰족한 달걀 모양으로 잎자루가 길며 줄기에 각각 한 개씩 달린다.
9월에 줄기잎의 잎겨드랑이에서 꽃줄기가 나와 그 끝에 청보라색 꽃이 3~4송이씩 핀다.
꽃이 핀 후 꽃자루가 굽어져 늘어진다.
한방에서 뿌리를 제외한 식물체 전체를 약재로 쓰는데, 고열·해수·천식에 효과가 있다.

- 분류 물옥잠과
- 꽃 7~9월
- 열매 9월
- 자라는 곳 논, 연못
- 쓰임새 관상용, 약용

▲ 청보라색 꽃이 피는 물달개비

▲ 들이나 밭에서 자라는 방동사니

방동사니

사초과에 딸린 한해살이풀로 우리 나라 각지 및 타이완·일본·중국 등지에서 나며 들이나 밭의 습한 곳에서 저절로 자란다. 높이는 30㎝ 정도이고 곧게 자라며 윤기가 있는 삼각형의 여러 줄기가 뭉쳐난다.
잎은 뿌리에서 가늘게 나오며, 끝이 점점 날카롭게 된다. 특이한 냄새가 나며 왕골과 비슷하나 왕골보다 작다. 여름에서 가을까지 황갈색의 작은 꽃이 이삭 모양으로 핀다.
열매는 거꾸로 된 달걀 모양이고 검은 갈색이며 검은 점이 있다. 꽃줄기와 잎은 거담제로 사용한다.

- 분류 사초과
- 꽃 8~10월
- 열매 10~11월
- 자라는 곳 들, 밭
- 쓰임새 약용

우뭇가사리

우뭇가사릿과에 딸린 바닷말로 실처럼 생긴 헛뿌리를 내어 바위 위에 달라붙어 자란다.
높이는 10~30㎝ 정도이고 줄기와 가지가 많아 나뭇가지처럼 보인다. 가지는 깃 모양으로 갈라지고 어긋나거나 마주나며 빛깔은 여러 가지이다.
물 속에 떼지어 사는데 바위에서 기르거나 바다에 인공적으로 돌을 넣어 번식시키며 쇠갈퀴 등으로 긁어서 채취한다. 우리 나라 남해 앞바다에서 많이 자라며 한천의 원료로 사용한다

- 분류 우뭇가사릿과
- 자라는 곳 바다
- 쓰임새 식용

▲ 나뭇가지처럼 보이는 우뭇가사리

검정말

자라풀과에 딸린 여러해살이풀로 우리 나라 각지에서 나며 연못이나 늪·개울 등의 물 속에서 자란다.
높이는 60cm 정도이고 무더기로 뭉쳐 나며 마디마다 가느다란 잎이 몇 개씩 돌아붙고 가장자리에 톱니가 있으며 끝이 뾰족하다.
암수딴그루로 8~10월경에 잎겨드랑이에서 꽃줄기가 나와 자주색의 작은 꽃이 핀다.
줄기에는 긴 털이 많이 있으며 끈끈한 성질을 가지고 있다.

- 분류 자라풀과
- 꽃 8~10월
- 자라는 곳 물 속
- 쓰임새 어항 수초용

▼ 작은 꽃이 핀 검정말
▶ 가까이에서 본 검정말

▲ 민물에서 자라는 나사말

나사말

자라풀과에 딸린 여러해살이풀로 연못이나 웅덩이 또는 냇물 등 민물에서 자란다.
땅속줄기가 옆으로 뻗으면서 마디에서 뿌리와 잎이 나온다. 잎은 뿌리에서 여러 개가 모여나고 가늘고 길며 끝이 무디고 가장자리에 희미한 톱니가 있다.
암수딴그루로 꽃은 8~9월에 피는데 암꽃이 달리는 꽃줄기는 길게 자라서 꽃이 물 위에서 피고 수꽃은 물 속의 포 안에서 핀다. 암꽃의 꽃줄기는 꽃이 떨어진 다음 꼬불꼬불 꼬여서 물 속으로 가라앉는다.
흔히 열대어의 수초로 쓰인다.

- 분류 자라풀과
- 꽃 8~9월
- 자라는 곳 민물

김

보라털과에 딸린 바닷말로 얕은 바다의 바위에 이끼처럼 붙어서 자란다. 길이는 30㎝, 너비는 6㎝ 정도이며 가장자리는 주름이 져 있다. 색깔은 붉은 자주색 또는 검은 자주색이다.
10월경에 나타나기 시작하여 겨울에서 봄철까지 번식하고 그 후에 차츰 줄어들어 여름에는 보이지 않는다.
김을 따서 잘게 부수어 물에 푼 다음 발 위에서 말리면 우리가 먹는 김이 된다.
우리 나라의 주요 수출 수산물로 양식으로 많이 기르며 전남 완도의 김 양식이 유명하다.

● 분류 보라털과　● 자라는 곳 바다　● 쓰임새 식용

▲ 김

미역

미역과에 딸린 한해살이 바닷말로 잎은 넓고 편평하게 날개처럼 벌어져 있으며 아래는 기둥 모양의 자루로 되어 바위에 붙어서 자란다. 빛깔은 황갈색이나 검은 갈색이며 길이는 1~2m, 너비는 60㎝ 정도이다.
가을에서 겨울까지 자라며 늦은 봄이나 이른 여름에 홀씨로 번식한다.
남해안에서 많이 나며 칼슘이나 요오드 성분이 많이 들어 있어 임산부나 발육이 왕성한 어린이의 영양에 매우 좋다. 미역국을 끓여 먹거나 무침을 해서 먹는다.

● 분류 미역과　● 자라는 곳 바다　● 쓰임새 식용

◀ 바닷속 미역

▼ 바닷속의 다시마

다시마

다시맛과에 딸린 바닷말로 몸은 넓은 띠 모양을 하고 있다. 두껍고 거죽이 미끄러우며 쭈글쭈글한 주름이 있는데 아래에 자루가 있어서 바위에 붙어 자란다.
전체의 길이는 2~4m 정도이고 너비는 20~30㎝로 빛깔은 검은 갈색이나 황갈색이다.
거제도·제주도·흑산도에서 많이 난다.
마른 다시마는 튀김을 해서 반찬으로 먹거나 국물을 내서 요리에 사용하며 공업용 요오드의 원료로 쓰인다.

● 분류 다시맛과　● 자라는 곳 바다　● 쓰임새 식용, 요오드 원료

찾아보기

가는잎벚나무 135
가락지나물 139
가래 227
가래나뭇과 198
가랫과 227
가문비나무 184
가삼 61
가죽나무 167
가지 204
가짓과 53, 200, 204
각시붓꽃 125
각시원추리 84
갈대 226
갈매나뭇과 198
갈참나무 168
갈풀 178
감귤 195
감나무 199
감나뭇과 156, 199
감자 204
잣 209
강낭콩 221
강아지풀 179
개구리밥 228
개구리밥과 228
개구리자리 93
개나리 28
개망초 106
개미취 107
개미탑과 228
개별꽃 120
개불알꽃 81
개불알풀 169
개승마 95
개암나무 185
개양귀비 101
개오동나무 170
갯메꽃 165
갯버들 174
거베라 18
검정말 231

게발선인장 74
겨자 129
결명차 73
겹벚꽃 135
겹철쭉 143
겹황매화 137
계수나무 156
계수나뭇과 156
계피 156
고구마 211
고들빼기 106
고로쇠나무 160
고마리 163
고사리 147
고사릿과 147
고욤나무 156
고추 205
고추나무 134
고추나뭇과 134
골담초 155
골든라프체라 37
골무꽃 118
곰취 107
공룡선인장 75
과꽃 18
광대나물 117
광대수염 116
광릉골무꽃 118
괭이눈 177
괭이밥 156
괭이밥과 156
구름버섯 187
구상나무 184
구슬붕이 132
구절초 110
국광 190
국수나무 141
국화 17
국화과 12, 104, 207
군자란 50
굴참나무 168

궁궁이 126
귤나무 195
근대 212
글라디올러스 55
금강아지풀 179
금강초롱 148
금계국 21
금꿩의다리 93
금낭화 100
금란초 119
금매화 98
금불초 108
금붓꽃 124
금새우난 83
금어초 77
금잔화 20
금창초 119
기름나물 126
기린초 161
기생초 19
기장 219
긴강남차 73
긴대주발버섯 187
긴병꽃풀 119
김 232
까마중 53
까치박달 185
까치수영 130
깨꽃 76
깽깽이풀 164
꼬리조팝나무 138
꼭두서닛과 157
꽃고빗과 51
꽃다지 129
꽃며느리밥풀 169
꽃무릇 128
꽃범의꼬리 115
꽃상추 208
꽃잔디 51
꽃향유 117
꽈리 54

꿀풀 116
꿀풀과 76, 115, 206
꿩의다리 92
꿩의바람꽃 95
꿩의비름 161
나도풍란 23
나사말 231
나팔꽃 60
낙동구절초 110
낙엽송 183
낙화생 222
난초 22
난초과 22, 80
남산제비꽃 142
냉이 129
냉초 170
노랑꽃창포 226
노랑매미꽃 100
노랑제비꽃 142
노루귀 92
노박덩굴과 57, 157
녹나뭇과 158
녹두 221
누리장나무 114
느릅나뭇과 58
느타리버섯 187
느티나무 58
능금 190
능소화 61
능소화과 170
다래나뭇과 198
다시마 232
단풍나무 160
단풍나뭇과 160
달개비 159
달래 88
달리아 16
달맞이꽃 99
닭의장풀 159
닭의장풀과 159

담배 53
담자균류 186
담쟁이덩굴 77
당근 214
당아욱 215
대 180
대극과 31, 57
대나무 180
대륜국 17
대엽풍란 23
대추나무 198
더덕 150
덜꿩나무 102
덩굴장미 37
데이지 15
덴파라 26
도깨비바늘 108
도꼬마리 107
도라지 149
도토리 168
독일붓꽃 56
돌나물 161
돌나물과 161
돌단풍 175
동국 17
동백나무 146
동부 221
동의나물 98
동자꽃 122
돼지감자 109
두루미천남성 144
두릅나뭇과 61
두메양귀비 101
둥굴레 87
둥근잎유홍초 165
들깨 206
등나무 73
등심붓꽃 124
딸기 192
땅콩 222
때죽나무 152

때죽나뭇과 152
뚝새풀 179
뚱딴지 109
라넌큘러스 29
라일락 29
루드베키아 21
리시언서스 69
리틀마블 37
마늘 211
마디풀과 115, 162, 220
마름 227
마름과 227
마편초과 114
만병초 144
만수국 19
매발톱꽃 97
매실나무 38
매자나뭇과 164
매화나무 38
맥문동 87
맨드라미 68
머루 158
머위 109
멍석딸기 140
메꽃 165
메꽃과 60, 165, 211
메밀 220
멜론 202
며느리배꼽 162
명아주 167
명아줏과 167, 212
명자나무 39
모과나무 193
모란 30
모싯대 149
목단 30
목련 27
목련과 27, 172
목백일홍 173
목화 33
무 209

무궁화 32
무릇 88
무스카리 46
무화과나무 197
물달개비 230
물망초 48
물봉선 127
물수세미 228
물억새 178
물옥잠과 229
물이끼 188
물푸레나뭇과 28, 171
미나리 214
미나리아재비 99
미나리아재빗과 29, 92
미니카틀레야 25
미루나무 175
미모사 152
미역 232
미치광이버섯 187
민들레 104
밀 217

바나나 199
바늘꽃과 62, 99
바람꽃 95
바랭이 181
바위말발도리 177
바위취 176
바이올렛 43
박 63
박과 62, 201
박새 89
박주가리 182
박주가릿과 182
박태기나무 155
박하 76
밤나무 195
방동사니 230
배나무 191
배롱나무 173

배초향 117
배추 210
백당나무 103
백도라지 149
백두산장구채 123
백량금 151
백매 40
백목련 27
백선 158
백송 183
백일홍 14
백일홍나무 173
백합 45
백합과 44, 45, 84, 211
백합나무 28
뱀딸기 140
버드나무 174
버드나뭇과 174
버섯 186
버즘나뭇과 65
버찌 135
벌깨덩굴 118
범꼬리 115
범부채 125
범의귓과 49, 175
벗풀 229
벚나무 135
베고니아 67
베고니아과 67
벼 216
볏과 67, 178, 216, 226
벽오동 65
벽오동과 65
별꽃 120
병꽃나무 102
병아리난초 81
보리 217
보리수나무 127
보리수나뭇과 127
보춘화 23
복수초 93

복숭아나무 192
복주머니란 81
봄구슬붕이 132
봉선화 66
봉선화과 66, 127
봉숭아 66
부들 227
부들과 227
부레옥잠 229
부용 34
부채선인장 75
부처꽃 173
부처꽃과 173
부추 211
부평초 228
분꽃 64
분꽃과 64
분홍할미꽃 94
불두화 35
불로화 20
붉은꽃바위취 176
붓꽃 124
붓꽃과 55, 124, 226
붕어마름 228
붕어마름과 228
비름 133
비름과 68, 133
비모란 75
비비추 88
비화옥 75
뻐꾹채 111
뽕나무 68
뽕나뭇과 68, 197

사계절코스모스 13
사과나무 190
사철나무 57
사초과 230
사프란 56
산괴불주머니 150
산국 106
산딸나무 166

산마늘 90
산매발톱 97
산목련 172
산벚나무 135
산부추 89
산사나무 141
산삼 61
산수국 176
산수유나무 166
산형과 126, 214
살구나무 194
삼과 123
삼색제비꽃 142
삼잎국화 111
삼지구엽초 164
삽주 111
삿갓버섯 187
상사화 128
상수리 168
상수리나무 168
상추 207
새우난초 82
새우풀 78
샐비어 76
생강 208
생강과 208
생강나무 158
석곡 22
석류나무 197
석류나뭇과 197
석무 74
석산 128
석잠풀 118
석죽과 59, 120
선인장 74
선인장과 74
설앵초 131
섬잣나무 184
섬초롱꽃 148
센토레아 21
소나무 182

소나뭇과 182
소륜국 17
소리쟁이 162
소철 78
소철과 78
소태나뭇과 167
속샛과 164
솔나리 87
솔이끼 188
솔잎말 228
솜다리 105
솜방망이 112
송이버섯 186
쇠뜨기 164
쇠무릎 133
쇠비름 133
쇠비름과 133
수국 49
수레국화 21
수련 225
수련과 224
수박 201
수선화 50
수선화과 50, 128
수세미오이 64
수수 218
수양버들 174
수영 162
수크령 178
숙은노루오줌 177
술패랭이꽃 121
숲별꽃 120
슈퍼스타 37
스타펠리아 75
스파티필룸 42
시금치 213
시네라리아 15
시클라멘 34
신갈나무 168
실유카 49
심비디움 24

십자화과 129, 209
싸리 154
쑥 110
쑥갓 207
쑥부쟁이 112
씀바귀 113
아까시나무 153
아네모네 31
아마릴리스 51
아사달 32
아스파라거스 45
아욱 215
아욱과 32, 215
아주까리 57
아카시아 153
아프리칸매리골드 19
안개꽃 59
안수리움 42
알로에 47
알프스민들레 104
애기나리 91
애기닭의장풀 159
애기똥풀 100
애기해바라기 12
앵두나무 193
앵초 131
앵초과 34, 130
양귀비 101
양귀비과 100
양배추 210
양버즘나무 65
양지꽃 137
앙피 212
어수리 126
어제일리어 41
억새 178
얼레지 85
엉겅퀴 105
에델바이스 105
여뀌 163
여주 62

연꽃 224
영산백 41
영산자 41
영산홍 41
영지버섯 186
영춘화 172
오동나무 170
오랑캐장구채 123
오월철쭉 41
오이 202
오이풀 139
오죽 180
옥수수 218
옥잠화 46
온시디움 25
완두 222
왕관용 74
왕대 180
왕벚나무 135
왕원추리 84
왜솜다리 105
용담 132
용담과 69, 132
우뭇가사리 230
우뭇가사릿과 230
우산이끼 188
운향과 70, 195
원추리 84
원추천인국 21
유채 130
유홍초 165
육모초 120
윤판나물 91
율무 219
으름덩굴 163
으름덩굴과 163
으아리 96
은대난초 82
은방울꽃 85
은행 36
은행나무 36

은행나뭇과 36
이끼 188
이대 181
이스크라 37
이질풀 145
익모초 120
인동 103
인동과 35, 102
인동덩굴 103
인삼 61
일본잎갈나무 183
자귀나무 154
자금우과 151
자두나무 194
자라풀과 231
자란 80
자목련 27
자운영 155
자작나뭇과 185
자주달개비 159
작살나무 114
작약 30
잔대 148
잔디 67
잣나무 184
장구채 122
장미 37
장미과 37, 135, 190
장수매화 38
저먼아이리스 56
전나무 183
접시꽃 33
젓가락나물 99
제라늄 43
제비꽃 142
제비꽃과 40, 142
조 219
조개나물 119
조록나뭇과 134
조릿대 181
조팝나무 138

족두리풀 171
좀조팝나무 138
좁쌀풀 131
종꽃 69
종덩굴 98
종지제비꽃 142
주름잎 169
주머니꽃 81
주목 167
주목과 167
중나리 86
중륜국 17
쥐꼬리망촛과 78
쥐똥나무 171
쥐방울덩굴과 171
쥐손이풀과 43, 145
지면패랭이꽃 51
지칫과 48, 114
지칭개 112
진달래 143
진달랫과 41, 143
진득찰 113
질경이 147
질경잇과 147
짚신나물 140
찔레나무 136
차나무 146
차나뭇과 146
참깨 206
참깻과 206
참꽃마리 114
참나리 86
참나무 168
참나뭇과 168, 195
참외 201
채송화 52
처녀치마 90
천남성 144
천남성과 42, 144, 213
천수국 19
철골소심 22

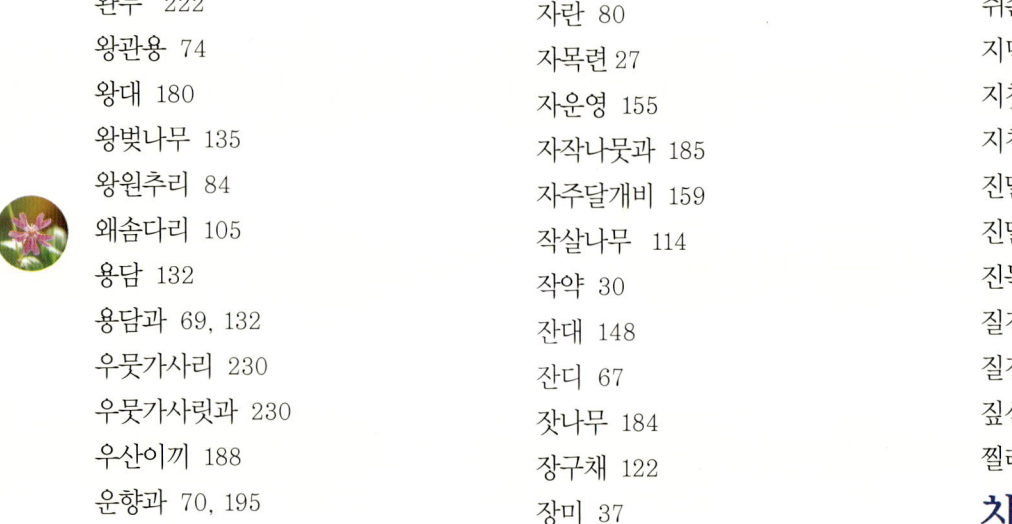
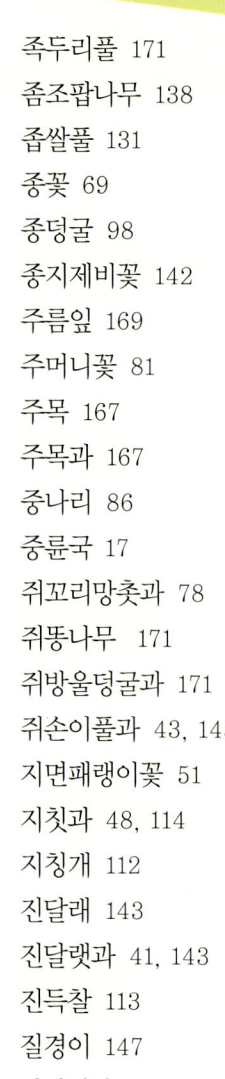

철쭉 143
초롱꽃 147
초롱꽃과 69, 147
촉류화 33
추국 17
춘란 23
측백나무 70
측백나뭇과 70
층층나무 166
층층나뭇과 166
치자나무 157
칠엽수 151
칠엽수과 151
칡 154

카네이션 59
카틀레야 25
칸나 72
컴프리 48
코스모스 13
콩 220
콩과 73, 152, 220
크라인지아 74
크로커스 56
큰꽃으아리 96
클로버 153
키위 198

타래난초 80
타래붓꽃 125
태백제비꽃 142
택사과 229
탱자나무 70
털개불알꽃 81
털동자꽃 122
털벗나무 135
털복주머니란 81
털주머니꽃 81
털쥐손이 145
토끼풀 153
토란 213
토마토 200

투구꽃 94
튤립 44
튤립나무 28

파 212
파슬리 214
파인애플 200
파인애플과 200
파초 77
파초과 77, 199
팥 222
팥배나무 139
패랭이꽃 121
팬지 40
팽이버섯 186
평지 130
포도과 77, 158, 196
포도나무 196
포인세티아 31
표고버섯 187
푸크시아 62
풀솜대 90
풀협죽도 52
풍년화 134
풍란 22
풍접초 72
풍접초과 72
프렌치매리골드 19
프리뮬러 35
프리지어 56
프린세스마가렛 37
플라타너스 65
피 179
피나물 100
피라칸타 39
피마자 57
피망 205
피소스테기아 115
피튜니아 55

하국 17
하늘말나리 86
하늘매발톱 97

하와이무궁화 32
한련 78
한련과 78
한련화 78
할미꽃 94
함박꽃나무 172
해당화 136
해바라기 12
해오라비난초 83
향나무 71
현삼과 77, 169
현호색 150
현호색과 150
호두나무 198
호리병박 63
호박 203
호범꼬리 115
호접란 26
호주매화 38
홀아비꽃대 171
홀아비꽃댓과 171
홍당무 214
홍매 40
홍순 32
홍채옥 75
홍초 72
홍초과 72
홍황초 19
화살나무 157
환삼덩굴 123
황매화 137
회양목 71
회양목과 71
흰꽃나도사프란 128
흰무궁화 32
흰민들레 104
흰씀바귀 113
히아신스 47
히어리 134

●감수 이창복

수원고등농림학교 임학과 졸업, 평양공립농업학교 교유, 수원농림전문학교 조교수
서울대학교 농과대학 교수, 하버드대학교 대학원에서 MA학위
한국식물학회 이사, 한국임학회 이사, 학술연구조성 심의위원, 과학기술진흥관계법령 기초위원
서울대학교 대학원에서 농학박사학위, 서울대학교 농과대학 부속연습림장
천연보호구역조사위원, 문공부 문화재위원, 과학기술용어제정 심의위원, 문교부 장학위원
농림축수산연구상 심사위원, 임업연구심의위원, 서울대학교 농과대학 부속수목원장
한국문화재보호협회 중앙지도위원, 한국카톨릭평신도사도직 중앙협의회 회장
한국식물분류학회 회장·이사, 자연보호헌장 제정위원, 재단법인 천리포수목원 이사
서울특별시 외교수목원 자문위원, 서울대학교 명예교수

●저서 및 논문

조선수목(1947) 서울대학교 농과대학 연구보고 제1호
Identification of woody plants etc.(1958) 서울대학교 논문집
식물분류학(1964) 향문사, Lespedeza of Korea(1965) 서울대학교 농과대학 연습림보고
한국수목도감(1966) 산림청 임업시험장, 야생식용식물도감(1969) 산림청 임업시험장
약용식물도감(1971) 농촌진흥청, 초자원도감(1973) 농촌진흥청, 수목학(1974) 향문사
Vascular plants and their uses in Korea(1976) 관악수목원 연구보고
대한식물도감(1980) 향문사, 新稿 식물분류학(1985) 향문사, 新稿 수목학(1986) 향문사
논문 : 인천 근해 도서의 목본식물 외 70여 편

초등학교 교과 과정에 맞춘
자연학습도감
식물

2001년 4월 15일 1판 1쇄 발행
2011년 8월 30일 2판 1쇄 발행

펴낸이 문제천 | 펴낸곳 (주)은하수미디어
편집책임 경영미 | 편집진행 이윤정 김현숙 정현숙
원색분해·출력 원프로세스 | 인쇄·제본 영림인쇄·영림제본 | 제작책임 이남수
주소 서울시 송파구 문정1동 21-5 에코타워 4층
대표전화 (02)449-2701 | 팩스 (02)404-8768 | 편집부 (02)3402-1386
출판등록 제22-590호(2000. 7. 10.) | 홈페이지 www.ieunhasoo.com

©2001, Eunhasoo Media Publishing Co., Ltd.

※이 책의 글과 사진에 대한 저작권은 (주)은하수미디어에 있으므로 사전 허락없이 무단 전재와 무단 복제를 금합니다..
※파본은 구입 후 15일 이내에 구입처에서 교환해 드립니다.
  사용 중 발생한 파본은 교환 대상에 해당되지 않습니다.